司法智库

2020年第1卷·总第二卷

李峰 / 主编

厦门大学出版社
XIAMEN UNIVERSITY PRESS
国家一级出版社
全国百佳图书出版单位

图书在版编目(CIP)数据

司法智库.2020年.第一卷.总第二卷/李峰主编.—厦门：厦门大学出版社，2020.12
ISBN 978-7-5615-8033-2

Ⅰ.①司⋯ Ⅱ.①李⋯ Ⅲ.①司法—文集 Ⅳ.①D916-53

中国版本图书馆CIP数据核字(2020)第252352号

出 版 人	郑文礼
责任编辑	甘世恒　郑晓曦

出版发行	厦门大学出版社
社　　址	厦门市软件园二期望海路39号
邮政编码	361008
总　　机	0592-2181111　0592-2181406(传真)
营销中心	0592-2184458　0592-2181365
网　　址	http://www.xmupress.com
邮　　箱	xmup@xmupress.com
印　　刷	厦门兴立通印刷设计有限公司

开本　720 mm×1 000 mm　1/16
印张　20.25
插页　1
字数　334千字
版次　2020年12月第1版
印次　2020年12月第1次印刷
定价　88.00元

本书如有印装质量问题请直接寄承印厂调换

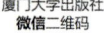
厦门大学出版社
微信二维码

厦门大学出版社
微博二维码

编辑团队成员简介

本集刊编辑团队组成依托上海师范大学重点学科——诉讼法学,主要成员如下:

李峰(1966—),男,生于河南潢川,法学博士。现任上海师范大学教授、博士生导师、诉讼法学科(学位点)负责人、法律系主任,兼任中国民事诉讼法学研究会理事、国家社科基金项目同行评议专家、教育部学位与研究生教育评审专家,曾任河南省律师法学研究会副会长兼秘书长、浙江工业大学法学院副院长等职。主要研究方向为民事诉讼法、证据法、司法学。在《科学学研究》《法商研究》《法律科学》《现代法学》《法学评论》《华东政法大学学报》等核心刊物上发表论文数十篇,出版著作十余部,主持国家社科基金、教育部人文社科基金项目等多项。

陈洪杰(1979—),男,生于浙江温岭,法学博士。现任上海师范大学副教授、硕士生导师,同时任中国董必武法学思想(中国特色社会主义法治理论)研究会理事、中国法理学研究会理事、上海市司法学研究会理事等职。主要研究方向为民事诉讼法、司法体制、法学方法论等。近年来在《法律科学》《法制与社会发展》《比较法研究》《华东政法大学学报》等核心刊物上发表论文多篇。

程兰兰(1981—),女,生于河南安阳,法学博士。现任上海师范大学副教授、硕士生导师。主要研究方向为经济刑法、刑事法律一体化等。在《政治与法律》《华东政法大学学报》等核心刊物上发表论文多篇,主持教育部人文社科基金项目等多项。

吴啟铮(1982—),男,生于广东汕头,法学博士。现任上海师范大学副教授、硕士生导师。主要研究方向为刑事诉讼法、司法制度等。在《比较法研究》《环球法律评论》等核心刊物上发表论文若干篇,主持上海市哲学社会科学规划项目等。当前主要研究兴趣为:刑事诉讼法、刑事司法制度与改革、比较刑事司法、少年司法、社区矫正。

张玉海(1986—),男,生于山东青州,法学博士。现任上海师范大学讲师、硕士生导师,上海交通大学凯原法学院破产保护法研究中心兼职研究人员。在《法律科学》《法学》等核心刊物上发表论文若干篇,出版著作多部,主持上海市哲学社会科学规划项目等多项。

目录 Contents

司法评论

1　李　峰　　　　　　科技强国司法政策的大局观
8　张友连　　　　　　知识产权司法保护的新亮点：惩罚性赔偿

理论探索

14　狄小华　　　　　　再犯风险评估的智能化研发研究
28　奥伦·加扎尔、　　世界各国监禁替代措施面临的最新挑战
　　朱利安·V.罗伯
　　茨著，高一飞、寇
　　滢滢　译

制度分析

37　史长青　沈佳燕　　论离婚协议排除强制执行的效力
55　王　慧　荣国梁　　消费信贷纠纷适用督促程序的困境与突围
68　徐世亮　赵拥军　　再论行使权利与敲诈勒索罪之间的界限
　　康相鹏　　　　　　——以取得型财产犯罪的保护法益为视角

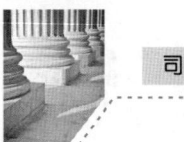

博士生论坛

80　董昊霖　　　论同时履行抗辩权的主张与裁判
　　　　　　　　——以程序法的基本理论为视角
95　张金科　　　论审判中心视域下的法官庭外调查权

实务研究

109　杨　冰　　　家庭暴力案件中警察执法工作的问题与完善
125　徐海清　曹俊梅　性侵害未成年人犯罪情况分析
　　　　　　　　——以上海市2016—2018年性侵害未成年人案件为例

比较法研究

145　吴进娥　　　美国有效辩护权的保障机制及其对我国的启示

疫情防控域外法律文献

160　魏　薇　编译　2004年英国民事紧急状态法案
170　张　硕　译　　美国公共卫生服务法（2019）（节译）
　　　谭玉婷　校
176　袁景玉　译　　美国突发公共卫生事件的应急准备法案

域外司法文献

192　段祎婧　编译　美国算法责任法案
203　戴雅妮　　　美国检举人保护法
　　　张　硕　编译
　　　谭玉婷　校

234	陈春月 译	美国司法行为与司法失能规则
257	张媛媛 译	欧盟企业重整及再生机会促进指令(上)
280	刘柯宏 译	跨境破产事项法院之间的沟通与合作程序指南
286	曹洁莹 译	日本家事法院制度要览

案例分析

305	李 磊	当事人不履行诉讼和解协议之后果分析

司法评论

科技强国司法政策的大局观

李 峰[*]

2020年4月,最高人民法院发布《关于全面加强知识产权司法保护的意见》。该意见的推出,旨在服务知识产权保护、创新型国家建设的大局,是当下特殊时期促进科技强国的一项重要环境型政策。[1] 所谓科技强国司法政策大局观,即在为服务于科技强国的司法政策制定实施中,涉及长远利益、全局利益、主要矛盾等要素与政策内在关系的基本观念认识。缺乏大局观,即使司法政策的制定是科学的,也很难在执行中充分体现政策的价值目标,最终使之流于形式。因此,政策制定者、执行者以及相关群体,只有充分理解科技强国司法政策的大局观,方能抓住关键问题,妥善衡量利益冲突,提升政策制定与运用水准。理解司法政策的大局观,不仅要有大局意识,还应当掌握大局观的生成逻辑、核心内容及其运用的思维方法,从多层面增强大局观的思维与实践能力。

---

[*] 李峰,上海师范大学教授,博士生导师。
[1] 徐珊、罗帆:《政策工具视角下的中国科技创新政策》,《科学学研究》2020年第5期。

一、科技强国司法政策大局观的生成逻辑

(一)科技强国共识是司法政策的观念基础

科学技术是第一生产力,科技发展是现代化强国的基本标志之一。科学技术作为一项重要的经济基础,对社会关系的发展变革具有决定性作用,是人类消除贫困、实现美好生活的必要手段和物质条件。科技改变人类的生存方式,没有科技现代化,就没有国家的现代化,这是自西方文艺复兴以来,已经为各国历史所反复证明的真理,更成为改革开放四十年来中国社会的基本共识。显而易见,制度改革、文化建设等领域的活动必须促进科技创新,营造重视科技、鼓励创新、保护创新成果的科技强国环境。上述科技强国的社会共识必然会内化为司法观念的一部分,并成为司法活动的观念指引。进而言之,当科技创新权益保护不甚理想、创新保护体系效能有限时,社会观念层面自然会有强烈反应,为司法工作提出更明确的要求,此类矛盾冲突逐步演化为司法面临的大局,加强知识产权司法保护的司法政策实际是对不断强化的科技强国共识大局的具体回应。

(二)司法政策是科技强国基本政策的延伸

国家科技强国政策体系是按照层次与门类设计的有机整体。依照制定者的层级划分,有国家政策和地方政策;依照政策内容位阶划分,有科技强国发展战略与总体规划的基本政策,也有解决科技创新具体问题的专门政策;依据政策门类划分,包含技术创新的人才队伍、财政金融、产业投资、基础设施、制度保护、文化环境等政策。保护创新的司法政策,在国家政策体系中发挥规范创新行为、保护创新权益、解决创新纠纷的关键作用,具有提升政策体系整体成效的功能,因而是国家政策的延伸,也是政策体系不可或缺的组成部分。一般而言,上级政策对下级政策、基本政策对专门政策均具有规定性、引导性。党的十八大、十九大文件中关于科技强国的论述、中共中央及国务院此前发布的《关于加强知识产权审判领域改革创新若干问题的意见》《关于强化知识产权保护的意见》等文件均为科技强国权威性的基本政策。司法政策是科技强国的保障,与国家基本政策须保持一致,服务于科技强国的主导目标和定位,其服务的对象构成政策支撑与引领的大局,决

定司法政策制定与实施的根本条件与检验标准。

(三)司法实践深化科技强国政策的观念认识

社会共识、国家基本政策并不能将司法活动本身排斥在政策大局之外,司法的反应性、能动性也对大局的形成起到了重要作用。司法实践是认识创新驱动战略的重要方面,也是理论验证的平台。科技强国方略的必要性与可行性,以及相关基本政策的科学性,终究要在实践中得到检验,并通过司法这一特定领域的社会实践进行全面诠释。当司法在科技创新保护中的任务、目标以及行动方式得以明确时,科技强国理论与政策会被司法实践赋予更加丰富的内涵。多年以来,我国司法机关越来越积极参与知识产权、科技创新的保护活动。除了正常的个案审判业务外,最高人民法院及一些地方人民法院会定期公布知识产权保护典型案件,制定司法政策,通过司法大数据分析为科技创新活动提供参考……这些活动说明科技创新是各行业、各地域协同运作的宏大系统工程。司法案件的审理,能够直观反映科技创新社会生活中的权益冲突形式、观念表现,以及争端解决的社会资源,提出科技创新活动中的法律、经济、管理等方面的问题。缺乏司法视角地对科技强国活动进行审视,其观念形成必然存在方法上的缺陷,是不完整的。进而言之,科技司法实践是技术创新实践的一部分,司法理念对科技创新理念能起到充实、修正、完善的作用。

二、科技强国司法政策大局观的核心内容

影响司法政策制定的观念场域不是相对模糊的方向性认识,而是由若干核心内容架构的、一定时期的具体观念体系,其核心内容为科技发展、司法公正、全球化。

(一)科技发展大局

科技强国司法政策制定的目的在于推动科学发展、技术进步,以实现国家发展目标。我国经济发展目前正处于从资源开发型向技术创新型、劳动密集型向技术密集型转型的关键时期,着力打造创新驱动的新型发展模式,创新驱动转型阶段更需要强化司法保障,明确其应承担的任务。司法在此大局中的主要任务为两方面:一方面,保护权益,鼓励创新。经济活动是科

技创新的主战场,研发与成果利用的积极性源于各种经济利益,法律所规定的科技活动中的人身权、财产权应当得到保护,以明确创新活动的预期,维护创新秩序的安定性。司法作为行动中的法律,通过个案审理裁判,保护当事人的科技创新合法权益,对侵害他人权益、妨害科技创新活动的行为给予制裁,以宣示国家鼓励创新的政策。另一方面,发现规则,配置资源。科技创新与新的生产、生活方式密不可分,往往表现为各种新生事物的存在发展,不断提出新的问题。支撑司法活动的经验法则、行为规则时常处于供给不足的状态。司法须发挥能动性,回应科技活动中的新问题,诸如近些年的临时禁令、诉权约定、损害赔偿数额的算定等问题,通过知识产权司法规律的研究,发现并充实其规则。与此同时,不断充实的司法规则会映射市场规则的内涵,引导科技创新资源按照社会需求、市场规律进行合理配置,发挥资源利用的最大效能。

(二)司法公正大局

科技创新公正需要司法公正予以保障,公平正义始终是司法政策面对的主要矛盾。科技活动包含复杂的社会关系,一般可分为创新团队的外部关系与创新团队的内部关系。外部关系有创新团队与政府管理部门、创新团队之间、创新团队与其他主体之间的关系,内部关系主要指创新团队成员之间的关系,这些关系涉及科技研发、成果转让、成果利用等一系列法律内容。[1] 复杂的关系协调必然伴随法律纠纷的高发,当科技纠纷诉诸司法,纠纷解决的可接受性会直接影响科技行为的评价。司法宣导法律规范,维护法律秩序与当事人的合法权益、追求实体正义与程序正义价值目标,使科技公正纳入司法公正价值观念的引导约束之下。此类观念作用首先体现于科技纠纷个案解决,渗透于个案解决中的司法公正能在保障每一个科技活动主体合法权益的同时,产生融合司法公正、科技公正的真切感受。科技强国司法政策制定中,要有维护司法公正大局的定力,坚持法律实施的统一性、稳定性、平等性,不以牺牲司法公正换取短期发展利益。尽管司法政策针对一定时期的科技强国方略实施中的具体问题,包含诸多利益冲突与衡量的内容,不得违背司法公正的基本要求,符合司法公正的规律性,是必须秉持的大局观。

---

[1] 李峰:《司法修复技术创新社会关系能力的研究》,《科学学研究》2014年第3期。

(三)全球化大局

全球化是人类社会进步发展的规律性要求,符合人类发展的长远利益,中国改革开放四十年之所以取得巨大成就,其中包含顺应全球化发展的原因。全球化既是共同发展的道路,也是一种筛选机制,并非所有国家或地区无条件地同步发展。近年来,国际上存在一股去全球化、逆全球化的思潮,全球化面临严峻挑战。[1] 中国与世界大多数国家都是全球化的捍卫者,在实施一带一路倡议、新冠疫情防控等方面坚持全球化方略。欲实现这一目标,需要重视全球化利益、全球化观念、全球化方案的协调与构建。科技创新领域的国际协同是全球化的一部分,相应的司法保障应当坚持国际合作,以技术创新司法国际标准推动全球化战略。目前已经形成两个层面的趋势,在制度层面,科学技术具有标准化、确定性的特质,决定科技活动的普遍化标准,知识产权是各国法律制度体系中趋同化最明显的内容之一,制度交流移植不存在意识形态、法系文化、国情文化的障碍,一国之法律实践,可为各国共同之成果,致力于构建普遍化的知识产权制度。在观念层面,正从冲突性向协调性方面转化。随着全球贸易的发展,知识产权保护已经由国际规则转化为本国发展的需要,愈发形成知识产权保护的全球共识。信守国际条约,强化国际协作,是科技创新的国际大局、国家大局,司法政策自须顺应之。

三、大局观引领司法政策的基本方法

用大局观引领科技强国司法政策的制定,应有科学的方法作支撑,具体包含如下几方面:

(一)探究技术创新规律与司法规律的互动关系

科技强国司法政策既要有司法维度的考量,也要有科技创新维度的考量。以司法服务推动科技创新,意味着司法规律与科技创新规律在耦合互动中形成良性关系,实现司法公正与科技创新共同进步的目标。科技创新规律包括自由判断、经济驱动、观察验证等,司法规律包括独立审判、中立裁

---

[1] 李成刚:《以更高水平改革开放应对经济全球化逆风》,《中国经济时报》2020 年 6 月 8 日第 2 版。

决、权力制约、效力终局等,两种规律存在一些共性或者密切联系的内容,构成互动基础。科技与司法判断均秉持客观、真实、合理之要求,自由探索科技真理、独立审判司法案件,成为科技工作者与司法人员相互理解并予以尊重的基本价值理念;科技与司法均受经济条件的制约,真理之相对性、真实之法律性由认识能力与资源投入的有限性所决定;科技与司法均重视实践方法,通过观察验证判断科技创新与司法裁判的正确性与可接受性,排斥主观臆断思维。与此同时,科技与司法也有异质化的内容,科技探索通常立足于真理之相对性,主张在不断否定中追寻新的真理判断,司法更强调裁判的终局性,主张高效利用有限的司法资源并一次性解决纠纷。如此等等关系,决定了科技与司法可以相互加深理解,充分关照各自需求,优化科技强国司法政策制定的方法。

(二)协调司法政策全局利益与局部利益的关系

前述大局观主要着眼于科技强国司法政策制定与实施的全局利益,但不能否定司法政策的局部利益诉求,全局利益实则为诸项局部利益集合而成,在全局利益与局部利益之间应有适度关照。要承认全局利益与局部利益存在冲突。国家科技发展全局利益要求与司法资源投入、司法能力提升等局部利益存在冲突。知识产权保护、技术创新驱动的国家方略给司法提出新的挑战,技术性、专业性、复杂性等案件特征需要加大司法投入,但相应司法能力的提升非一朝一夕之功,科技纠纷解决能力的现实差距会在一定程度上制约科技发展全局目标的实现。在司法全局利益中,各地区、各领域的司法纠纷解决的局部利益对其构成制约冲突。因司法资源的有限性和协调的必要性,各地区、各领域的司法资源投入并不平衡,科技司法能力的地区性、行业性差异较为明显,时常会出现司法全局利益与司法局部利益互相牵制的情况。不过,全局利益与局部利益也有一致性。加大知识产权保护力度,依法严惩制售侵犯知识产权产品的行为,可能会对一个地区的短期经济效益造成损失,但维护了司法公正,维护了知识产权、技术创新的法律秩序,总体上有利于科技发展大局。反之,如果任由经济利益主宰科技创新领域的司法态度,即使短期内呈现经济起飞的幻象,日后也会背上"侵权制假王国"的恶名,侵蚀社会的创新意志,失去可持续发展的动力。故而,需在协调全局利益与局部利益的基础上,深化利益正当性、利益合理性之认识,形成协调、可持续的利益分配机制。

(三)妥善处理司法政策动态性与稳定性的关系

司法政策以其因时而变的灵活性、动态性弥补了法律实施可能僵直化的不足,但绝非忽视随意性的克服,需处理好政策动态性与稳定性的关系。在动态性方面,科技发展日新月异,技术迭代在经济驱动下急速推进,科技创新法律关系呈现复杂性与多变性,技术领域事实判断的经验法则充实演进的节奏加快,司法程序规范不得不同步改革,进而形成诸多新问题、新挑战。技术调查官、专家辅助人、专家审判咨询等制度亦因为程序规范理解与司法经验积累不断加强而持续调整,使得科技创新审判领域成为近年司法改革的热点与难点。在稳定性方面,不论科技创新司法如何改革,始终要抓住司法公正主线,平衡科技案件审理的司法公正与司法效益冲突,保障当事人平等权、辩论权、处分权、程序选择权、秘密保护权等权益,增强案件审理的公开性与裁判结果的可接受性。科技创新领域司法改革的稳定方向还包括努力建设具有中国特色的、世界领先的高水平司法这一目标。一直以来,我国司法主要扮演着学习者的角色,如移植域外司法制度、学习域外司法先进经验、消除计划经济体制下传统司法对市场经济的不适应性。经过几十年锲而不舍的探索改革,司法体制、司法能力与我国市场经济体制的契合性、适应性稳步增强,并形成司法公开、网络审判等国际领先的改革成果。中国作为世界最大的创新体之一,理当拥有与之相适应的科技创新司法保障体系,在解决司法保障前沿问题的同时,逐步形成具有引领该领域司法的能力。由此可见,科技强国司法政策应稳定其目标预期,协调好政策动态性与稳定性的关系,发挥科技创新司法保障的规范、引领、指导作用。

总而言之,服务大局是人类法治文明的一般规律,[1]大局观是科技强国司法政策方向与方案的理解,反映司法体系适应科技创新的能力,奠定未来我国司法把握发展机遇、形成自身特色的基础。对大局观的理解与运用能力不可能一步到位,需要在持续不断的司法改革中逐步深化、强化,最高人民法院及地方人民法院对相关司法政策的制定实施应引起社会关注,在大局观的引导下共同提升政策制定水准与实施成效。

---

[1] 占红沣、李龙:《社会主义法治的大局观初探》,《武汉大学学报(哲学社会科学版)》2010年第3期。

知识产权司法保护的新亮点:惩罚性赔偿[*]

张友连[**]

强化知识产权保护、支撑创新驱动发展是新时代建设知识产权强国的必然要求。[1]司法保护在知识产权多元保护体系中发挥着主导作用,已经成为世界各国激励创新的基本手段之一。2020年4月15日,最高人民法院发布了《关于全面加强知识产权司法保护的意见》(法发〔2020〕11号)(以下简称《意见》),提出了"立足各类案件特点、着力解决突出问题、加强体制机制建设"等五项26条意见。仔细研读《意见》的主要内容,不难发现,惩罚性赔偿成为知识产权司法保护的新亮点。

一、为何惩罚性赔偿

《意见》指出,"对于情节严重的侵害知识产权行为,依法从高确定赔偿数额……有效阻遏侵害知识产权行为的再次发生"。民事侵权赔偿主要适用完全赔偿原则,即在确定赔偿额时,排除加害人主观过错等影响因素,只以受害人受到的损失为限,其赔偿额不能多于受到的损害,并只对直接损失和特定情况下的精神损失予以赔偿。惩罚性赔偿制度起源于英美法,是对完全赔偿的突破。惩罚性赔偿与补偿性赔偿(完全赔偿)最根本的区别在于,后者的目的在于补偿受害人因侵权等不法行为所造成的损害,前者则是

---

[*] 基金项目:2019年度浙江工业大学人文社科类基本科研业务费项目优秀青年学者专项基金(GB201902007)。

[**] 张友连,浙江工业大学法学院教授,法学博士。

[1] 王利明:《论我国民法典中侵害知识产权惩罚性赔偿的规则》,《政治与法律》2019年第8期。

对部分严重民事不法行为进行制裁的手段,目的在于遏制此类行为的发生。

从数额上看,惩罚性赔偿超过了被侵权人实际的损失,具有惩戒功能。对惩罚性赔偿金的一般定义是:它是超过损失额而施加的,是依据过错的程度而确定金额的;同时,在金额的确定上,应足以使行为人无法通过实施侵权行为而谋取到利益。[1] 网络技术等高科技的发展,使得对知识产权的侵害变得更加容易和隐蔽。同时受知识产权纠纷专业性强的影响,权利人的举证难度大、维权成本高。面对此种困境,不少权利人选择放弃维权,这样反而助长了不法分子的嚣张气焰,导致侵权频发。惩罚性赔偿要求侵权人支付高额赔偿金,使得知识产权人的损失和维权成本能够获得救济,将会激发他们的维权积极性,知识产权整体秩序得以维护,保护了更大层面的社会利益。从功能上看,惩罚性赔偿可以吓阻重复侵权和潜在侵权,具有防范功能。美国《第二次侵权法重述》第908(1)条规定:"惩罚性赔偿金是施加给某人的除补偿性赔偿金和名义性赔偿金之外的赔偿金,目的是因其极端过分的行为而对其实施惩治,同时,阻止他及相似之人未来的类似行为。"以恶意诉讼为例,知识产权领域一直存在着恶意诉讼的顽疾,即在明知对方未实施侵权行为的情况下,仍然坚持起诉对方侵权,以求达到其他目的。其恶意之处主要表现为将知识产权纠纷作为武器,与竞争对手打商业战,并以此获利。即使法院最终没有支持恶意诉讼人的请求,但是在诉讼过程中其已经通过协商、调解等程序拖延了时间,可能已经达到了其原来的目的。《意见》要求,对于恶意诉讼、重复侵权等严重侵犯知识产权的行为,加大赔偿力度,提高赔偿数额,让侵权者付出沉重代价,有效遏制和威慑侵犯知识产权行为,使其不敢侵权、不再侵权。比如,在奥克斯侵犯格力实用新型专利一案中,奥克斯公司被判赔偿4000万元。正如法院在裁判理由中所指出的,"对于这种不尊重在先判决、无视国家法律和他人权利的恶意侵权行为,应当受到法律严惩"[2]。

二、以何惩罚性赔偿

知识产权惩罚性赔偿适用的一个难点问题,就是赔偿的标准如何确定。

---

[1] 王军:《侵权损害赔偿制度比较研究》,法律出版社2011年版,第17页。
[2] 广东省高级人民法院(2018)粤民终1132号。

一些观点反对知识产权侵权惩罚性赔偿的,理由之一也正是因为赔偿标准难以确定。《意见》提出"充分运用工商税务部门、第三方商业平台、侵权人网站或上市文件显示的相关数据以及行业平均利润率等,依法确定侵权获利情况"。据此,知识产权惩罚性赔偿标准的确定可以采取以下几种方式。

其一,以相关公开数据为基础。在刘俊等与斐乐体育有限公司二审民事判决中,[1]北京知识产权法院以中远鞋业公司在天猫、淘宝、京东等网站上销售金额 16646526.8 元,作为被赔偿数额确定的基础。其二,以行业利润水平为基准。在小米科技有限责任公司等与被告中山奔腾电器有限公司等侵害商标权纠纷案中,[2]法院以国内两大电器上市公司的年度报告显示的小家电行业毛利率(29.69%～37.01%)为基准,选择中间数 33.35% 作为被告侵权所获利润率,判决赔偿原告经济损失 5000 万元。其三,综合考虑知识产权的市场价值。知识产权的市场价值可以参照许可使用费的标准来确定,如著作权人已经许可他人使用了作品,他人也已经按约定支付了许可使用费,这个使用费就是可以接受的市场价值标准。许可使用费越高,作品的效用价值越大,确定的赔偿数额就有可能越高。道理在于,因侵权这种违法行为支出的赔偿金额当然不能低于通过合法途径获取著作权所支付的数额。在刘冠军等著作权权属、侵权纠纷案中,[3]法院的判决理由中提到了"涉案书籍的市场价值"。其四,侵权人的主观过错。在奇瑞汽车股份有限公司、安徽奇瑞汽车销售有限公司侵害商标权纠纷二审民事判决书中[4],法院根据被告恶意和情节严重程度,最终确定两倍的赔偿额。

三、如何惩罚性赔偿

从上文的分析中可以看出,对知识产权侵权进行惩罚性赔偿的基础是衡量和评估被侵权者的损失或者侵权者的获益。知识产权具有无形性、公开性和易复制性等特点,使得知识产权侵权具有很大的隐蔽性,损失或收益难以准确衡量。对于此种侵权容易、取证难的困境,《意见》提出,可以通过完善证据制度来缓解,具体包括减轻权利人的举证责任,放宽权利人的证明

---

[1] 北京知识产权法院(2017)京 73 民终 1991 号。
[2] 江苏省南京市中级人民法院(2018)苏 01 民初 3207 号。
[3] 北京知识产权法院(2016)京 73 民终 614 号。
[4] 广东省高级人民法院(2017)粤民终 2347 号。

标准,对侵权人有限度地适用举证妨碍规则等措施。

1.关于减轻权利人的举证责任。民事诉讼举证规则以"谁主张,谁举证"为原则,以特殊情况下举证责任倒置为例外。就知识产权侵权案件而言,这一原则仍然适用。侵权损害事实以及侵权损害数额相关事实的证明责任将由被侵权人承担。这无疑极大地增加了被侵权人的维权负担,不利于知识产权司法保护的实现。就证据的收集而言,知识产权侵权类案件中,当事人取证本身就存在很大难度。即使可以申请法院对侵权人的财务账册等重要证据进行保全,但是也不可避免地会出现账册不全的情况。针对上述知识产权纠纷中的举证难问题,笔者认为,可以在"谁主张,谁举证"之外,适当放宽举证责任倒置原则的适用。例如,规定在特定的几种类型的知识产权侵权案件中,由侵权行为人对其自身实施的行为与所出现的损害后果之间不存在因果关系进行举证,以减轻被侵权人的举证负担。

2.关于放宽权利人的证明标准。在证据认定上,除遵循"客观真实"的认定规则外,应充分考虑民事证据规则的高度盖然性,即在遵循逻辑规则、符合科学思维规律的情况下,适当放宽知识产权案件对证据认定的要求。知识产权领域的侵权行为和损害结果之间因果关系的证明,往往非常难以确定。复杂的产业实践往往是按照多因多果的模式来发展的,法院首先需要认定侵权行为和原告内销收入的减少之间存在直接的因果关系。在永康一恋运动器材有限公司侵害商标权纠纷[1]中,法院认为,根据被告微信宣传的内容,足以证明其侵权商品的销售量,被告对其宣传内容不能举证否定真实性的,法院直接认定其足以证明侵权商品的销售量。

3.关于对侵权人有限度地适用举证妨碍规则。落实妨碍证据规则,合理降低证明标准,以此缓解损害赔偿认定这一世界性难题。灵活地对证据进行审查,在依靠主审法官对证据进行审查认定的同时,适当放宽对经过公证的证据的审查要求,合理降低证明标准,以缓解知识产权案件中的当事人举证难所带来的负面影响。在(2017)粤73民初2239号裁判文书中,法院开宗明义地认为,被告违反证据提交命令,构成举证妨碍,可以参考原告主张和提供的证据确定赔偿数额。[2]

---

[1] 上海市浦东新区人民法院(2018)沪0115民初53351号。
[2] 广州知识产权法院(2017)粤73民初2239号。

四、惩罚性赔偿向何处去

作为一种司法保护措施,知识产权惩罚性赔偿当下一个重要的目标就是实现"同案同判"。每一个案裁判都在向公众表明在社会生活中应当遵守什么样的行为准则、如果他们面对同类纠纷法院将如何处理。因此,法律适用的一个重要的价值导向就是实现"同案同判",以维护法律的严肃性、稳定性、可预测性与公正性。法官在著作信息网络传播侵权赔偿数额确定中对各种涉案因素进行多元化分析对于公平酌定侵权损失确有积极意义,[9]"同案同判"目标下,知识产权惩罚性赔偿的完善具体化为两个方面:其一,从赔偿数额上看,"同案同判"要求不能产生太大的差异。大致"相同"的案件在不同法院判决赔偿金额大相径庭的情形应该被避免,满足当事人对自己行为后果的合理预期。其二,从适用范围上看,"同案同判"要求对考量因素、证据规则的认可具有一致性。假如同一"情节"在有些案件中获得了认可,但在另一些案件中没有得到支持,这就与"同案同判"的要求相违背。

为规范知识产权侵权惩罚性赔偿的司法适用,最高人民法院应在总结审判实践经验的基础上发布指导性案例,为类似案件的处理提供标准。在指导性案例中,进一步明确知识产权惩罚性赔偿司法适用时包含哪些具体因素,并且尽可能地展示证据规则是如何影响赔偿数额确定的。对于指导性案例确定的规则,各级法院如果没有充分的反对理由,应加以参照。选择指导性案例作为解决路径的另一个原因是,知识产权惩罚性赔偿还必须结合具体情势对纠纷解决的社会效果进行深层次的政策性考量。对于国家层面加强知识产权保护、推动创新发展的政策导向,司法方面需要有所回应。与传统的司法文件和司法解释对政策的回应相比较,指导性案例具有更强的合理性和针对性。《最高人民法院关于充分发挥审判职能作用切实加强产权司法保护的意见》(法发〔2016〕27号)和《最高人民法院关于依法妥善处理历史形成的产权案件工作实施意见》(法发〔2016〕28号),重点强调"要加大知识产权司法保护力度"。相关权威人士解释说,"两个意见要求适时发布司法解释和指导性案例"。[1]

---

[1] 蔡长春:《知识产权司法保护"高压线"增压》,《法制日报》2016年12月7日第3版。

总之,《意见》的实施为全面推行知识产权侵权惩罚性赔偿提供了一个契机。对于相应法律规范的发展与完善,我们可以保持合理的期待,但同时应该认识到这也将是一个曲折的过程。正如先哲贝卡利亚所警告的那样:"对于一切事物,尤其是最艰难的事物,人们不应期望播种与收获同时进行,为了使它们逐渐成熟,必须有一个培育的过程。"[1]

---

[1] [意]贝卡利亚:《论犯罪与刑罚》,黄风译,中国大百科全书出版社1993年版,卷首语。

理论探索

再犯风险评估的智能化研发研究[*]

狄小华[**]

摘要:再犯风险经历了百年发展,五代演进,目前正进入智能化研发和应用的新阶段。智能化再犯风险评估虽然不是指称新的一代再犯风险评估,但可以通过大数据挖掘获得更为丰富的再犯风险评估指标和更为精准的权重,从而极大地提高评估的准确性和可靠性。为此,我国的智能化再犯风险评估的研发,既要大力发展再犯信息采集技术和挖掘大数据的算法,又要通过研发的战略合作,有序推进监狱和社区矫正的循证再犯防治,提高管控、矫正以及帮扶大数据的质量。只有做到硬件更硬和软件更强,方能最大限度地发挥智能化再犯风险评估的作用。

关键词:再犯风险评估;智能化研发;硬件条件;软件要求

引　言

"凡事预则立,不预则废。"相对于初犯,再犯不仅恶性大、危害重,而且对一国犯罪率的影响更大,为此,再犯风险评估具有极其重要的犯罪预防价

---

[*] 基金项目:"国家重点研发计划资助"项目"假释、暂予监外执行、刑释人员犯罪预防支撑技术与装备研究(2018YFC0831100)"。

[**] 狄小华,南京大学法学院教授、博士生导师,南京大学犯罪预防与控制研究所所长。

值,一直备受学界的关注,并深刻影响着各国的刑事司法。[1]

自刑事实证学派代表人物提出人身危险性概念以来的一百多年,再犯风险评估研究和应用一直处于发展之中,已经形成了经验性、静态性、动态性、综合性四代评估工具。随着认知神经科学的发展,通过检测脑电及人体多巴胺、血清等物质变化评估再犯风险的第五代评估工具也已经出现。[2]反观我国,随着宽严相济刑事司法政策的法律化,从程序分流到刑罚替代,从落实量刑从宽到追求行刑实效,刑事司法实践虽然对再犯风险评估的需求日益强劲,但再犯风险评估研究起步较晚的我国,目前既没有研制出实践部门认可并被广泛应用的科学评估工具,也没有形成再犯风险评估应用的规范,并由此带来再犯风险评估的双重困境:或因再犯风险评估不可靠而不敢依据评估结论适用预防刑和决定罪犯处遇,或因依据缺乏证据支持的评估结论,引发新的司法不公甚至重新犯罪。为此,研发科学的再犯风险评估工具,规范再犯风险评估应用,形成便捷、精准的智能化再犯风险管理平台,已经成为落实我国"一体刑"刑事立法,贯彻"宽严相济"刑事司法政策,追求刑事司法良好法律效果、政治效果与社会效果统一的关键所在。

再犯的原因极其复杂,不仅涉及个体生理、心理因素和个体外的自然、社会等因素,而且与各因素之间处于不断变化之中的关系密切相关。伴随着信息技术特别是人工智能的发展,人们不仅能够获取越来越多的人体生理和社会生活数据,而且能够通过算法找到影响再犯的各种因素,并动态掌握各种因素对再犯的影响,形成智能化的再犯风险预警和精准预防方案推荐。我国严重滞后的再犯风险评估,能否在再犯风险评估智能化过程中,实现后来者居上,取决于能否"做硬"收集各种再犯信息的技术硬件,同时"做强"循证矫正这一监管改造软件。

---

[1] 再犯通常恶性更大,造成的危害也更为严重。Beck & Bemand(1989)通过档案分析发现,5%的犯罪人要对45%案件的发生负责;同样,Farrington(1996)的研究也显示,在所有案件中,有将近一半是由6%的犯罪人完成的。不仅如此,对于一个国家的犯罪率来说,再犯贡献率要远高于初犯。为此,预防再犯具有不同于预防初犯的特殊价值。更值得关注的是,再犯预防由于对象确定、条件可控等,无论是对犯罪人风险评估,还是对其风险的控制更具有实际可操作性。

[2] 何川、马皑:《罪犯危险性评估研究综述》,《河北北方学院学报(社会科学版)》2014年第2期。

一、再犯风险评估的历史演进

再犯风险评估是对正在接受或受过刑罚处罚的人再次实施犯罪的可能性所作的预测。与已然犯罪决定报应之刑不同,这种再犯可能性的评估,虽然强调要有客观依据,但仍带有较强的主观性和或然性,因此,要以这种再犯可能性或未然犯罪决定犯罪分子的预防之刑、服刑罪犯的处遇和刑释人员的帮教措施等,容易受到不公正的质疑。正如犯罪预测权威格鲁克博士(S.Glueck)所言:"预言之绝对正确性,乃社会科学难以达到的。"[1]尽管如此,增强评估的科学性以提高评估的客观性与准确性和可靠性也就成了再犯风险评估理论研究与技术研发的永恒追求。近百年来,再犯风险评估已经形成了五代工具,并正处于智能化开发和应用的进程中。

(一)由经验评估到精算评估(1.0—2.0)

第一代再犯风险评估是一种临床评估,主要对评估对象的人身危险性进行评估,通常由一名心理学家或临床精神病医生,凭借个人知识和临床经验进行个别化的风险预测。这种经验性评估,不仅没有固定的评估指标,评估指标会因评估者和案件的不同而不同,而且具有较强的主观性,常用"有可能""不可能"这样模糊概念描述风险程度。[2]经验性评估的准确率由于依赖评估者的知识和经验,且缺乏规范的评估程序,因此不仅评估结论容易引起争议,而且这种方法本身也难以在司法实践中普遍适用。[3]

与经验性评估没有固定的评估指标不同,被称之为精算评估的第二代风险评估,通过对再犯群体的调查统计获得风险评估指标,又以精算法计算出每个指标影响再犯的权重及其对应的再犯可能性概率,再以此估算再犯

---

[1] S. and E. Glueck, *Unraveling Juvenile Delinquency*, Harvard: Harvard University Press, 1950, p.266.

[2] Susan Turner, et al., Development of the California Static Risk Assessment (CSRA): Recidivism Risk Prediction in the California Department of Corrections and Rehabilitation, Center for Evidence-Based Corrections, University of California-Irvine, http://ucicorrections.seweb.uci.edu/files/2013/12/Development-of-the-CSRA-Recidivism-Risk-Prediction-in-the-CDCR.pdf, April 20, 2019.

[3] 文姬:《再犯危险性评估在英美法系的应用》,《刑事法评论》2012年第2期。

风险的大小。首开精算评估的是美国芝加哥大学的伯吉斯（Burgess，E. W.），他于1928年总结出再犯人员的21项个人特点,采用计点加分法制成世界上第一张犯罪预测表,对一批假释者在假释后的再犯可能性成功地作出了数量化的预测。这项在评估结果准确性和可操作性方面明显优于传统经验性评估的成功实践,启发了许多国家研究犯罪问题的学者,他们纷纷予以仿效,并形成了适应本国或本地区再犯预测需要的量表。相较于一代评估,二代评估的准确率明显较高。美国的格鲁克夫妇曾将社会学家、心理学家、精神病医生3人作为一组,分3组对犯罪少年作再犯预测,发现3个专门小组所作判断准确率分别为65.3％、61.5％、65.1％,平均准确率为64％,而对同一批对象用预测表作预测,准确率高达91％。[1]

（二）由静态评估到动态评估(2.0—3.0)

经验性的临床评估完全由评估者依据评估对象的犯罪等情况,凭借个人知识、经验和直觉来推测评估对象的再犯风险,因此可以充分考虑评估对象的个性风险因素。与此不同,以精算形成的初步评估量表或再犯风险预测表进行再犯风险评估,虽然具有客观性强、可靠性高和容易操作、便于推广的优势,但它的指标因素却是来自再犯的群体。这种将群体特征作为个体特征评估参考的逻辑推理方式,尽管具有一定的合理性,但在使用这种反映群体特征的静态风险因素进行评估时,有时难以兼顾评估对象的个性风险因素,因此,催生了第三代包括动态因素在内的结构化评估。

根据心理学、犯罪学等学科理论,研究确定影响再犯的多方面因素,再通过实证研究筛选出预测因子,并最终形成含有多因子的预测量表既有科学的理论根据,又较经验性评估更好的预测效果,其进步是不用怀疑的。但是,这种从静态的、历史的角度对评估对象再犯因素所作的预测,由于忽视了影响评估对象再犯的可变因素,以及其仍处于变化之中的现实情况,因此难以掌握评估对象风险的动态变化。为此,国外一些专家、学者通过扩大调查样本,并运用多元统计回归等统计方法对初步评估量表的预测因子进行再次分析,形成了更为专业化和精准的再犯风险评估工具,最常用的如

---

[1] R. E. Thompson, A Validation of the Glueck Social Prediction Scale for Proneness to Delinquency, *The Journal of Criminal Law Criminology and Police Science*, 462(1952).

水平评估量表"(LSI－R)、"威斯康星危险性评估工具量表"(WRNAI)。[1]如果说第二代风险评估技术主要是以心理学、犯罪学等学科理论为依据的,那么,具有结构化、动态性的第三代专业化的再犯风险评估技术,则具有了专业的再犯风险评估理论依据。[2]

(三)由单一评估到系统评估(3.0—4.0)

从第一代到第三代,再犯风险评估的因素虽然实现了由无指标向有指标,由静态向动态的转变,但由于评估目的单一——主要服务于能不能假释、缓刑等,因此,不仅评估主体主要为心理学家、缓刑官等专家,而且评估工具也多为单一的量表(分属于二代的初步预测量表和三代的成熟的评估量表)。伴随着刑罚的轻缓化及由此带来的社区矫正规模的扩大,如何有效管控、矫治和帮扶生活在自由社会的社区矫正对象,以降低他们的再犯率已经成为社区矫正日益迫切的任务。

与评估主体单一、评估量表单一、评估目的单一的第三代再犯风险评估不同,为满足社区矫正需要而发展起来的第四代再犯风险评估,最突出的特点是系统性,具体表现为以下几个方面:首先,评估目的的复合性。再犯风险的高低不仅是罪犯能否适用假释、缓刑等社区矫正的依据,而且是对他们实行针对性管理、教育、矫治和帮扶的依据。为此,第四代再犯风险评估工具主要基于社区矫正需要而开发,关注根据罪犯的犯因性需求、回归社会需求,确定罪犯风险管控策略和方案。比如,美国的COMPAS是第四代工具中最常用的一个,它被用来评估被告或罪犯的风险及需求,进而为社区矫治的安置提供决策依据。其次,评估内容的一体性。从确定风险等级到提出并落实管控、矫正、帮扶等措施,将社区矫正对象的风险评估、风险管控等融为一体,实现了社区矫正风险评估与风险管理的全过程控制。[3]再次,评估主体的多元化。第四代再犯风险评估一改前三代主要由专家进行评估的做法,将社区矫正管理者,乃至社区矫正对象等也作为再犯风险评估的主体,使再犯风险评估主体呈现出多元化的特点。最后,评估工具的多样化。

---

[1] 曾赟:《论再犯罪危险的审查判断标准》,《清华法学》2012年第1期。

[2] 刘欣:《国外特殊人员风险行为评估技术研究综述》,《江西警察学院学报》2016年第1期。

[3] Jessica. C., Risky Business: Critiquing Pennsylvania's Actuarial Risk Assessment in Sentencing, *Columbia Journal of Race and Law*, 150-189(2016).

为更好地满足社区矫正的多样化需要,第四代风险评估由用于不同评估目的的评估工具组合而成。比如,由英国北爱尔兰沃里克郡缓刑服务中心和牛津大学缓刑研究所共同开发的"案件管理评估系统",即 Achieving Competitive Excellence(ACE)系统,既有缓刑监察官填写的"评估表",也有犯罪人填写的"自我评估表";既有结构化的工作计划,又有审查进展情况的记录;既是一个动态的评估预测系统,又是一个可以精准施策的循证矫正系统。

(四)由问卷调查评估到数据测量评估(4.0—5.0)

心理是行为的内在根据,而行为则是心理的外在表现,第一代到第四代评估工具无不是以这一心理学原理为依据,并主要借助行为主义"刺激—反应"(S-R)模式,采用非结构化的临床或结构化的量表的方式进行再犯风险评估。随着认知神经科学等学科的发展,新行为主义心理学认为人的行为是一种受遗传、气质、智力等影响的更为复杂的"刺激—有机体—反应"(S-O-R)模式。心理是人脑的机能,而人脑则是引发人的行为的机器。受先天和后天因素的影响,"大脑结构是存在个体差异的,在神经递质系统的遗传方面更是如此,它使不同个体或多或少对符合自身特点的环境具有倾向性反应"[1]。随着计算机技术、传感技术等的发展,通过测定脑电波或测量多巴胺、血清素、睾酮、皮质醇等水平,以探求评估对象神经递质、人格等个体差异的第五代再犯风险评估已经出现,并逐步在实践中推广和使用。

从一代到五代的再犯风险评估工具的历史演进,我们可以清晰地看到:再犯风险评估面临的最大难题是如何提高评估的准确性或可靠性,而要提高评估的准确性或可靠性则要获得更多的影响再犯的因素,并确定其影响权重。从静态因素到兼有动态因素,从共性因素到兼有个性因素,从心理、环境因素到兼有遗传因素,每一代评估工具的出现,不仅意味着新的影响再犯因素的发现,而且意味着检测影响再犯因素能力的提高。

---

[1] [加]戴维·努斯鲍姆:《主题报告概述》,载中国心理学会法律心理学专业委员会编:《服刑、戒毒及社区矫正人员危险评估与矫正项目研发学术研讨会论文集》2017年版,第8页。

二、再犯风险评估智能化的硬件条件

从个体的生理、心理到个体外的社会环境甚至自然环境因素，影响再犯的因素，不仅数量众多，相互关系复杂，而且处于动态变化之中，因此，如何科学确定影响再犯的指标体系，怎样精准测定影响个体的再犯因子及其动态变化状况，以提高再犯风险评估的准确性，始终是再犯风险评估工具研制的重点和难点。而再犯风险因子的确定及其测定，与人类获取、加工、传递和利用信息的信息技术的发展密切相关。正所谓"巧妇难为无米之炊"，倘若无法获得评估对象的充分信息，即使最专业的风险评估专家也难以对其再犯风险作出准确的评估。一定意义上讲，正是信息技术的发展推动了再犯风险评估技术的升级换代。而随着人工智能时代的到来，人类获取、加工、传递和利用信息等的能力将进一步提升，高速化、网络化、数字化、个别化特别是智能化的信息技术必将为破解再犯风险评估难题带来新的机遇。

（一）反映再犯个体各种属性的数据日益丰富

作为具有生命的个体，人既有身高、体重、三围、身长、腿长、肤色、头发长短、发色、脸型等物理特征，也有包括呼吸、循环、消化、神经、运动和内分泌等子系统不断运行的新陈代谢特征，如呼吸、心跳、脑电、血糖、激素等；既有包括口头、书面及肢体等语言特征，包括行为的时空、对象、关系等行为特征等，又有支配行为的心理特征，包括动力结构特征、调控结构特征、特征结构特征、潜意识、心境等。人所具有的生物、社会特征是客观存在的，但人类对自身这些特征的认识是逐步深入的，而对反映这些特征的数据的获取则主要依赖信息技术的发展。

第一代凭借经验与直觉进行的再犯风险评估的局限性在于：一方面，一个专家的临床经验再丰富，相对于千差万别的病例来说，仍然存在着严重的信息不对称；另一方面，经验性的评估虽然具有个别化特性，但仅靠"望、闻、问、切"等直觉所能够掌握的评估对象的信息极其有限，而在信息不充分的情况下所得出的评估结论的可靠性容易受到质疑。第二代、第三代再犯风险评估工具，尽管通过实证研究确定了再犯的评估指标，指标因素也由二代静态因素发展到三代兼有静态和动态因素，但依然存在两个方面的信息不充分问题：一方面将达到一定相关程度的再犯的共性因素确定为指标因素，难以考虑评估对象个体特殊因素;另一方面,依据不同理论和研究方法所形成的不同评估再犯风险的评估工具,虽然有一些因素是相同的,但也有许多不同的指标因素,这本身说明了影响再犯的因素的复杂性和筛选的难度。而第四代、第五代再犯风险评估工具通过评估主体的多元化和内容的系统化,以及评估方式由问答到测量的转变,虽然较前三代评估可以获得更多的评估对象再犯风险、需求等信息,但相对于极其复杂的影响犯罪因素而言,所能掌握的因素仍难以满足准确评估和精准推荐对策的需要。

信息技术的迅速发展,一方面,已经并继续改变着人类的生活方式。从穿戴技术到共享技术,从互联网到物联网,人们在享受信息技术所带来的便捷、高效和更高质量的生活的同时,也留下了海量的个人身份、生理(如体检、疾病诊疗等)、心理、行为(如出行、交往、消费、沟通等)等数据。另一方面,也影响着犯罪特别是再犯的防控模式。从监狱不断升级的安防监控到日益精准的管控与矫治,从社区矫正部门对矫正对象的电子定位到社会状态下的心理、行为监测与预警,从综合治理部门对刑满释放人员的出狱人身危险性评估到社会状态下社会需求和帮扶的大数据监测,反映再犯风险评估对象生理、心理、行为特征的各种数据,不仅获取的途径和方式日益多样,而且储存和提取也变得日益快速与方便。

(二)挖掘评估对象海量数据的技术迅速发展

随着现代信息技术在刑罚执行和综合治理中的广泛应用,刑罚执行机关和社会综合治理部门不仅可以通过信息获取技术越来越方便、准确地测量、感知、采集并存储罪犯和刑释人员在常态或接受干预(矫正或帮扶)情况下的生理活动、心理活动、社会活动的数据,而且可以通过数据挖掘不断丰富再犯风险评估指标因素,完善再犯风险预测、预警、管控、矫治(帮扶)模式。

确定影响再犯的指标体系、测定评估对象的指标因素及其权重始终是再犯风险评估的关键所在。再犯风险评估工具从一代到五代的演进,不仅发现了越来越丰富的影响再犯风险的因素,而且获取与处理评估对象影响因素的能力不断提高。而数据挖掘技术的应用将从两方面改变再犯风险评估:一是确定影响再犯因素的方法将更科学。非结构化的第一代的再犯风险评估,影响评估对象再犯的因素及其程度,由于是由专家依据经验并结合对象个体情况临床确定的,所以影响每个对象的再犯风险因素都不完全相同。结构化的第二代到第五代再犯风险评估工具,其影响再犯的因子由于多是通过回顾性的实证研究确定的,因此,基于不同理论,不同研究的对象、目的等所形成的再犯风险评估工具所涉及的因素存在很大的差异。数据挖掘技术一旦应用于罪犯、刑释人员的大数据,那么影响再犯风险因素就不再依赖时空、对象等受限的实证研究来确定,完全可以通过实证调查难以做到的超时空、大样本、多要素分析来发现更加可靠的指标因素。二是影响再犯风险的因素将更为丰富。不论是非结构化的一代评估,还是二代到五代结构化的评估,依赖专家临床经验或研究者有限的实证研究所确定的影响因素,不仅每一代评估工具所涉及的影响因子不全相同,而且同一代不同评估工具所用的指标也有很大差别。影响一个人再犯的因素众多且程度不一,已有的评估工具都只是发现了极其有限的影响因素。随着反映罪犯、刑释人员特征的数据的不断积累,人工智能数据挖掘,不仅可以不断发现影响再犯的共性因素,并可以揭示更为深层的影响因素,而且随着个人独特数据的积累,还可以找到更多个别化的影响再犯因素。而影响再犯因素越多,体系越是完善,那么,依据这些因素所作出的再犯风险评估也就越准确。

(三)应用评估对象相关信息的方式越发便捷

再犯风险评估是为了更好地管控再犯风险,而管控风险的关键又在于精准识别和有效管控。如果说数据挖掘为再犯风险的精准识别创造了条件,那么,如何针对不同对象的不同风险进行及时而又有针对性的管控、矫治与帮扶则是再犯风险评估的应用所需要解决的问题。

再犯风险评估的准确性、证据性、便捷性和经济性是影响评估技术应用的因素。第一代再犯风险评估依赖于临床专家的经验和直觉,虽然是一种个别化评估,但实际应用面临准确性低和推广难的问题。第二代、第三代再犯风险评估虽然准确率高、可操作性强,但面临证据性差和适用性弱的问题。一方面,依据评估表得到的风险高低的评估结论,缺乏可视的证据支持,让司法人员不敢仅仅依据这一结论决定预防刑或选择管控、矫正或帮扶措施;另一方面,主要服务于假释等需要的人身危险性评估,对如何管理、矫正罪犯指导性差。第四代再犯风险评估工具,虽然实现了社区矫正风险评估的系统性、动态性,提高了风险评估的效率,但依然存在及时性不足以及由此带来的精准性不够的问题。第五代再犯风险评估虽然可进一步提升评估的准确性和证据性,但也存在费用昂贵,难以动态监测应用等问题。

随着信息技术的发展,我们不仅仍然可以通过人的"五官六觉"感知评估对象的情况,而且可以通过无所不在的监控、定位、感知等信息技术获得评估对象的生理、心理、社会生活等各种数据。更为重要的是网络等技术,特别是人工智能的迅速发展,还为再犯风险评估、风险预警、方案推荐、效果评价等服务,提供了广泛推广应用的硬件条件。

三、再犯风险评估智能化的软件要求

信息技术特别是人工智能的发展为再犯风险评估的智能化研发提供了技术支持,但要形成结论准确、预警即时、推荐精准、效果更好的智能化再犯风险评估系统,还需要做强监管改造工作的软件。与初犯预防不同,再犯预防效果取决于能否找准犯因,并针对性地采取应因措施。[1] 应因措施由于是针对犯因的人工干预措施,因此其效果的好与不好需要证据加以证明,也正因为如此,循证矫正或预防被认为是目前最为科学的矫正或预防实践。[2]

(一)形成研发战略合作

与以往使用诸如电脑、监控等信息技术设备,刑罚执行机关只需要花钱购买不同,智能化再犯风险评估的研发,若没有应用单位的深度参与,则难以研发出满足监管改造需要的智能化设备。一方面,确定影响再犯风险的指标因素和权重是再犯风险评估研发的重中之重,智能化再犯风险评估虽然可以自动获得相关因素并确定其权重,但理论模型仍需要通过对已经犯

---

[1] 为适应智能化再犯风险评估研发和应用的需要,笔者根据影响再犯因素在再犯中的作用,将影响再犯因素分为犯因和因应。犯因又划分为引起犯罪心理形成的致因因素、支配犯罪行为的犯罪心理因素,即心因因素和诱发犯罪心理外化为犯罪行为的诱因因素。与初犯不同,再犯还深受如何应对犯因的应因的影响,虽然这种应因是基于防御犯罪而采取的,但欠科学、不文明的干预也会对再犯产生促进的影响。根据应因作用于犯因的方式方法不同,我们将应因区分为管理控制、教育矫正和服务帮扶。管理控制是对不可变的犯因或可变犯因在变化前采取的以阻断再犯时间、空间、条件等为目的的措施;教育矫治是对可改变的犯罪心理所施加以改变错误思想、不良心理或行为为目标的措施;服务帮扶是对影响再犯的环境特别是家庭、学校、单位、社区、朋友圈等可改变的微观环境施加积极影响的措施。

[2] 夏苏平、狄小华:《循证矫正中国化研究》,江苏人民出版社 2017 年版,第 36 页。

罪或再犯群体的抽样研究来构建。若没有刑罚执行机关的合作,科研人员连这些"保密单位"的门都无法进,又怎能进行这种实证研究?另一方面,算法是智能化再犯风险评估最核心的技术,但算法既有先进与落后之分,又有适合与不适合之别。智能化再犯风险评估的应用毕竟涉及罪犯人身自由的剥夺或限制,直接影响罪犯在服刑期间的实际处遇。倘若没有刑罚执行机关的合作,科研人员就无法获得形成和检验算法所需要的大数据。而一旦算法出现不适合或不够先进,则必然会影响智能化评估的准确性和可靠性,并最终影响刑事司法的公正。以人工智能、机器人技术、虚拟现实等为突破口的第四次工业革命已经到来,各国为了保持自身的技术优势,纷纷强化了技术的知识产权保护,并因此增加了算法监督的难度。算法监督是再犯风险评估应用适应刑事司法公正所必需的,而要破解算法保护和监督的难题,则需要技术研发与设备应用单位之间建立互信并形成长期战略合作,为"形成一批具有中国特色、引领世界司法技术和装备发展的先进技术成果,初步形成以智慧司法知识中心和法检司三部门运行支撑平台为核心的国家智慧司法运行支撑体系,为实现公正司法和司法为民,建成公正、透明的司法体系提供科技支撑"。科技部发布了"公共安全风险防控与应急技术装备"重点专项(司法专题任务)2018年度第一批项目申报指南,笔者有幸承担"假释、暂予监外执行、刑释人员犯罪预防支撑技术与装备研究"项目的基础理论研究。为建立影响再犯的指标体系和改造质量评估指标体系,牵头单位试图组织相关研究人员到司法部确定的研发试点单位调研,但相关部门却迟迟不给试点单位下发通知。后经与省级社矫部门联系,调研却只能"走马看花",既不能获得相关数据,又无法了解到实情。[1] 国家投入大量经费开发刑罚执行部门需要的智能评估产品,而应用部门却因种种原因难以配合。刑罚执行毕竟涉及罪犯的隐私权利和管理的秘密,如果没有互信就难以有好的配合,为此,建立战略合作至关重要。

(二)规范数据采集结构

罪犯改造是再犯预防最关键的环节,而再犯风险评估又是实现针对性和有效性防治的前提和基础,因此,智能化再犯风险评估研发的成败,关乎

---

[1] 有的社区矫正部门虽同意去调研,但对课题调研处处设限:或只能接触指定的社区矫正对象,或事先教育对象不能乱说,或干脆不让接触对象。

再犯防治的实际效果。智能化再犯风险评估最核心的技术是算法,而算法又依赖于大数据的数据数量和质量。规范数据采集结构,不仅决定着数据的采集,而且影响着数据的形成,即能否针对犯因采取相应的应因措施。不同于一个人在自然状态下生活、学习、工作等形成的数据,刑罚执行机关基于监管改造需要而进行的一系列活动,特别是其中的针对犯因的应因措施,是决定再犯防治效果的主要因素。伴随着刑事司法信息化的发展,从侦查、起诉、审判到执行,甚至包括刑满释放后的帮教,我国已经积累了罪犯和刑满释放人员的庞大数据。以法院为例,全国3519个法院和9279个人民法庭通过专网实现互联互通,各级法院正以每5分钟一次的频率向大数据管理和服务平台自动汇聚新收集的各类案件数据,智慧法院平台也已经汇集了1亿多件案例数据和2900多万份裁判文书。但在报应性刑事司法模式下,我国的刑事司法主要关注已经实施的犯罪事实,很少分析犯罪分子的犯罪原因,由此导致再犯风险评估所需要的数据存在严重的缺失。[1] 即使是以改造人为宗旨的监狱行刑和社区矫正,理应将重点放在犯因的分析和应对上,但目前仍将主要精力用于安全,尚未真正形成以改造人为中心的监管改造工作机制,并导致涉及分析犯因、评估监管改造效果等数据的严重缺失。根据司法部"社矫管理系统数据采集结构规范"(简称"规范"),目前社区矫正部门采集的社区矫正数据尽管多达37大类510项,但再犯风险评估所需要的数据项却严重缺失。比如,精神心理状态类因素在各国再犯风险评估中被排在犯罪情况之后,属于第二位影响再犯,且涉及具体项最多的一类因素,[2]但在"规范"中却只涉及"对社会的心态""对生活是否有信心""心理健康状况"三项因素。在有效数据缺失的情况下,又怎能获得准确的评估和精准的推荐呢?为此,上级主管部门需要适应智能化再犯风险评估的需要,重新修改监狱管理和社区矫正管理系统数据采集结构规范,将再犯风险评估指标因素和改造质量评估指标纳入数据采集结构,并形成适应智能化再犯风险评估需要的,可以不断扩大影响再犯因素和改造质量指标因素的,全要素可解释的开放式的数据结构规范。事物之间的联系具有普遍性,只要供算法挖掘的有效数据足够大,智能化评估就可以找出所有影响再

---

[1] 倪寿明:《充分挖掘司法大数据的超凡价值》,《人民司法》2017年第19期。
[2] 冯卫国、王超:《中外社区矫正风险评估因素结构差异研究》,《法学杂志》2014年第7期。

犯的因素,但这些因素与再犯之间只是相关关系,并不能解释它如何影响再犯。为此,笔者提出从功能上对再犯影响因素进行分类,并根据犯罪心理结构理论形成全要素可解释的智能化再犯风险评估理论指标体系。

(三)推动循证防治实践

将罪犯改造成守法公民是自由刑执行的目的所在,让每一名罪犯获得与其再犯风险相称的管控、矫正与帮扶,既是行刑公正的要求,也是有效防治再犯之必然。为此,如何让有限的行刑资源产生更好的矫正效果,也就成为科学矫正之关键。循证实践是"指实践者根据研究者所提供的最佳证据,在管理者的规划与协调下,参考相关的实践指南、标准或手册,在考虑实践对象(实践者所服务的对象或对象群体,如病人、顾客等)具体特征的基础上所进行的实践"[1]。循证矫正作为一种循证实践形式,由于能够有效地协调研究者、矫正者、矫正对象和行刑资源管理者四方关系,有效整合矫正所需的各种资源,以最小的投入获得最好的矫正效果,因此,被看作是科学矫正最集中的体现。自2012年以来,由司法部直接推动的我国循证矫正试点,虽然因矫正观念落后、实证研究缺乏、循证操作平台缺失等原因而未能取得实际效果,但并非为推动循证实践而研发的智能化再犯风险评估系统,客观上却为循证矫正实践的落地创造了条件。为此,既要将循证矫正的要求融入智能化再犯风险评估的研发,以更好地满足未来循证矫正的需要,又要通过智能化再犯风险评估的试点和应用,推动我国的循证矫正的发展。

(四)建立数据共享机制

世界事物之间的联系具有普遍性,从这个意义上讲,影响再犯的相关因素是无限的。对于智能化再犯风险评估来说,喂饲的数据越大、质量越高,则能够挖掘到的影响再犯的相关因素越多,而据此得出的评估结论也就越是准确和可靠。为此,有必要本着先易后难、先内后外的原则,分步推进数据共享机制建设。具体可分为三步:第一步是建立司法数据共享机制。刑罚权属于国家专属权力,围绕刑罚权而展开的侦查、起诉、审判和执行,由于分别由不同的国家机关所承担,因此,智能化再犯风险评估所需要的有效数

---

[1] 杨文登:《循证实践:沟通研究与实践的桥梁》,《中国社会科学报》2010年9月28日第8版。

据分散在不同的机构。建立司法数据的共享机制，就是要通过信息互联互通，或建立司法机关信息共享平台，让每一个刑事司法机关都能够分享整个刑事司法活动的数据。第二步是建立公共部门数据共享机制。不论是在监狱服刑的罪犯，还是在社区接受监督和矫正的社区矫正对象，抑或已经获得自由的刑满释放人员，他们过去、现在和将来在社会状态下的生活、工作、学习等，也会在公共管理和服务部门留下数据，而这些数据通过挖掘同样能够获得与再犯相关的信息，因此，为了更为准确地评估结论，还需要与社保、医疗、教育等公共管理和服务部门建立数据共享机制。第三步是形成全社会数据共享机制。在社会生活状态下，社区矫正对象和刑满释放人员不可避免会在交往、交易等过程中，形成并留下主要由企业等保存的诸如购物、通话、交易等数据，而这些数据同样是智能化评估所需要的"饲料"，而这种"饲料"越多越好，则智能化评估的结论就越准确和可靠。

结　　语

人工智能将改变人们的生活方式，也必将改变再犯防治的模式。为满足新时代人民群众对公平正义的要求，必须推行再犯的精准预防，为此，依托智能化再犯风险评估建立中国特色的循证防治势在必行。而研发智能化再犯风险评估系统，一方面，要大力发展获取罪犯在狱内和狱外服刑过程中的各种生理、心理和行为数据的技术，又要不断创新数据挖掘算法这一核心技术；另一方面，要按照一边研发一边规范的思路，适应智能化再犯风险评估需要，稳步推进循证矫正工作，以不断提高智能化评估所依赖的大数据的质量。

世界各国监禁替代措施面临的最新挑战

奥伦·加扎尔　朱利安·V.罗伯茨[*]著　高一飞[**]　寇滢滢[***] 译

近年来,国际犯罪趋势相对稳定甚至下降。联合国最近的一份报告指出:在全球范围内,警方记录的暴力犯罪数据(故意杀人、抢劫和强奸)在过去十年中略有下降;而财产犯罪的减少显然更为明显:机动车盗窃几乎减半,入室盗窃减少了四分之一以上;与贩毒有关的刑事案件长期以来维持着相对稳定的状况,而非法持有毒品罪自 2003 年以来则有显著增加(增幅为 13%)。[1]

但令人惊讶的是,监禁措施的适用率并未因此降低。许多司法管辖区报告,目前监禁率仍然较高。根据最新的一份报告:尽管全球犯罪率呈下降趋势,但在 2000 年至 2015 年期间,监狱人口数量增长了近 20%,略高于同期世界人口增长率。在 2000 年至 2017 年期间,全球监狱中的妇女和女童人数增加了 53%。[2] 呈现下降或保持稳定趋势的犯罪率与不断增加的监狱人口的矛盾引发了国际上关于如何采取措施有效替代监禁的对策研究。

---

[*] 奥伦·加扎尔,以色列海法大学法学院院长;朱利安·V.罗伯茨,牛津大学犯罪学教授。此研究得到以色列科学基金会(批准号 593513)的支持。本文来源于杜克大学主办的《法律与当代问题》2019 年第 1 期。引用参考为:Oren Gazal-ayal & Julian V. Roberts, Foreword alternatives to imprisonment: recent international developments, Law and Contemporary problems, Vol. 82, p1.文章小标题为译者所加。

[**] 高一飞,广西大学君武学者、法学院教授、博士生导师;

[***] 寇滢滢,西南政法大学人工智能法学院学生。

[1] 第 13 届联合国预防犯罪和刑事司法大会:《世界犯罪和刑事司法状况(4)》(2015年)。

[2] 泰国刑法改革与司法研究所:《2018 年全球监狱趋势:可持续发展时代罪犯的康复和重返社会》(2018)。

此外,2008—2009年的金融危机为探索更合理有效的替代措施提供了额外动力,因为与其他大多数公共服务一样,近年来,所有国家的刑事司法预算都一再削减。

《法律与当代问题》2019年第1期"特刊"探讨了一些西方国家的最新经验,包括探讨一系列替代性刑罚措施和执行方式,并就其实施效果得出了相应结论。大多有关替代措施的文章都仅针对单一司法管辖区,因此,尽管不同国家的做法存在明显的共同点,但国际间的相互借鉴仍然不足。本期特刊涵盖最初于2018年5月在以色列海法大学法学院举行的国际会议上提交的文件;同时旨在鼓励学者之间加强对话,以期提高人们对实施替代措施的成功要素的认识。

一、替代措施能否实现减少监禁数量的目的

一些文稿探讨了最古老和最普遍的监禁刑罚替代方式:缓刑。所有司法管辖区均采取某种形式的暂缓执行方式,无论是一般意义上的缓刑,还是缓期监禁。缓刑有其合理之处:它提供了一种既表明行为的社会危害性,又不完全剥夺罪犯人身自由的惩罚方式。就自然人犯罪而言,对于严重到可以判处监禁的罪行,一旦行为人满足了相关法定事由,则通常援引缓刑条款,可不处以监禁;其中主要包括单亲家长、残疾人和对未成年人负有照顾责任的人。但为了表现相当的刑事责难或法律谴责,这些替代措施也必须彰显其意义与价值:为使受害者和广大公众相信这是替代监禁的可靠路径,替代措施的实施效果必须显而易见。对缓刑、附条件延期刑、附条件生效刑的常见批评是,他们未在一个重要方面发挥作用——本期几位特约作者探讨了此问题。

替代刑或中间刑的制定和修改往往出于各种不同的原因,但其主要目标是减少监禁的适用数量。那么,多久才能成功实现这一目标?一些撰稿人强调了当下所面临的挑战:在引进或修订替代监禁措施方面,是否以及在何种程度上会影响监狱容量或监狱人口数量。正如弗莱贝格所说:很难准确地衡量缓刑是否影响监禁的适用数量,因为这受许多因素的影响,包括犯罪率、公开报告率(影响研究者统计数据的准确性)、起诉率、定罪率和量刑

政策等。[1]

若干文献所涉及的核心问题是,包括缓刑在内的其他刑罚是否缓和了监禁作为制裁手段的使用。对几个国家趋势的分析呈现出一种混合模式,北欧国家似乎在替代制裁的实施方面卓有成效。塔皮奥(Tapio Lappi-Seppälä)报告了来自其中四个国家的调查结果:芬兰、挪威、丹麦、瑞典。他得出结论:作为替代措施的社区矫正和社区电子监控的适用,大大减少了本会进入监狱的罪犯人数。[2] 为什么北欧国家比其他西方国家更易接受替代措施目前尚无明确定论,原因可能在于该地区数十年来较为宽松、缓和的刑罚环境。因此,这些国家的替代措施往往更为长久和普遍。

虽然北欧国家有较低入狱率,但其他司法管辖区的调查结果却不容乐观。

谢丽尔·韦伯斯特(Cheryl Webster)和安东尼·杜布(Anthony Doob)在对加拿大量刑的研究中,探讨了一种缓刑的变化形式——所谓的"有条件监禁"。[3] 不同于缓刑,监禁措施于特定的时间被暂停执行。尽管是在社区服刑,在加拿大执行有条件刑期的罪犯被视为在狱服刑。符合有条件监禁的罪犯可以留在家中,但他们的行动会受到(或应该受到)严格限制。韦伯斯特和杜布研究了近20年的数据认为:在加拿大,有条件监禁措施对监狱人口数量影响甚微。此外,强制措施的立法变更在量刑过程中也引发了其他问题。有条件监禁立法缺位,而此处空白最终会由入狱监禁所填补;不合理的有条件监禁制度容易扭曲缓刑的适用;而为回应该制度的变化,法院往往求诸监禁刑。最后,两位学者总结:加拿大的经验表明,有条件监禁制度并不是减少使用监禁刑的有效方法。

基尔·欧文·罗杰斯(Keir Irwin-Rogers)和朱利安·罗伯茨(Julian

---

[1] Arie Freiberg, Suspended Sentences in Australia: Uncertain, Unstable, Unpopular, and Unnecessary, 82 *Law & Contemp. Probs.*, no. 1, 2019 at 81, 94.

[2] Tapio Lappi-Seppälä, Community Sanctions as Substitutes to Imprisonment in the Nordic Countries, 82 *Law & Contemp. Probs.*, no. 1, 2019 at 17.

[3] Cheryl Webster & Anthony N. Doob, Canada's Conditional Sentence of Imprisonment: The Unfortunate Failure of a Bad Idea, 82 *Law & Contemp. Probs.*, no. 1, 2019 at 163.

Roberts)研究了适用于英格兰和威尔士的缓刑令(SSO)。[1]类似直接监禁,缓刑令是监禁的一种方式,并不是未达到羁押条件的案件的制裁措施,即在立法上视其为监禁刑。2005年,英国议会对此项制裁的性质进行重大修改。在此之前,法院必须在执行缓刑令之前确定"特殊情况"——说明案件符合适用缓刑令的特殊性。在这一要求被取消后,缓刑令的使用急剧增加,在短短几年内从仅有几千个骤增至近50000个。文章得出结论,修正后的刑罚措施对降低监禁的适用率有显著成效,但是随着时间的推移,其作用逐渐下降。阿里·弗赖贝格(Arie Freiberg)对维多利亚州和澳大利亚其他州缓刑判决的分析表明,该项措施在几个重要方面均告失败,并因此于2014年在维多利亚州被废除。[2]

为什么监禁的替代措施会失败呢?学界给出的一种解释是:被用来取代高级形态的社区惩罚的替代措施逐渐破坏了原有惩罚措施的主要目标:取代立即监禁的条款,即非监禁刑替代监禁的目标没有实现,反而单纯地增加了非监禁刑。学者们将这一现象称为"法网扩张",在本期几篇论文中有所讨论。例如,基尔·欧文·罗杰斯(Keir Irwin-Rogers)和朱利安·罗伯茨(Julian Roberts)指出,英格兰和威尔士境内缓刑令的使用率急剧增加,但同时得出结论,在相当一部分案件中,缓刑令适用于那些本应受到社区矫正处罚的罪犯。也就是说,对于很多罪犯来说,所谓被替代的监禁刑本来就不该适用,因为这些罪犯本来就符合社区矫正的条件。同样,韦伯斯特和杜布在他们对加拿大的附条件执行的分析中也发现了"法网扩张"的证据。此外,由于不符合这些替代措施的条件,罪犯被要求在拘留所服刑,使监狱人数进一步增加。即使在前述北欧国家,社区矫正起到了明显的反监禁效果,但"法网扩张"的现象也同样存在。某些罪犯在一开始就无须被判处监禁,因此这些监禁判决的正当性难以证明。

反监禁和法网扩张之间的关系极其复杂。在某些情况下,一项新的或经过改革的替代措施减少了监禁的使用率,同时也使社区矫正的适用扩大了(法网扩张)。事实上,这样的结果很常见。但也有证据表明,随着时间的

---

[1] Keir Irwin-Rogers & Julian V. Roberts, Swimming Against the Tide: The Suspended Sentence Order in England and Wales, 82 *Law & Contemp. Probs.*, no. 1, 2019 at 137.

[2] Freiberg, supra note 3, at 103.

推移,监禁减少和法网扩张之间的平衡会发生变化。[1] 在以色列,缓刑最初用来代替监禁,监禁的使用率也因此有所降低。然而,时间一久,法院和立法机关逐渐放弃了最初的意图,随后一系列判例法和成文法的变化改变了缓刑的作用。最终,缓刑成为对监禁和其他刑罚的补充,缓刑数量确实增加了,但是监禁却并没有减少。这项研究还表明,虽然立法机关目标明确,但另一种以社区为基础的替代性劳动服务却未能减少监禁。更重要的是,长远来看,劳动服务对减少监禁起到的本来就极为有限的效果也消失了。这项研究强调,基于短期内替代措施的实施效果,难以得出长期适用替代刑效果如何的结论。

基尔·欧文·罗杰斯(Keir Irwin-Rogers)和朱利安·罗伯茨(Julian Roberts)同时指出,改革后的缓刑令对英格兰和威尔士的直接监禁判决产生了即刻、显著的效果,但在英格兰和威尔士,近几年缓刑越来越多地适用于社区矫正措施。[2] 韦伯斯特(Webster)和杜布(Doob)注意到加拿大也出现了类似趋势:附条件监禁刑似乎让监禁的适用急剧减少,但这种效果持续短暂。法院适用社区矫正以取代监禁,其原因复杂多样。这些文献中涉及的案例清楚表明,"法网扩张"对其他强制措施也产生了一定影响。引入一种新的监禁替代措施可能会改变法院采用其他制裁措施的方式。在已被察觉或以其他方式存在于社区矫正中的缺陷,将导致法院对本应采取社区矫正的案件大量适用其他强制措施,从而导致法网扩张。

二、附条件的不确定性和违反所附条件的处理

这些文章都提到附条件执行和缓刑面临着一系列共同的挑战。第一个问题是附条件执行和缓刑适用条件的不确定性。这些措施在适用方面和刑期时间的确定上对法院赋予了很大程度的灵活性,大多数此类制裁选择性条件多样,法院面对明显违反这些条件的行为时,往往享有广泛的自由裁量权。因此,不能预先规定缓刑令或附条件执行的刑罚严重程度,如果法院打

---

[1] Oren Gazal-Ayal & Nevine Emmanuel, Suspended Sentences and Service Labor in Israel-From Alternatives to Imprisonment to Net Widening, 82 *Law & Contemp. Probs.*, no. 1, 2019 at 111.

[2] Irwin-Rogers & Roberts, *supra note* 10, at 144.

算用缓刑来折抵六个月的徒刑,则替代措施应持续多长时间、应适用哪些条件,这些都是不清楚的,这便导致已确立的刑法平等原则和罪刑相适应原则变得难以落实。例如,如果被判犯有同等严重罪行的两个罪犯分别被判缓刑和立即监禁,除非这两项制裁在严厉程度上绝对一致,否则将破坏平等原则。解决办法之一是由具有一定的专门知识的上诉法院或量刑委员会制定等价量刑表。

第二个问题是在违反替代措施所附条件的情况下出现的。确保对罪犯有效监督,这是负责这项任务的机构和专业人员所面临的最复杂的挑战之一。过于苛刻的条件可能会引发违规行为,从而导致需要举办听证会,而听证会的结果可能是罪犯被处以拘留。如下所述,对所附条件的监管或监督不力将破坏司法声誉和公众对刑罚的信心。理查德·弗雷塞(Richard Frase)在有关美国缓刑判决一文中提到,对违反所附条件的僵化回应是直接被拘留,这是法网扩张的另一种形式。[1] 他讨论了在美国各州和联邦指导案件中被用于违反缓刑条件后的三种拘留措施。释放决定的撤销和随之而来的监禁,已经成为美国监狱人口规模增大的一个重要因素。明确的法律规定和指导方针对于法院极为重要,为此才可确保不会因违反缓刑的规定,最终导致监禁适用率提高。他建议实施若干程序性保障措施,以解决将监禁作为后备的替代措施带来的负面问题。

如果违反规定行为的应对措施是监禁,则采用替代措施反而可能会导致更多的监禁适用。正如奥伦·加扎尔和内文·伊曼纽尔(Oren Gazal-Ayal & Nevine Emmanuel)所指出的,由于法网扩张,以色列的劳动改造和缓刑取代了大部分其他非监禁措施,但在行为人违反相关规定时,再次被处以监禁。[2] 梅根·M.奥尼尔(Meghan M. O'Neil)和普雷斯科特(Prescott)讨论了一个更重要的问题:行为人因未缴纳小数额罚款而入狱。[3] 虽然在大多数司法管辖区,无力支付罚款不应导致监禁,但社会上许多贫困群体因未能证明他们缺乏支付能力而被监禁。他们的研究结果表

---

[1] Richard S. Frase, Suspended Sentences and Free-standing Probation Orders in U.S. Guidelines Systems: A Survey and Assessment, 82 *Law & Contemp. Probs.*, no. 1, 2019 at 51.

[2] Gazal-Ayal & Emmanuel, *supra note* 8, at 133.

[3] Meghan M. O'Neil & J.J. Prescott, Targeting Poverty in the Courts: Improving the Measurement of Ability to Pay, 82 *Law & Contemp. Probs.*, no. 1, 2019 at 199.

明,网络在线支付工具可以提高罚款作为惩罚手段的准确性、有效性,并且这种方式以缴纳罚款作为制裁的手段更具社会吸引力。

三、司法人员和社会对替代性措施的态度

本期特刊中讨论了全球普遍存在的另一个问题:缓刑、社区矫正和强制缓刑的条件实际上可能相对苛刻(在某些情况下甚至相当于短期监禁),但偏爱量刑从宽的公众却很少意识到这个现实。

社会的负面反应就是澳大利亚维多利亚州法院所面对的一个问题。正如弗赖贝格(Freiberg)在其研究中所述,"自由飞翔"一词经常被用在涉及缓刑的公众、媒体的讨论中。[1]公众的批评也引发了加拿大对附条件执行,甚至早期英格兰和威尔士的缓刑令增加更多限制的修正。当社会对刑罚的信心降低,司法的热情也随之减弱。结论似乎很明显:在目前的环境下,司法制度需谨慎构建,并向社会公开监禁之外的其他措施,以充分替代监禁的适用。不做到这一点,替代措施就可能面临失败。

在此方面对累犯适用监禁和其他措施的比较研究呈现出一定价值。近年来,许多国家的研究人员将罪犯在接受不同刑罚情况下的累犯率进行对比,目前已经发表了许多系统性的文献综述,总结了许多国家的研究成果。[2]总体结论是,监禁与其他较轻的刑罚(主要为社区矫正)相比,累犯率并不低。在最新且最复杂的研究中,有人比较了两个精心匹配的罪犯样本的累犯率:部分被判缓刑的和完全被判缓刑的两部分罪犯。[3]这些研究人员发现,被判处监禁的罪犯更有可能再次犯罪。英国司法部进行一系列的研究,比较了被判监禁的罪犯与被判社区矫正的对照组的累犯率。在控制两组罪犯的背景变量之后,该研究发现被送入监狱的这一群体再犯率更

---

[1] Freiberg, *supra note* 3, at 91.

[2] See, e.g., Georgia Zara & David Farrington, Criminal Recidivism: Explanation, Prediction and Prevention (2016).

[3] Pauline G.M. Aarten et al., Reconviction Rates After Suspended Sentences: Comparison of the Effects of Different types of Suspended Sentences on Reconviction in the Netherlands, 59 INT'L J. Offender Therapy & Comp. *Criminology* 143, 154 (2015).

高,即被判监禁的罪犯再次犯罪的比率高于被判处社区矫正的罪犯。[1] 同样,被处以社区矫正的罪犯的犯罪率略高于比受到程度更轻处罚(如罚款)的罪犯。[2] 上述研究结论表明:判刑越重,累犯率越高。

本特刊中有两篇文献特别强调关键执法人员在适用管制替代措施方面的重要性。波林·阿尔滕(Pauline Aerten)报告一项关于威慑效应、其他综合效应和缓刑监督合规之间的纵向关系的研究。本研究的结果对许多司法管辖区的缓刑管理人员和政策制定者都具有启示意义。[3] 在对荷兰缓刑判决的分析中,阿尔滕指出,当缓刑执行官和被判缓刑的人之间存在积极的关系时,对缓刑监督规则的遵守程度就会相应提高。这一结论强调,在确保基于社区矫正的成功实施方面,缓刑执行官这一个体可以起到极为重要的作用。

尼尔·赫顿(Neil Hutton)在一篇关于苏格兰最新发展的文章中也得出了类似的结论。[4] 苏格兰法院必须设立监禁标准,其中包括不得适用短期(少于 3 个月)的立即监禁。根据《英格兰刑事司法许可法》第 17(3A)条的规定,"除非法院认为没有其他适当的处理方法,法院不得对某人判处 3 个月或以下的监禁"。[5] 英格兰、威尔士和加拿大尽管规定得更为笼统,但这些国家也有类似的规定,即对于过于短期的监禁要限制适用。赫顿注意到,关于监禁最短期限的标准是否在立法中规定的问题并不重要,因为这在司法领域的关键人员中形成了一种惯例和默契:不会适用过短的监禁刑。这种共识反映在法律专业人员的集体经验中。因此,立法并不是关键,适用监禁措施的关键在于法院的裁判习惯,即法院一般不愿意判处罪犯期限过短的监禁。

---

[1] Aiden Mews Et Al., The Impact Of Short Custodial Sentences, *Community Orders and Suspended Sentence Orders on Re-Offending* 31 *tbl*.B1 (2015).

[2] Ministry of Justice, Proven Reoffending Statistics Quarterly Bulletin: January to December 2014, *England And Wales* 45 *tbl*.1 (2016).

[3] Pauline G.M. Aarten, Exploring Probation Supervision Compliance in the Netherlands, 82 *Law & Contemp. Probs.*, no. 1, 2019 at 227.

[4] Neil Hutton, Articulating the Custody Threshold?, 82 *Law & Contemp. Probs.*, no. 1, 2019 at 1.

[5] Criminal Justice and Licensing (Scotland) Act 2010, § 17(3A).

结　　论

上述文献研究得出的结论有三个：第一，没有任何简易或直观的方式可以得出通过制定其他强制措施和鼓励法院适用监禁替代刑可有效减少收押的数量的结论。替代监禁的措施在减少监禁适用方面的效果差异较大，如前文所述，在一个司法管辖区取得成功，在另一个司法管辖区可能会面临失败。第二，非监禁刑本来是用来替代监禁的，实践中却成了单独增加的刑罚，而一旦这些增加的刑罚在执行过程中因为被执行人违规被撤销，处以刑罚的总量比增加替代性措施之前还要多，最终导致法网扩张。第三，监禁的全部或部分缓期执行面临着许多障碍：有来自法律和其他刑事司法专业人员的抵制和反对，也有来自公众和社会的抵制态度，一个构建不周或基础不足的替代措施可能弊大于利。尽管上诉法院也许能够解决替代措施在立法上的缺陷，但这些措施往往面临被初审法院滥用的危险。当这种情况发生时，就会有人要求废除或修改法律规定。

尽管一些国家的司法实践结果喜忧参半，但缓刑和其他中间制裁，至少在减少监狱人数和促进更有效、人道和高效的量刑制度方面，取得了一些成功，北欧国家的经验尤其令人鼓舞。学界面临的挑战是，在不同的司法管辖区以及随着时间的推移而发生剧烈变化的环境下，要通过哪些方式使监禁替代措施发挥成效。

制度分析

论离婚协议排除强制执行的效力[*]

史长青[**]　沈佳燕[***]

摘要：离婚协议关于共有房屋归属一方的约定在性质上为夫妻双方就离婚后财产权属达成的合意清算、分割协议。在婚姻法未作例外规定时应受合同法与物权法的规制，即此间触发基于法律行为的物权变动，未经移转登记，约定权利人仅享有请求过户登记的债权请求权。以德国、美国为代表的两大法系国家均认可符合一定条件时约定权利人具有法定的物权期待利益，可基于物权化的保障力与防御力排除一般债权的强制执行。我国立法有关条款也反映了类似的趣旨，进而为离婚协议排除强制执行提供了正当性。即便基于债权衡量的视角，约定权利人请求权上所附载的法定利益也足以限制将执行标的物划入债务人清偿个人债务的责任财产范围，进而排除强制执行。一般金钱债权人无法以其对不动产登记簿的信赖利益主张排除此种限制力，除非离婚协议具有逃避执行的高度可能性或约定权利人对未办理过户登记具有过错。

关键词：离婚协议；物权变动；执行异议之诉；物权期待利益；债权衡量

---

[*]　本文为教育部人文社会科学研究项目"法官心证形成机理研究——以民事诉讼为例"（15YJA820025）的阶段性成果。
[**]　史长青，上海大学法学院教授。
[***]　沈佳燕，上海大学法学院诉讼法专业硕士研究生。

一、问题的提出

"钟某玉与王某、林某达案外人执行异议纠纷案"与"付某华诉吕某白、刘某锋案外人执行异议之诉案"先后刊载于《中华人民共和国最高人民法院公报》,案件争点类似:夫妻双方签订的离婚协议中约定了共有不动产的归属但未办理过户登记,于婚姻关系解除后名义物权人形成一般金钱债务,后债权人提起强制执行申请要求名义物权人清偿债务。房屋由于仍然登记在名义物权人名下而遭查封,继而约定权利人提出执行异议,被驳回后又提出执行异议之诉要求中止对该标的物的执行。[1] 法院面临判断约定权利人依据离婚协议所享有的民事权利是否足以排除强制执行的难题。然而包括最高人民法院在内的各级、各地法院对该问题举棋不定,形成了种种不一的裁判路径与结果。

综合理论及实务要点,认可离婚协议的生效直接产生物权变动效力而排除强制执行的思路主要有四种。路径一,定性约定权利人享有的权利性质为"事实物权"。[2] 路径二,考虑婚姻关系具有的特殊性,主张在婚姻法调整的场域中排除物权法及合同法的适用,因此离婚协议对不动产的处分无须遵循物权法一般或特殊的物权变动规则。[3] 具体而言,一者将离婚协议视为涉及人身关系的单一合同,[4] 以身份行为的性质统辖离婚协议,拒绝财产法规范介入;他者将其视为包含处理身份关系与财产关系的混合合同,但财产部分属于附随身份的财产法律行为,具有浓厚的身份法属性,一经作出即有物权变动的效果。[5] 路径三,以物权期待权理论赋予约定权利

---

[1] 《中华人民共和国最高人民法院公报》2016年第6期与2017年第3期。

[2] 广州市中级人民法院(2014)穗中法执复议字第101号民事判决书,该案例也载于《人民法院案例选》2016年第2辑,人民法院出版社2016年版,第145~149页;王聪:《案外人执行异议之诉中异议事由的类型化研究——以"足以排除强制执行的民事权益"为中心》,《法治研究》2018年第4期。

[3] 黑龙江省高级人民法院(2018)黑民申151号民事裁定书。

[4] 贾明军主编:《婚姻家庭纠纷案件律师业务》,法律出版社2008年版,第170页。

[5] 马杰、肖长伟:《附身份财产法律行为应优先适用身份法》,《人民司法·案例研究》2016年第17期。

人近乎物权的对抗与保全效力。[1] 路径四,试图将其纳入物权法中特殊的物权变动模式而不以登记作为物权变动的要件,或是考虑离婚协议为夫妻约定财产制的组成,与属于《中华人民共和国物权法》(以下简称《物权法》)第9条除外规定的法定财产制共享特殊的物权变动模式;[2] 或是解释《物权法》第28条至第30条仅是非基于法律行为引起物权变动的代表性情形,并未穷尽非依法律行为而发生物权变动的所有事项,约定了不动产归属的离婚协议亦包含于此。[3] 而否认离婚协议直接产生物权变动效果的观点主张追求民法体系内部的协调性,认为离婚协议财产约定属于合同法、物权法的调整对象,因而约定权利人享有的是要求名义物权人办理过户登记的债权请求权。[4] 对此债权请求权排除强制执行的效力,绝大多数法院因陷于"唯物权论"的循环,并未对退居其次的债权顺位关系作出回应。也有法院进行了权利比较与利益衡量,或是为保护债权人基于不动产登记状况形成的信赖利益,尊重及维护不动产登记制度而否认该请求权得排除强制执行;[5] 或是考虑约定权利人享有的产权移转登记请求权及其在案涉房屋被查封前便基于合法占有已实际享有的利益,承认得优先于一般金钱债权而排除强制执行。[6]

德国于1877年率先确立执行异议之诉程序,《德国民事诉讼法》第771条第1款规定案外人阻却执行的条件是在执行标的物上必须具有"享有阻止让与的权利",随后其他大陆法系国家与地区也先后效仿设置,认可案外人排除强制执行的标准也大体一致。但该立法表述被认为是不准确和不充

---

[1] 漳州市中级人民法院(2018)闽06民终2355号民事判决书;汤莉婷:《关于离婚协议能否排除执行的案外人执行异议之诉审查标准解析》,《法律适用》2019年第10期。

[2] 裴桦:《夫妻财产制与财产法规则的冲突与协调》,《法学研究》2017年第4期;裴桦:《也谈约定财产制下夫妻间的物权变动》,《海南大学学报(人文社会科学版)》2016年第5期。

[3] 淮安市中级人民法院(2015)淮中民终字第02030号民事判决书。

[4] 陈敏、杨惠玲:《离婚协议中房产归属条款相关法律问题探析》,《法律适用》2014年第7期。

[5] 湖北省高级人民法院(2017)鄂民申1411号民事裁定书。

[6] 深圳市中级人民法院(2018)粤03民终17207号民事判决书。又如山东省高级人民法院民一庭《执行异议之诉案件审判观点》第16条:金钱债权执行中,夫妻一方依据离婚协议的约定对登记在夫妻另一方名下的房产提起执行异议之诉,请求排除执行,经审查夫妻一方在人民法院查封前已经实际占用使用该房产,且对未办理过户登记没有过错的,可予以支持。但双方恶意串通,逃避债务的除外。

分的。透视执行异议之诉的根本基础,执行标的物必须处于债务人的责任财产范围,对该标准更为恰当、清晰的解释是因强制执行而受侵害的案外人具有能够将执行标的物从债务人责任财产中剔除的法律地位,或是其权利至少能够限制将执行标的物划归入债务人责任财产的范畴。[1] 因此,执行异议之诉的审查首先在于确定案外人的实体法律地位,以界定其享有的民事权利为前提;其次需判断强制执行是否将对其造成无法挽回的侵害,而案外人又足以表明执行标的物不属于或是不完全属于债务人的责任财产,以衡量原被告双方受法律保护的利益,进行权利保护的取舍比较为重点。[2] 虽物权有排他性,较可排除强制执行,债权则无,但不可一概而论,全视强制执行个案而定。[3] 然而我国司法实践的重心落在第一层面权利性质的界定,未从上述第二层面否定的角度把握执行异议之诉的审查要点,普遍将"执行标的物所有权属于提起执行异议之诉的案外人"作为认可其请求的绝对依据。因此本文将在探讨未办理过户登记的约定权利人所享有权利的性质的基础上,进一步考察该权利能否改变不动产所登记呈现的债务人责任财产范围。

二、离婚协议财产约定条款的性质及其引发的物权变动效力

在定性约定权利人所享有的权利时,理论与实务碰撞的焦点在于离婚协议的物权变动效力。经过法定备案并生效的离婚协议在夫妻内部产生约束力,一般认为夫妻内部的物权变动不应介入契约法则与物权制度,但对物权变动的外部效力则有争议。离婚协议对财产归属的约定属于涉身份的财产协议,在外部效力上是否完全排除财产法规范的制约,具体应被划入何种物权变动模式及变动的时点取决于其性质,反映了婚姻法与物权法、合同法

---

[1] 江必新主编:《比较强制执行法》,中国法制出版社2014年版,第184~185页。

[2] 《最高人民法院关于适用〈中华人民共和国民事诉讼法〉执行程序若干问题的解释》第15条规定,案外人提出执行异议的事由是"对执行标的主张所有权或者有其他足以阻止执行标的转让、交付的实体权利",但《最高人民法院关于适用〈中华人民共和国民事诉讼法〉的解释》第465条将"权利"改为"权益",并将"阻止"改为"排除",这意味着需要从更加抽象、综合的角度认定个案中足以排除强制执行的民事权益,拓宽了对案外人保护的外延。

[3] 吴光陆:《强制执行法》,三民书局2015年版,第229页。

相关规定之间的冲突与协调。

(一)离婚协议财产约定条款适用财产法的可能性

认为离婚协议财产约定彻底排除财产法调整的主要依据是《中华人民共和国合同法》(以下简称《合同法》)第 2 条第 2 款。然而仅从文义上来看，合同法不涉及的"有关身份关系的协议"仅指纯粹的身份关系协议抑或同时包含以身份关系为基础的财产协议不甚明晰。狭义的身份法律行为仅指亲属行为，广义的还包括以身份为基础的财产行为。[1] 也就是说，涉身份财产行为的性质产生了身份行为说与财产行为说的歧义。[2] 更深层次的分歧来源于对身份行为为民法总则规定的法律行为的下位概念的质疑。在理论上，法律行为可涵盖民事领域以意思表示为要素的所有行为，大多数学者认同身份法上的行为也属于法律行为，可以适用民法总则的一般性规定。[3] 作为法律行为概念策源地的德国虽以合同作为法律行为的典型，但总则中关于法律行为的规定，总体上也适用于物权法、亲属法和继承法，目光需在各编之间游弋。[4] 然而在我国司法实践中，受苏联法学理论的影响，身份行为往往被认为应由亲属法作出特别调整，民法总则的通适性规范与原则在亲属法领域的作用被淡化。法律行为似乎仅仅与债权行为，甚至仅是契约行为等同。由此便导致了婚姻家庭封闭性下婚姻法与财产法之间似乎无法调和的对立性。

但婚姻法与合同法之间并非泾渭分明，合同法规范及意思自治的精神在我国民事法律规范中具有基准性的作用，借助对更为上位的法律行为的

---

[1] 邱聪智:《民法总则(上)》,三民书局 2005 年版,第 481～482 页。

[2] 日本学者于第二次世界大战前多采财产行为说,但战后多采身份行为说,如中川善之助认为身份行为包括形成的身份行为、支配的身份行为及附随的身份行为,参见林秀雄:《夫妻财产制之研究》,中国政法大学出版社 2001 年版,第 187～189 页。我国台湾地区学者史尚宽教授同样持此观点,参见史尚宽:《亲属法论》,中国政法大学出版社 2000 年版,第 9 页。持财产行为说的,如我国李永军教授认为身份行为应从其狭义,身份财产行为应根据其效果发生于财产领域而排除在身份行为外,参见李永军:《民法总则》,中国法制出版社 2018 年版,第 579 页。

[3] 田韶华:《民法典编纂中身份行为的体系化建构》,《法学》2018 年第 5 期。

[4] [德]卡尔·拉伦茨:《德国民法通论(上)》,王晓晔等译,法律出版社 2004 年版,第 39～40 页。

指涉完成了更广阔的辐射，[1]其补充参照作用已经渗透进入婚姻法的场域。毋宁将合同法与婚姻法理解为一般法与特别法的关系，就混合有变动身份关系与财产关系合意的离婚协议而言，若婚姻法对财产约定存在明确规定，自然无合同法适用的可能性；反之，适用合同法不仅无损于身份关系的决定性与主导性，而且能够最大化地尊重双方的真实意愿，起到及时补缺的作用。由此，身份财产行为并非由于依附于身份行为而绝无民法总则、合同法及物权法的适用。在处理身份财产协议与第三人的对外关系时，婚姻法并非自成体系，当然可能适用物权法、合同法。[2]因此以离婚协议财产约定为权源的物权变动自可同时在婚姻法与财产法规范中寻找依据，但在适用上具有先后性。

（二）离婚协议财产约定条款属财产清算、分割协议而非赠与合同

离婚协议约定共有财产归一方所有的，不应受限于静态的份额变动认定为赠与合同。尽管婚姻关系存续期间夫妻之间的给予行为似乎总是朦胧地笼罩于身份的要素之下，服务于维系、巩固和增进婚姻家庭生活的目的，但无碍夫妻个体作为独立民事主体所具有的一般化的权利与义务，婚姻关系的存在并不排除夫妻之间成立纯粹的赠与关系。就婚姻关系存续期间夫妻之间赠与房产的行为而言，《最高人民法院关于适用〈中华人民共和国婚姻法〉若干问题的解释（三）》（以下简称《婚姻法司法解释（三）》）第6条的规定也剥离了身份关系的要素，使之倒向了赠与合同的范畴，然而离婚协议中房屋份额的给予却无法独立于身份关系。《中华人民共和国婚姻法》（以下简称《婚姻法》）第31条规定，登记离婚时须查明自愿性且已对子女和财产问题有适当处理，因此离婚协议中身份关系与财产关系变动的合意具有互涉性与整体性，共同指向婚姻关系解除后的权利义务安排，两者互为前提与后果，不仅在效力上具有关联性，而且构成了有机整体，无法被割裂对待。即便离婚协议约定房产给予的行为仍然发生于婚姻关系存续期间，也需进行目的性限缩，不承认有《婚姻法司法解释（三）》第6条的适用。离婚协议中房屋份额的给予不应跃出离婚协议法律规范的坐标范围，应聚焦于《最高

---

[1] 陆青：《离婚协议中的"赠与子女条款研究"》，《法学研究》2018年第1期。

[2] 肖立梅：《我国〈物权法〉与〈婚姻法〉在调整婚姻家庭财产关系中的适用》，《法学杂志》2014年第8期。

人民法院关于适用〈中华人民共和国婚姻法〉若干问题的解释(二)》[以下简称《婚姻法司法解释(二)》]第8条与第9条的规定。据此,婚姻法的规定未反映离婚协议财产约定的外部效力,且离婚协议约定的财产给予并无任意撤销权行使的余地,不应再盘旋于赠与合同法律规范的阵地。评价离婚协议关于共有财产归属的约定,性质为面向将来、基于婚姻关系这一共有基础丧失而进行的分割,即以共同共有关系之消灭、单独所有关系之转化为目的的清算程序。[1]因主要国家与地区均承认自由分割原则,且以共有人协议分配为原则,[2]一方将共同共有房屋份额概括给予另一方的,也属于共有物分割方法之一,可认为一方已将夫妻债务的清偿、过错的抚慰、日常家事的补偿、离婚后的扶助等一系列隐藏的对价局部地反映于份额给予的分割方法,体现了夫妻双方对婚姻关系的共同评价,恰可以去除房屋份额的给予与赠与合同表面上的相似性。随着婚姻关系的解除,夫妻关系的封闭空间被打破,共有财产存在的基础关系消除,即按一般的共有财产分割原理进行分割。[3]就共有物分割效力的时点,有两种不同的立法例。认定主义为法国民法所采,认为分割不过是宣示各共有人应分得之部分,因此分割的效力应回溯至共有关系发生之初;移转主义为德国及我国台湾地区"民法"所采,认为单独所有权的获得是分割时原共有人相互移转其份额而致,因而效力在分割完毕后才生成。[4]我国民法规定无特别指明,但通说认为采移转主义,[5]并有《最高人民法院关于适用〈中华人民共和国物权法〉若干问题的解释(一)》第7条间接印证。[6]因此,分割协议使其他共有人负担履行协议内容的义务即办理登记手续,导致共有最终消灭及单独所有产生的为共有人的履行行为。该协议建立在个人意思基础上,系以法律行为移转原有

---

[1] 王泽鉴:《民法物权》,北京大学出版社2009年版,第240页。
[2] 李辉:《我国共有物分割之诉性质研究》,《当代法学》2018年第2期。
[3] 高富平:《物权法原论》,法律出版社2014年版,第680页。
[4] 谢在全:《民法物权论(上)》,中国政法大学出版社2011年版,第387页。
[5] 梁慧星主编:《中国民法典草案建议稿附理由·物权编》,法律出版社2013年版,第328页。
[6] 《最高人民法院关于适用〈中华人民共和国物权法〉若干问题的解释(一)》第7条规定人民法院、仲裁委员会在分割共有物案件中作出并依法生效的改变原物权关系的判决书属于《物权法》第28条能够直接产生物权变动效力的法律文书,则根据《物权法》第28条,自法律文书生效时产生物权变动。根据此条规定可知我国立法就共有物分割的效力采移转主义说。

份额的债权行为,因此清算、分割效力的达成最终需受制于物权公示原则,约定权利人享有的仅为请求办理移转登记的债权请求权。

(三)基于离婚协议的物权变动无法共享法定财产制的特殊物权变动模式

离婚协议财产约定并非夫妻约定财产制的延伸,更无法类推法定财产制而适用《物权法》第9条"法律另有规定"的特殊物权变动模式。首先需判断夫妻约定财产制覆盖的时间范围。有观点认为,夫妻约定财产制统辖婚后所有财产关系,本质在于解决一方或者双方财产的所有权归属,自然延续至婚姻关系解除时的财产约定。[1] 然而不应以所有权归属这一实际结果为导向,而应循约定财产制的功能定位其作用的时间幅度,其与法定财产制一同以夫妻关系的存续为基础。"夫妻财产制系规律婚姻共同生活中夫妻彼此间之财产关系,即夫妻结婚前原有之财产,及婚姻存续中所取得之财产,在共同生活中应如何为经济上的统制。"[2] 而离婚协议财产约定是在婚姻关系解除之际对此前夫妻财产的再分配,已经超出了夫妻财产制所欲实现的目的,两者运作变动所有权的逻辑和阶序并不同一。其次,从约定内容来看,离婚协议中约定了共有房产归属配偶一方的,无法衔接起目前我国夫妻约定财产制的法定种类。尽管学界对《婚姻法》第19条存在不同理解,但无论是从约定财产制在我国演进的渐进性、所采立法表达的特定性、对物权变动安全性的追求,抑或是最高人民法院的解读来看,目前我国《婚姻法》对约定财产制采取的仍然是封闭式的立法模式,并不包括将一方所有财产约定为另一方所有的情形。[3] 最后,约定财产制在物权变动的外部效力上并不具有法定财产制直接变动物权的正当性。法定财产制是婚姻法对夫妻之间互相扶持与协力的强调而作出的必然选择,[4] 以婚姻关系的外观为依托的法律确认成就了直接变动物权的正当性。约定财产制却隐蔽和潜藏于婚姻关系内部而无法经由夫妻的外观获得透视,反映了个人意志与高度伦理

---

[1] 范李瑛:《论夫妻财产制契约所致的物权变动》,《山东社会科学》2016年第5期。

[2] [日]穗積重遠:《親族法》,岩波书店1935年版,第329页,转引自戴炎辉、戴东雄、戴瑀如:《亲属法》,作者2010年自版,第136页。

[3] 奚晓明主编:《最高人民法院婚姻法司法解释(三)理解与适用》,人民法院出版社2011年版,第13页。

[4] 薛凝兰、许莉:《我国夫妻财产制立法若干问题探讨》,《法学论坛》2011年第6期。

化的共同体价值的博弈,[1]细部的权利归属恰恰有违通常情况下法律推定的观念。因此在对外关系上,约定财产制并不必然产生对抗第三人的效力,如德国、瑞士、我国台湾地区民法中均有明确规定,登记为对第三人发生效力的要件。[2]

(四)基于离婚协议的物权变动不属于非基于法律行为的物权变动

其一,离婚协议虽经行政机关备案登记,但不属于《物权法》第 28 条规定的"法律文书"。经行政程序获得确认的离婚协议与经过诉讼程序获得的离婚调解书、诉讼判决就财产分割部分而言不能等同。法律文书能够直接变动物权的正当性在于审判或仲裁行为对所涉物权变动事宜能够进行充分、准确的审查,做成的法律文书有终局、确定的效力,蕴含了公权力的权威性与稳固性,已经能够实现与物权公示清晰化物上法律关系、保证交易效率性与安全性同样的效果。[3]而离婚协议作为当事人充分意思自治的产物,并不具有如同法律文书的强制执行效力,且其中关于财产的处置只有在存在欺诈、胁迫情形下才可能有公权力介入重新作出安排的可能,与形成性的法律文书存在异质性。其二,出于对第三人利益及交易安全的维护,物权的公示公信原则贯穿于《物权法》的立法计划及立法目的,应尽量限缩无须公示就发生物权变动的情形。[4]尽管《物权法》第 28 条至第 30 条是对非基于法律行为的物权变动进行的例示性规定,但不得随意扩大其适用,其他情形应由法律规定予以特殊确认,认定应保持谨慎,离婚协议财产约定不宜划入其中。

三、物权化与债权化视角下的权利比较

在认定离婚协议财产约定属于夫妻间的财产清算、分割协议,应归于基

---

[1] 申晨:《夫妻财产法价值本位位移及实现方式——以约定财产制的完善为重点》,《法学家》2018 年第 2 期。

[2] 史尚宽:《亲属法论》,中国政法大学出版社 2000 年版,第 344~346 页。

[3] 黄松有主编:《〈中华人民共和国物权法〉条文理解与适用》,人民法院出版社 2007 年版,第 124 页。

[4] 崔建远:《限缩有理,滋蔓无据——法释[2016]5 号第 7 条的得与失》,《甘肃社会科学》2017 年第 1 期。

于法律行为的物权变动而定性约定权利人享有的为债权请求权后,更为关键的问题是判断约定权利人请求权所具有的利益是否足以将仍登记于债务人名下的房产从其责任财产中剔除而排除强制执行的问题。事实物权理论虽试图以全局的视角衡量各方的实质利益,将保护约定权利人利益的方法塞进所有权的框架内,使约定权利人的请求权具有强于普通债权的法律效力而证成离婚协议能够排除强制执行,但解释过程中存在难以逾越的障碍。相反,正视法律行为下不动产登记之于物权变动的构成要件效力,但全面比较约定权利人与执行债权人权利所附载的法定利益,无论对约定权利人的请求权进行物权化考察抑或是债权化考察,该请求权较申请执行的基础性债权而言均能表现出优先性与对抗性。

(一)事实物权理论的障碍

登记权利人与事实权利人分离、互相冲突的情况时有发生,如属于夫妻共同财产的,不因登记在夫妻一方名下而改变共有性质,不动产登记簿上的记载不具有确权效力。"生活中存在着大量不具有登记外观形式,但依法、依情、依理应当予以保护的事实物权",[1]据此才有了以确认之诉、执行异议之诉给予真正的权利人救济的必要性。此外,一般认为《物权法》第16条第1句属于证明责任分配规范而非实体权利归属的终局定论,[2]当事人对于权利归属有争议时,不动产登记簿的记载只是在举证责任的分配上便于主张推定之人,提出相反主张的案外人可以提供证据证明不动产登记簿的记载与真实权利状态不符,推翻权利表象。[3]但事实物权突破法定物权获得优先承认需有充足的依据,包括法律的例外规定、登记机关存在登记错误、原因行为被确认无效或者撤销、当事人真意保留及具有公示性质的交易习惯等。[4]事实物权意味着物权脱离权利外观而形成,相较于法定物权而言虽然缺乏可资判断的法定权利表征,但已由其他条件获得实质上的满足

---

[1] 《唐某诉李某某、唐某乙法定继承纠纷案》,《中华人民共和国最高人民法院公报》2014年第12期。

[2] 程啸:《不动产登记法研究》,法律出版社2011年版,第194页。

[3] 肖建国:《执行标的实体权属的判断标准——以案外人异议的审查为中心的研究》,《政法论坛》2010年第3期。

[4] 魏海:《不动产事实物权的判定依据及冲突解决规则》,《法律适用》2010年第4期。

而飞跃至相同的法效。然而离婚协议中约定权利人缺乏充分的额外作用力冲破权利外观的束缚,仍倚仗于移转登记继受权利,变动物权及权利外观的获得同步发生。执行异议之诉亦仅包含对此前权利的确认,物权变动仍需依赖登记行为的履行。泛化理解事实物权将会架空不动产登记制度、破坏交易秩序,并导致相关确权诉讼泛滥。况且事实物权发挥作用的场合极为有限,仅在不存在交易第三人的情况下才能获得认可。[1]

我国台湾地区在类似的争议中也使用了相近的概念,相反却是借此否定了约定权利人对强制执行的排除效力。常见的情形是未领有建造执照便建造竣工的房屋在事实上为出资兴建人所有,在婚姻关系解除之际,兴建人在离婚协议书中约定房屋归配偶所有,但由于违章建筑无法办理初始登记,也就无从办理变更登记。离婚后兴建人形成金钱债务,债权人因未获清偿而申请强制执行。我国台湾地区"最高法院"逐渐发展出事实所有权的概念,认为约定权利人对不动产事实上的占有及控制仅是形成了事实上的处分权,但并非所有权,按照"强制执行法"第15条所谓"就执行标的物有足以排除强制执行的权利"者,并不包括事实上的占有及处分权在内,又因不动产物权因法律行为而取得者,非经登记不生效力,因此离婚协议约定的权利人就系争房屋尚不具有排除强制执行的权利。[2]就此意义而言,事实物权也并非当然能被划入足以排除强制执行的所有权范畴。

(二)物权化保护的另一种视角

尽管事实物权理论在《物权法》出台以后日益暴露出局限性,但背后蕴藏的以实质正义的理念缓和了我国物债二分体系的僵硬,弥补了不动产登记实践的不足,在指导对相关利益人的保护方面具有重要意义。在债权形成后至物权形成的时间内,频繁存在不同于两者的过渡型权利状态,虽无法被前后两者完全容纳但仍具有相当的法律保护价值。不同法域虽有不同的权利体系,但普遍认可应赋予利益人物权化的保障而非等同于纯粹的债权。

德国以物权期待权的理论赋予此种中间型的权利强于债权的保护,保障权利人享有的现实利益并确保物权完整,逐步实现各构成要件的整体过程不受破坏,以使权利人未来获得、享受利益。值得指出的是期待权是极其

---

[1] 魏勇、王全弟:《事实物权:理论困境与出路》,《东方法学》2014年第4期。
[2] 我国台湾地区"高等法院""2009年上易字第391号判例"。

空泛的制度概念,几乎囊括了权利最终实现前形形色色的法律状态,因而不仅要求有合理的期待利益,同时必须具备特殊的法律保护地位方值得赋予不同于债权阶段的效力。[1] 德国民法物权期待权的构成要件为双方当事人达成物权移转合意并共同至登记处作出合意表示以及单方或者双方提出登记申请,符合上述条件后即便尚未最终完成登记,期待权人仍可以获得类似所有权人的保护,包括对非法侵害其期待权的第三人行使物上请求权以排除妨碍。[2] 即期待权具有的保障性和防御性,甚至可以产生强烈的对抗效力而排除强制执行。

在美国,多数法院以动态的视角细致地考察权利的移转在不同阶段所呈现的实质内容,赞成约定权利人排除强制执行。美英单采裁判离婚主义而否认两愿协议离婚的效力,但若法院判决准予离婚时,可将此前的财产分割协议订入判决。实务中出现的情形是离婚判决已经按照双方的约定判决财产归属配偶一方,但双方未在公共登记系统中完成以离婚判决为基础的财产登记;离婚后配偶另一方形成了纳税责任,因而导致了对前述夫妻关系存续期间共同购买房屋的查封。在此类案件的审理脉络中,被视为根源性的案件是 1965 年的 United States v. Creamer Industries, Inc. 案,由买卖不动产但未完成转让书登记引发。[3] 由于财产协议被吸收于离婚判决的,仍然被作为民事契约对待,法律效力受合同法规制,[4] 因而对未登记的离婚判决与买卖合同的讨论并无二致。多数观点认为无论是否按照州的登记法案完成登记,纳税人已经将他对房屋的权益转移,该房屋已为约定权利人合法占有,债务人在该房产中已经不存在任何现实的利益可供债权人实现债权。[5] 在英美法中,所有权是一个权利集合,包括一系列的规范关系,除了权利以外还有义务与责任。这意味着所有权是可以分割的,与剩余权之间的关系显示了所有权变动的动态性与阶段性。[6] 据此,上述裁判要点便可

---

[1] 王睿:《期待权类型化研究》,哈尔滨工业大学出版社 2018 年版,第 29~32 页。

[2] [德] M. 沃尔夫:《物权法》,吴越、李大雪译,法律出版社 2004 年版,第 204 页。

[3] William D. Elliott, Fifth Circuit-Taxation, 42 *Texas Tech Law Review*, 834 (2010).

[4] James Mueller, II. Procedure, 2016 TXCLE Advanced Family Law 24.II, 42 State Bar of Texas.

[5] J. David Beasley, Federal Tax Liens and the Unrecorded Divorce Decree, 91 *Nebraska Law Review*, 226(2012).

[6] 陈永强:《物权变动三阶段论》,《法商研究》2013 年第 4 期。

作如下阐释:名义物权人已经向受让人实际转移所有权中占有、使用与收益的权能,所有权的剩余权能可以理解为担保受让人义务实现的功能,若受让人的义务履行完毕,名义物权人的所有权只剩下履行登记的义务。在买卖合同中,受让人的义务为支付价款,在离婚协议中,名义物权人通过约定放弃了自身共有财产中的利益,而约定权利人并未被施以契约上的义务,因此名义物权人的所有权已经不具备任何实质性的权益,仅留有办理过户登记的义务。但约定权利人却基于合法占有享有所有权的权能且无待履行的契约义务,因此该权利能够排除金钱债权的执行。

同样的理念在我国的立法中也有所显露。《最高人民法院关于审理买卖合同纠纷案件适用法律问题的解释》第36条规定了所有权保留买卖中,买受人已经支付的价款占标的物总价款的75%以上的,不支持出卖人的取回权。此时买受人的期待权已经非常趋近于最后阶段的所有权,以致突破了出卖人行使取回权这一所有权保留制度的要义。此外,《最高人民法院关于人民法院办理执行异议和复议案件若干问题的规定》第28条规定了不动产买受人虽然未完成过户登记,但在排除与债务人恶意串通逃避执行的前提下,在查封前已经合法占有房屋、支付全部价款或是部分但已经将剩余价款交付执行、非因自身过错未办理的,可以排除强制执行。由此可见,与德国更注重考察赋予物权化保护所需满足的程序要件相比,我国立法对受让人的保护更倾向于英美法实质正义的观念与实践,以占有与价款的支付作为平衡双方权利义务的核心要素,赋予受让人物权化保护的正当性依据,在基于合意移转不动产所有权的诸多具体表现形态上是共通的,也包括离婚协议对财产归属进行安排的场景。实践中已有不少法院把握上述条文的立法精神,认可约定权利人依据离婚协议享有的请求权具有比买受人更高程度的物权期待性,优于金钱债权人获得法律的保护。[1]

(三)债权化保护的视角

即便坚守物债二分的权利体系,拒绝在不动产登记完成前赋予约定权利人物权化的保护,在债权保护的视域中考察约定权利人的债权请求权,也并非绝对无法排除强制执行。债权的平等性以债权的内容相同为前提,[2]

---

[1] 成都市中级人民法院(2017)川01民初1144号民事判决书。
[2] 陈华彬:《债法总论》,中国法制出版社2012年版,第175页。

普通金钱债权的非优先性不等于所有的债权均应被平等对待,特别是在关涉问题中,约定权利人的债权以行为的给付为内容,但执行债权人以货币而非实物的给付为内容,坚守债权的平等性落于形式公平而忽略了债权类型的差异及各自所挟带的特殊利益。与离婚协议的约定权利人能否对一般金钱债权人主张执行标的物不属于债务人责任财产一体两面的问题是,一般金钱债权人能否在执行程序中以未登记为由否定物权的变动效力,需要从债权形成与强制执行的启动两个时间点考虑双方的利益。

一是就交易活动发生时而言,债权人确实可能基于对该房屋公示状况的信任,有理由相信债务人具有良好的资力水平而形成债权,并主张不动产登记簿积极推定之信赖利益的保护。出于对交易安全、秩序与效率的维护,信赖足以推断真实权利的物权公示因而为一定法律行为之人,本应获得与其所信赖事实相同法效果的保护。[1] 但信赖利益的产生并非漫无限制,我国的理论与实务观点倾向于以与登记名义人进行物权交易的第三人作为不动产登记公信力所保护的典型。[2] 首先就执行异议之诉的审查而言,是否属于债务人责任财产应以强制执行。在交易时,债权人形成的是对包括登记在债务人名下的房产在内的责任财产的一般性期待,尽管债权的形成与不动产登记簿彰显的权利状态具有牵连性,但影响的仅是债务人偿债能力的表征。即便债务人负有债务,也不意味着不可处分其财产。[3] 在债权最终获得清偿前,作为担保的责任财产始终有发生变动的可能性,即便债权人未形成错误认识,也无法苛求债务人维持偿债能力,这是市场交易活动中债权人自身风险所在。其次,该信赖利益并不直接针对特定财产发生,而仅是整体上大致的预判,法律保护利益薄弱。再次,类案中约定权利人对房屋的占有往往处于持续状态,该信赖利益的产生仍面临着对第三人合理注意要求的检验。由于融合了国家意志下社会的普遍确认,不动产登记的法定公示方式减轻了交易中第三人资讯收集与核实的负担,但不意味着第三人可以逃避基本的注意与审查义务,登记状况与交付占有的不一致理应能够引起一般人的合理怀疑。此时交易的效率性让位于交易的安全性,可期待第三人采取基本的核实手段,如对占有人稍事询问来排除疑问,以避免陷入后

---

[1] 谢在全:《民法物权论(上)》,中国政法大学出版社 2011 年版,第 51 页。
[2] 陈华彬:《物权法》,中国政法大学出版社 2018 年版,第 142 页。
[3] 吴光陆:《强制执行法》,三民书局 2015 年版,第 132 页。

续权利冲突的困境。[1]最后,在占有的事实状态模糊化了初始权利外观的状况下,债权人信赖利益的形成违背了一般理性人对交易风险的认知,具有可谴责性,可认其主观为重大过失而不知,系属恶意,无权主张登记公信力之保护。[2]

二是债权人甚至可能仅是在执行阶段寻找债务人可供执行的财产时探知到了其名下的房产而要求以此清偿债务,此时因执行债权人对执行标的物产生了直接的支配关系,因此其信赖利益的产生具有了特定的对象,但同样不处于不动产登记公信力保护范围内。[3]从比较法来看,《德国民事诉讼法》第866条、第867条规定对不动产的强制执行可产生类似于设定抵押权的优先效果。类似的是在美国,执行债权人对被查封、扣押的财产享有担保权益,地位类似于担保物权人(lien creditor)。但基于申请执行产生的优先利益与主张登记公信力的保护利益是不同层面的问题,前者针对的是多个金钱债权竞合时先申请执行的债权人具有较其他普通债权优先受偿的利益,[4]后者涉及债权人能否在执行阶段以不动产未经登记为由否定物权的变动效力。因此在美国,即便是执行债权人就特定财产已经获得了司法担保权益,也不能阻止法院对特定财产应否属于债务人责任财产范围进行适当判断。登记制度的总体性目的被认为是保护随后产生的善意买受人,而并非是所有形成交易的当事人。[5]《最高人民法院关于人民法院执行工作若干问题的规定(试行)》第88条虽然也规定多个普通金钱债权并存时,执行法院采取执行措施的先后性决定了债权受偿的先后性,但此条规定仅适用于债务人的财产足以清偿全部债务的情形,是为鼓励债权人积极实现债权而给予首封法院优先处置的权利,强制执行措施在我国并不创设法定的

---

[1] 刘竟元:《不动产交付占有物权变动效力的证成与其对抗力分析》,《政治与法律》2015年第10期。

[2] 章正璋:《论我国不动产物权登记公信力的范围与限度》,《法商研究》2018年第3期。

[3] 学理在探讨公示方法所保护的第三人范围时,已经从限定于物权或是准物权冲突关系扩展到了"就物的支配形成了相争关系"。王毓莹等:《隐名权利能否阻却法院执行:权利性质与对抗效力的法理证成》,《人民司法·移动沙龙》2017年第31期。

[4] 刘敏:《论金钱债权执行竞合解决的原则》,《学习与探索》2007年第5期。

[5] Dan S. Schechter, Judicial Lien Creditors Versus Prior Unrecorded Transferees or Real Property: Rethink the Goals of the Recording System and Their Consequences, 62 *Southern California Law Review*, p109-110(1988).

优先权,不能认为已申请强制执行的债权相对于其他金钱债权甚至是以特定物、行为作为给付内容的债权均具有法定的优先性地位,申请强制执行的行为也无法为执行债权人提供信赖利益的保障。

德国学理对"阻止让与的权利"的另一重解读是,"债权人就债务人财产获得清偿的权利,并不会比债务人本人所享有的权利还多"。[1] 在美国,多数观点也认为尽管未经过转让书的登记,有关登记的规定仍然不会改变移转人与受让人之间的权利义务状况,离婚时的财产协议已经排除了债务人向配偶主张房屋所有权的权利。而债权人的权利应被限制在债务人可主张的权利范围内("stood in the shoes of the former husband"),查封、扣押形成的利益不能超出债务人所拥有的财产利益。此外,执行标的物必须是债务人仍在其中拥有利益的财产,而非仅是与债权人存在任何牵连关系,否则责任财产的范围将非常广泛。[2] 由此可见,大陆法系与英美法系国家及地区在执行救济制度中存在共通的立法思想,即申请执行的债权人所享有的就债务人财产获得清偿的权利,以债务人自身对该财产所享有的权利为限。在转移房屋的占有后,债务人已经无法对约定权利人主张所有权。一般债权人不仅无法要求获得不动产登记公示公信力的保护,基于与债务人相同的权利范围,也无法以房屋未办理过户登记为由否认物权的变动效力而将房屋划入债务人的责任财产。

此外,类案中房屋往往作为对约定权利人照顾子女的扶助与补偿,为其与子女提供基本生活保障。就生存利益而言,约定权利人的请求权在伦理上优先于执行债权人的财产权。[3] 考察《最高人民法院关于人民法院民事执行中查封、扣押、冻结财产的规定》第6条的精神,[4] 若该房屋为约定权利人及子女的唯一住宅,则一定意义上体现了另一方对子女的抚养义务,强制执行将被附加一定限制。

因此在债权化的法益比较中,考察约定权利人权利指向的特定性、与执

---

[1] 江必新主编:《比较强制执行法》,中国法制出版社2014年版,第184页。

[2] J. David Beasley, Federal Tax Liens and the Unrecorded Divorce Decree, 91 *Nebraska Law Review*, pp.225-226(2012).

[3] 三明市中级人民法院(2017)闽04民终1502号民事判决书;肖建国:《民事执行法》,中国人民大学出版社2014年版,第100页。

[4] "对被执行人及其所扶养家属生活所必需的居住房屋,人民法院可以查封,但不得拍卖、变卖或者抵债。"

行标的物所有权的趋近性、对执行标的物的合法占有利益、强制执行程序对基本生存利益的保障等法律保护利益,该债权请求权从各方面建立了优势性。作为执行标的物的房产从债务人的责任财产向约定权利人偏移,而执行债权人无法基于信赖利益的保护排除此种偏移对自己产生的效力。然而也有两方面的因素会动摇约定权利人利益的优先性。一方面是由于执行异议之诉极易沦为债务人与案外人串通以逃避债务的手段,夫妻双方具有假借离婚协议转移财产、排除强制执行的高度可能性将否认约定权利人利益的合法性。另一方面是考虑未办理过户登记是否为约定权利人自身原因造成。约定权利人应当具有一定的风险防范意识并积极主动地实现自己的权利,由于自身的过失而导致登记未完成将削弱其利益的正当性,应承担由此带来的不利后果而无法排除强制执行。是否属于自身原因的标准或可借鉴《最高人民法院关于审理执行异议之诉案件适用法律问题的解释(一)》(征求意见稿)第9条第2款的规定。[1]

结　　论

执行异议之诉的审查应当围绕案外人具有的实体权益是否足以将执行标的物从债务人清偿债务的责任财产中排除。对于离婚协议约定了共有房产归属夫妻一方的,应从离婚协议的整体性出发,随着夫妻关系的解除共同共有基础丧失,为安排夫妻关系结束后财产的权属,夫妻之间形成的是共有物的清算与分割关系而非赠与关系。在婚姻法未作特殊规定时,应受物权变动一般规则的调整,未经登记不发生房屋所有权的转移,约定权利人享有的是请求办理移转登记的请求权。而以《物权法》第9条或是以第28条至第30条证成离婚协议直接在夫妻关系的外部发生物权变动的效力,其间具有诸多矛盾之处。尽管约定权利人与最终的物权仅存在一步之遥,但不宜以事实物权理论扩充所有权概念,且事实物权的效力无法向第三人扩张。从比较法来看,域内外理论与实践均呈现出对该权利状态的物权化保护,承认在满足特殊的条件时期待利益可以排除强制执行,从我国法律规定相关

---

[1] "案外人具有向房屋登记机构递交过户登记材料,或者向出卖人提出办理过户登记请求等积极行为;或者虽无上述积极行为,但未办理过户登记有合理客观理由的,可以认定为非因案外人自身原因。"

条款中也可以窥见此种精神与原理,而本文约定权利人的物权期待利益也足以被此种理念所涵摄。而以债权比较的视角衡量约定权利人与金钱债权人的法定权益,也可得出相同的结论,约定权利人能够限制将执行标的物划入债务人的责任财产,普通金钱债权人无法主张不动产登记公信力的保护而否定约定权利人的限制力。但在约定权利人与债务人有假借离婚协议逃避强制执行的高度可能性,或是因自身过错而未办理登记的情况,其权利便失去此种限制力而无法排除强制执行。

制度分析

消费信贷纠纷适用督促程序的困境与突围

王　慧* 荣国梁**

摘要: 债权债务关系明确且无对待给付的消费信贷案件符合督促程序的申请条件。适用督促程序,能够高效解决消费信贷纠纷,有利于推进繁简分流改革,保障金融市场秩序稳定。为"激活"督促程序在消费信贷纠纷解决中的作用,需通过申请方式电子化、申请内容审查形式化、异议审查简化以及增加债务人程序保障等,以实现督促程序内部设计的优化;同时,通过完善消费金融实体法的指引,突出诉讼程序向督促程序转换,以及限制督促程序中的律师代理,以实现督促程序外部引导的强化。

关键词: 消费信贷纠纷;督促程序;繁简分流;电子支付令;一贯式审查

一、问题的提出

在经济结构调整的关键时期,通过扩大消费信贷缓解流动性约束,对于改善我国居民的消费结构、促进内需具有重要的意义。近年来,我国消费信贷市场呈现增长速度不断加快、规模不断扩张、产品不断丰富的发展趋势。[1]然而,由于我国个人信用体系不够健全、消费信贷相关法律制度不

---

*　王慧,江苏师范大学法学院副教授,法学博士,硕士生导师。
**　荣国梁,江苏师范大学法学院硕士研究生。
[1]　根据金融机构信贷收支表的统计,我国居民消费信贷总额从2015年1月的15.7万亿增加至2018年5月的33.9万亿,增长近116%。东方资讯:《从消费升级到消费降级:消费金融是否昙花一现》,http://mini.eastday.com/a/180702151235703.html,最后访问日期:2019年7月15日。

够完善,伴随着消费信贷业务量的增加,涉及消费信贷的纠纷(以下简称"消费信贷纠纷")[1]呈"爆发式"增长。例如,《2018年度上海法院金融商事审判情况通报》的数据显示,上海法院于2018年所受理的一审金融商事纠纷案件中,金融借款合同纠纷、信用卡纠纷、P2P网络借贷纠纷等消费信贷纠纷数量分别居于前三位。[2] 又如,2017年至2018年,杭州互联网法院的消费金融案件收案量增幅达39.3%,其中90%以上案件为短期消费信贷案件。[3]

消费信贷案件的原告多为金融机构,且债权债务关系明确,诉讼请求为要求债务人给付本金和利息。《中华人民共和国民事诉讼法》(以下简称《民事诉讼法》)第十七章规定了适用于金钱或有价证券给付的督促程序,与消费信贷纠纷具有高度的契合性。为引导当事人选择适当的纠纷解决方式,《最高人民法院关于人民法院进一步深化多元化纠纷解决机制改革的意见》明确指出对于调解不成的民商事案件实行繁简分流,"通过简易程序、小额诉讼程序、督促程序以及速裁机制分流案件,实现简案快审、繁案精审"。适用督促程序解决消费信贷的纠纷,符合"繁简分流"的改革要求,有利于实现司法资源的合理配置。然而在司法实践中,督促程序的适用率较低,处于"休眠"状态。为充分发挥督促程序对于消费信贷案件的高效解纷优势,需要全面检视消费信贷纠纷适用督促程序的现实困境,从制度内部完善和外部引导两个维度系统化解决适用难题。

二、逻辑起点:消费信贷纠纷适用督促程序的理论维度

(一)督促程序的制度优势厘定

程序的多元化和专门化是社会发展的逻辑结果,亦是适当解决纠纷的

---

[1] 所谓消费信贷纠纷是指发生于金融机构与金融消费者之间,因借贷关系而产生的债权债务纠纷。实务部门关于消费信贷纠纷的称谓尚未统一。例如,上海市第二中级人民法院称之为"金融消费纠纷",重庆市渝北区法院称之为"涉消费信贷类纠纷",四川省平昌县法院称之为"消费贷纠纷",等等。

[2] 中国法院:《上海发布2018年度金融商事审判白皮书 金融商事案件标的总金额首破千亿元大关》,https://www.chinacourt.org/article/detail/2019/08/id/4251565.shtml,最后访问日期:2019年12月15日。

[3] 杭州互联网法院:《互联网金融审判大数据分析报告》。

内在需求。"根据案件的性质和繁简而设置相应的程序,已被各国民事诉讼立法普遍接受。"[1]我国《民事诉讼法》设置了简易程序、小额诉讼、督促程序等简易化的程序,分别适用于不同类型的民事案件,从而减少当事人讼累,提高诉讼效率。其中,简易程序及小额诉讼程序均针对"事实清楚、权利义务关系明确、争议不大的简单"的民事案件。[2]督促程序属于非讼程序范畴,是指人民法院根据债权人申请,通过支付令催促债务人限期履行金钱给付义务,债务人在法定期间内若未提出异议且未履行支付令,债权人可以向人民法院申请强制执行。

根据我国《民事诉讼法》第214条以及《最高人民法院关于适用〈中华人民共和国民事诉讼法〉的解释》(以下简称《民诉法司法解释》)第429条的规定,适用督促程序的条件包括"金钱给付或有价证券已到期且数额确定""债权人无对待给付义务"以及"支付令能够送达债务人"等。通过程序启动要件、审理期限、诉讼费用等方面的比较,督促程序较之简易程序和小额诉讼程序具有以下优势:第一,督促程序启动更为简便,可不经对审判设执行名义,快速实现正义;第二,督促程序处理期限较短,案件受理之日起15日内发出支付令;第三,督促程序费用较低,有利于债权人以费用低廉的途径实现债权[3](见表1)。在多数大陆法系国家和地区,法院适用督促程序的比例较高。例如,在德国,督促程序已经成为民事争讼程序的"替代式选择",法院每年接收和审结的督促案件高达700余万件,占一审民事案件总数的95%左右[4]。

---

[1] 江伟、肖建国:《民事诉讼法学》,中国人民大学出版社2015年版,第296页。

[2] 2019年,最高人民法院印发《民事诉讼程序繁简分流改革试点实施办法》。该办法第5条规定:基层人民法院审理的事实清楚、权利义务关系明确、争议不大的简单金钱给付类案件,标的额为人民币五万元以下的,适用小额诉讼程序,实行一审终审。标的额超出前款规定,但在人民币五万元以上、十万元以下的简单金钱给付类案件,当事人双方约定适用小额诉讼程序的,可以适用小额诉讼程序审理。

[3] 周翠:《再论督促程序电子化改革的重点》,《当代法学》2016年第6期。

[4] 周翠:《电子督促程序:价值取向与制度设计》,《华东政法大学学报》2011年第2期。

表1 督促程序相关程序之比较

程序	适用对象	启动程序	审限	诉讼费用
简易程序	事实清楚、权利义务关系明确、争议不大的简单的民事案件	当事人提起诉讼	三个月	普通程序的1/2
小额诉讼	适用简易程序案件，标的额为人民币五万元以下的，强制适用；在人民币五万元以上、十万元以下的，协议适用	当事人提起诉讼，法院依据适用小额诉讼的标准来衡量案件是否能适用该程序	两个月	普通程序的1/2
督促程序	债权人请求债务人给付金钱、有价证券的债权债务纠纷，当事人之间无其他债务纠纷	当事人主动申请；在审前准备环节，对于符合督促程序规定条件的，法院可以依职权转入督促程序	5日内通知债权人是否受理。受理之日起15日内发出支付令	普通程序的1/3

（二）消费信贷纠纷适用督促程序的可行性分析

消费信贷作为金融创新的产物，是指商业银行、消费金融公司等金融机构开办的，用于自然人满足个人消费需要（非经营目的）的贷款形式。我国消费信贷发端于20世纪80年代，1997年亚洲金融危机之后，消费信贷作为需求不足的有效治理政策工具发展迅速。[1] 近年来，我国消费借贷主体呈现多元化趋势，形成"以银行为核心，互联网个人消费信贷、线下消费金融机构及小额信贷机构为辅的多元化消费金融业态"。[2] 同时，消费信贷产品类型不断增加，包括个人小额贷款、个人住房贷款、个人汽车贷款等。随

---

[1] 宁军明：《从美国经验看我国消费信贷发展的制度约束》，《消费经济》2001年第4期。

[2] 金融投资报：《消费金融进入爆发期 银行发力消费信贷助力消费升级》，http://bank.hexun.com/2016-05-04/183670667.html，最后访问日期：2019年6月10日。

着消费金融市场的迅速发展,消费信贷纠纷逐渐成为民商事案件的重要类型之一。通过对中国裁判文书网信用卡纠纷、小额借款合同纠纷以及金融借款合同纠纷中的消费信贷案件进行样本分析[1],此类案件具有以下特征:第一,债权债务关系明确,无对待给付义务。在消费信贷纠纷中,银行、消费金融公司等作为原告的比例约占95.69%,纠纷发生原因主要为借款人逾期还款,诉讼请求多为主张债务人按照合同约定给付本金、利息及违约金等。第二,电子送达优势显著。消费信贷纠纷债务人的住址、联系方式等信息较为准确,法院通过电子送达、线下送达、公告送达的送达方式,送达效率较高。例如,杭州市互联网法院受理案件中,约三分之二的消费信贷案件约定电子送达,案件立案后即通过电子送达方式完成。第三,债务人应诉率低。近五年,金融借款合同纠纷、信用卡纠纷以及小额借款合同纠纷中,被告未出庭的比例分别为79.5%、89.3%、87.5%。

消费信贷纠纷所呈现的上述特征,说明其符合督促程序的适用条件。此外,从比较法上考察,域外许多国家消费信贷纠纷适用督促程序的比例较高。例如,德国的督促程序主要适用范围是债权债务关系明确、标的额较小的消费信贷、信用销售、分期付款等纠纷。[2] 在我国台湾地区,适用督促程序解决的民事纠纷占70%,其中适用于解决消费信贷纠纷占到一半左右。[3]

三、困境检视:消费信贷纠纷适用督促程序的内外困境剖析

督促程序对于消费信贷纠纷解决具有高度契合性,能够有效减少当事人诉累,节省法院人力物力资源,提高办案效率。然而在司法实践中,督促程序的适用率较低,"60%以上的民间借贷纠纷、接近90%的信用卡纠纷具备适用督促程序的条件,而大多数金融借款合同纠纷债权人会选择诉讼程

---

[1] 《民事案件案由规定》中,消费信贷纠纷主要适用"买卖合同纠纷"下的"分期付款买卖合同纠纷","借款合同纠纷"下的"金融借款合同纠纷""民间借贷纠纷""小额借款合同纠纷",以及"银行卡纠纷"下的"信用卡纠纷"。

[2] 白绿铉:《督促程序比较研究——我国督促程序立法的法理评析》,《中国法学》1995年第4期。

[3] 杨淑文:《论督促程序中相对人之程序保障——以有理由性审查之充实为核心》,《法学丛刊》2014年第10期。

序而非督促程序进行权利救济"[1]。笔者认为,就消费信贷纠纷而言,需从督促程序内部和外部两个方面来分析其适用率较低的原因。

(一)程序内部:审查程序复杂,债务人的程序保障不足

根据《民事诉讼法》第 214 条至第 217 条关于督促程序流程的规定,债权人向法院递交支付令申请,法院审查后假定债权人与债务人之间不存在争议,向债务人发出支付令。若债务人对支付令无异议,则应当在 15 日内履行给付义务;若债务人在 15 日内提出支付令异议,督促程序就会回归到审判程序;若债务人在此期间未提出异议且不履行支付令的,债权人可以向人民法院申请执行。从比较法维度分析,我国督促程序的设计较之德国、日本等过于严格、复杂,而对债务人的程序保障不足,审判组织无异于通常诉讼程序(见表2)。

表 2 督促程序立法比较

国家	定性	审判组织	支付令申请电子化、格式化	支付令申请的审查	程序保障	费用承担
德国	特别程序	司法辅助官或书记官	电子化覆盖98%	形式审查,即支付命令申请仅记载特定请求的事实	二阶段式	费用为通常诉讼案件的1/6,且败诉方承担诉讼费及对方当事人的律师费
日本	略式程序	书记官	按照诉状的要求记载	有限的一贯性审查仅限于足以识别请求原因即可	二阶段式	是通常诉讼裁判费用的1/2
中国	非讼程序	独任法官	部分地区尝试电子督促程序改革	"实质审查":对请求所根据的事实、证据进行审查	一阶段式,对书面异议进行实质审查,理由、事实、证据等	普通程序的1/3

---

[1] 张海燕:《督促程序的休眠与激活》,《清华法学》2018 年第 4 期。

1.申请方式的比较

为提高督促程序的效率,《德国民事诉讼法》第703条第2款[1]规定申请人必须适用法院统一制定的申请表格,并按照表格提示内容填写,或者通过线上或电子邮件申请。2007年5月起,德国在16个联邦州实施督促程序的电子现代化,72%左右的民商事纠纷通过电子督促程序审结。2009年,德国以机读方式提出的支付令申请占比提高至94.5%。其中,网上申请比例为66%,提交储存盘形式或者条形码形式申请比例为28.5%。[2]欧盟以及其他成员国、韩国等借鉴德国的做法,对支付令申请要求适用统一的表格,并对督促程序进行自动化改革,设立了电子督促程序,较大地减轻了基层法院的审判压力。2016年,我国最高人民法院统一支付令申请文书样式,需载明债权债务关系的事实和证据,同时明确请求给付的金钱或者有价证券的名称、数量。然而,我国支付令申请电子化尚未全面实施,目前,仅有杭州市、无锡市等地方法院试行督促程序电子化改革。

2.申请审查的比较

法院对债权人提交的支付令申请进行审查。各国对申请审查的内容有所不同,包括形式审查、一贯性审查和实质审查三种方式。德国法院对支付令申请的审查仅限于形式审查,即审查申请是否满足一般要件和特殊要件。其中,一般要件包括法院管辖权、当事人能力、当事人适格,给付请求权须为私法上的权利等。特殊要件包括请求适格(与民法上的请求权相对应),即仅限于以给付一定金钱数额的欧元为标的的请求权,无须写明理由和证据。日本及我国台湾地区实行的是一贯性审查,即支付令申请应载明可以识别的理由。我国关于支付令申请的审查实际上为实质审查,主要体现在两个方面。一是审查内容多。根据《民诉法司法解释》第429条的规定,审查内容包括请求给付金钱或者有价证券,请求给付的金钱或者有价证券已到期且数额确定,请求所根据的事实、证据明确,债权人没有对待给付义务,支付令能够送达债务人,法院有管辖权以及债权人未向人民法院申请诉前保全等。申请受理后,审判员需对申请人与被申请人的债权债务关系是否明确、合法等实质内容进行审查,对不符合立法规定的予以驳回。二是审查要求

---

[1]《德国民事诉讼法》第703条第2款:在以统一的机械方法办理督促程序有必要时,联邦司法部长有权以经联邦议院批准的命令制定督促程序的实施计划。《德国民事诉讼法》,丁启明译,厦门大学出版社2016年版,第146页。

严格。与多数国家不同,为了限制债权人滥用督促程序,我国的法院要求支付令申请人提供事实和证据,并进行严格证明。上述严格的审查要求使得债权人对督促程序望而却步,更倾向于选择通常诉讼程序来解决纠纷。

3.当事人程序保障的比较

在德国,支付令的申请程序为二阶段式的规定,对于被申请人两周内未提出异议的,申请人向法院申请发布执行决定,执行决定送达被申请人后,如果其未提出申诉,则执行决定发生既判力。[1] 德国的二阶段式异议程序构造赋予被申请人充分的程序保障,在此基础上确定了申请人申请发布的"执行决定"具有既判力。日本及我国台湾地区立法则主张支付令仅具有执行力,对于进入执行阶段的支付令,债务人可提起债务人异议之诉和确认债权不存在之诉。我国现行立法未明确支付令的既判力。《民事诉讼法》第216条规定债务人如果在15日内不提出异议又不履行支付令的,债权人可以向人民法院申请强制执行。对于如何申请执行,支付令是否可以直接作为执行名义等问题未予明确。同时,《民诉法司法解释》第380条规定,督促程序不得申请再审。从上述法律条款分析,支付令不具有既判力,仅具有执行力。但是在司法实践中,法院向债务人发出的支付令中均载明"被申请人如有异议,应当自收到本支付令之日起十五日内向本院书面提出,逾期不提出书面异议,本支付令即发生法律效力"。对于"发生法律效力",我们一般理解为产生既判力。故而,我国关于支付令效力的立法与司法实践是不相吻合的。笔者认为,由于我国不同于德国立法规定,采用一阶段式的支付令异议程序,缺少对债务人进一步的程序保障,不宜规定支付令具有既判力。

综上所述,我国督促程序的运行逻辑是,通过严格支付令申请环节的审查,防止恶意当事人滥用督促程序;通过严格支付令异议的审查,控制债务人提出异议,从而鼓励债权人选择督促程序解决简单纠纷。然而,这种从严的控制使得督促程序更为复杂,与督促程序的简便、快捷的特征相违背。对于债权人而言,在这种复杂的督促程序与通常诉讼程序之间,当事人或者律师势必会直接选择通常诉讼程序。对于债务人而言,由于缺乏相应的程序保障,法律后果的严重性会倒逼债务人提出异议,从而降低督促程序的实效

---

[1] [德]汉斯-约阿希姆·穆泽拉克:《德国民事诉讼法基础教程》,周翠译,中国政法大学出版社2005年版,第345页。

性,挫伤债权人适用督促程序的积极性。[1]

(二)程序外部:缺乏当事人适用督促程序的引导激励机制

我国《民事诉讼法》的督促程序已创设近 20 年,但是其适用率始终偏低。为"激活"督促程序,2012 年修改《民事诉讼法》以及 2015 年制定《民诉法司法解释》时,立法机关和最高人民法院均对该程序进行完善。然而,笔者的调研显示,2015 年以来,消费信贷纠纷当事人及其代理律师对督促程序的知晓度仍然较低,法官适用督促程序的积极性仍然不高,激活督促程序的尝试成效不明显。[2]造成这种现象的原因在于:第一,相关实体法未与诉讼法实现有效衔接。关于消费信贷相关立法或司法意见中缺少对于当事人的引导,债权人习惯性选择通常诉讼程序解决纠纷。第二,价值定位偏差。司法实践中,督促程序通常被误认为"特殊程序"。特殊程序的特点是确认某种法律实施或权利是否存在,并不解决权利义务争议。因此,法院在对督促程序进行考核时,较多地关注程序本身运行的效率和公正,而缺乏对纠纷解决的效果的考量,法院对督促程序的适用自然缺乏热情。[3]

四、内部设计优化:督促程序的审查简化与程序保障

近年来,大陆法系国家和地区对督促程序的修改与完善,主要围绕两个层面展开:一是使债权人可以不经实质审查程序而迅速取得执行名义,实现权利或终结纷争;二是给予债务人相应的程序保障,提高在督促程序内解决纠纷的可能性,降低债务人的异议率。上述两个方面的改革相辅相成,降低异议率的最终作用是凸显督促程序高效解纷的制度优势,这种示范作用会吸引消费信贷等简单纠纷的债权人主动选择适用督促程序。笔者认为我国在消费信贷纠纷适用督促程序方面,有必要根据督促程序作为非讼程序的特点,在"化繁为简"的基础上,给予当事人充分的程序保障,最大限度地发挥督促程序的司法减负作用。

---

[1] 史长青:《督促程序的设计理念:诉讼还是非讼》,《政法论丛》2015 年第 5 期。

[2] 根据笔者对 C 市和 H 市 30 个消费信贷机构负责人及其法务工作人员的随机访问,当被问及"是否了解督促程序"时,其知晓率仅为 15%。

[3] 唐墨华:《从消沉到激活的蝶变——走出督促程序的中国式困境》,《全国法院第 23 届学术讨论会获奖论文集》(上),人民法院出版社 2011 年版,第 597 页。

（一）简化支付令的审查流程

通过比较法分析，我国督促程序流程过于复杂，特别是对支付令申请及债务人异议的审查环节要求过于严格。为"激活"督促程序，我们首先应当对审查环节做"减法"。第一，简化支付令申请环节。借鉴欧盟、德国等国家和地区的做法，当事人可以填写纸质表格到法院申请支付令，也可以进行在线申请。对于支付令申请表格的内容，应当进一步简化要求，仅载明当事人、法院、请求事项及理由、具体的金额等内容，不需要载明证据。第二，简化支付令申请审查环节。法院对债权人支付命令之请求有无理由判断进行一贯式审查，即只需审查债权人的主张本身在法律上有无理由，对"其主张的原因事实在假设其存在的前提下，判断是否推论出其所主张的权利"[1]，不进一步调查证据以认定事实是否存在。第三，简化支付令异议审查环节。按照大陆法系国家关于督促程序的通常做法，债务人提出的异议可以仅写明异议主张，而不需要附理由。对于解决债务人滥用异议权的问题，不应通过这种严格的审查来控制，而是通过其他的程序规定加以限制。例如，《德国民事诉讼法》规定，"败诉当事人不仅承担诉讼费用，而且也承担对方当事人支出的律师费用"，当事人负有真实完整义务和诚信义务（《德国民事诉讼法》第138条、《德国民法典》第242条）。

（二）增加对债务人的程序保障

在对督促程序制度设计做"减法"的同时，需要在相对人程序保障方面做"加法"。第一，发出支付令时，向债务人进行充分的释明。在签发的支付令中，应明确债务人提出异议的期限、未在法定期限内提出异议的法律后果以及相关的救济途径。向债务人明示未于不变期间内提出异议时，债权人可以按照法院核发的支付令申请强制执行。例如，《德国民事诉讼法》第692条第1项规定"法院对于申请人是否具有其所提出的请求权未进行审查""如果申请人不在期间内提出异议，就可以按督促决定发出执行决定，申请人就可以据以请求强制执行"。我国台湾地区2015年修改"民事诉讼法"时，在第514条中特别增加了法院的教示义务。第二，明确支付令的效力。

---

[1] 沈冠伶：《督促程序之变革——基于平衡兼顾保护债权人与债务人利益之观点》，《月旦法学杂志》2015年第9期。

对于支付令效力的认定,直接关系当事人的救济程序。上文所述,由司法辅助人员对支付令申请进行一贯性审查,双方当事人未经过言词辩论,法院也未对事实和证据进行认定,由此,支付令不应具有既判力。对此,可以借鉴我国台湾地区关于督促程序的修改,规定债务人对支付令未于法定期间合法提出异议者,"支付令得为执行名义"。申言之,债务人未提出异议,债权人可以依据支付令到法院申请强制执行。第三,明确债务人的救济程序。债务人对支付令提出异议是其程序保障的基本形式,如果是恶意债权人提起的支付令申请,或者因不可归责于债务人的原因,导致其没有及时提出异议,债权人得到执行名义,债务人的合法权益将可能受到侵害。此种情况下,由于支付令仅具有执行力,债务人可以对同一诉讼标的再次提起诉讼,因此,债务人可以提起债权不存在的确认之诉。

五、外部引导强化:消费信贷纠纷对督促程序的优先适用

(一)增设消费信贷实体法中适用督促程序的指引性条款

上文所及,在消费信贷纠纷中,作为债权人的商业银行、消费金融公司等金融机构对督促程序的知晓度较低,是导致该制度适用率低迷的重要原因。为此,可借鉴《中华人民共和国劳动合同法》第30条、《中华人民共和国慈善法》第41条等[1],在消费信贷相关立法或司法解释中增设适用督促程序的指引性条款,引导消费金融机构向人民法院申请支付令。近年来,部分学者呼吁我国借鉴英国、德国以及我国台湾地区的立法经验制定《消费信贷法》,规范消费信贷法律关系。笔者建议,以起草《消费信贷法》为契机,在纠纷解决部分中,作出指引适用督促程序的立法设计,即规定"借贷人如未按照合同约定偿还本金、利息等,商业银行及消费金融公司可以向借贷人所在地基层人民法院申请支付令"。除此之外,在消费信贷实体法中明确规定限

---

[1]《中华人民共和国劳动合同法》第30条:用人单位拖欠或者未足额支付劳动报酬的,劳动者可以依法向当地人民法院申请支付令,人民法院应当依法发出支付令。《中华人民共和国慈善法》第41条:捐赠人应当按照捐赠协议履行捐赠义务。捐赠人违反捐赠协议逾期未交付捐赠财产,有下列情形之一的,慈善组织或者其他接受捐赠的人可以要求交付;捐赠人拒不交付的,慈善组织和其他接受捐赠的人可以依法向人民法院申请支付令或者提起诉讼。

制适用督促程序的情形。例如,根据《最高人民法院关于审理民间借贷案件适用法律若干问题的规定》第 26 条第 2 款和第 30 条的规定,债权人申请的给付内容中,涉及双方约定利率"超过年利率 36％,超过部分的利息",以及"逾期利息、违约金或者其他费用总计超过年利率 24％ 的部分",法院受理后应予以驳回。

(二)发挥审前环节繁简分流的引导作用

《民事诉讼法》第 133 条规定法院对已受理的案件进行"分流",即在审前环节确定案件适用的程序,包括普通程序、简易程序、小额程序、转入督促程序,抑或先行调解等。在审前环节,如何发挥该条款的作用,将已诉讼系属的消费信贷案件"转入"督促程序,笔者认为需从两个方面考量。第一,充分发挥"诉讼程序向督促程序转换"[1]的作用,即当事人没有争议,符合督促程序适用条件的,转入督促程序。法官向消费信贷纠纷债权人进行释明,询问债务人对诉讼标的,即诉状中所载明的债权债务关系是否存在异议。如果债务人对此无异议,法院可向债权人充分释明督促程序的主要内容、流程及优势,由债权人决定是否将起诉转入督促程序。这实际上是"把尊重当事人程序选择权的理念'融入'本条的解释适用之中"。[2] 同时,调动法官适用督促程序的积极性,可考虑完善相关法院工作绩效考评机制,并在法院系统内部加强对该转换条款的宣传与学习。第二,进一步区分督促程序与小额诉讼的最佳适用范围。《民诉法司法解释》第 274 条规定的适用小额诉讼的案件类型中,"借款合同纠纷""银行卡纠纷"与督促程序的适用类型具有重合性,司法实践中较难准确把握。笔者认为,可通过完善相关立法或司法解释,对信用卡纠纷、金融借款合同纠纷等消费信贷纠纷中符合督促程序适用条件的,进一步引导法官和当事人适用督促程序,增强督促程序和小额诉讼程序的区分度,从而真正实现"案件分流"的目的。

(三)适度限制督促程序中的律师代理

督促程序具有简便、高效、易理解的特征,为实现诉讼经济的目标,许多

---

[1] 刘学在、查道治:《诉讼程序向督促程序转换机制之质疑》,《东北师大学报(哲学社会科学版)》2019 年第 1 期。

[2] 王亚新:《新民事诉讼法关于庭前准备之若干程序规定的解释适用》,《当代法学》2013 年第 6 期。

国家在督促程序中不同程度地限制律师代理。例如,德国、法国、瑞典等国家在相关立法明确规定了督促程序律师代理禁止制度,奥地利规定地区法院管辖的督促程序案件以及争议标的价值不大的案件均不得由律师代理。[1] 为进一步增强督促程序的优势,引导当事人适用该程序,可借鉴上述国家的做法,对督促程序在一定范围内限制律师代理,由消费信贷纠纷债权人自行申请支付令。受理案件后,法官应履行释明义务,给予当事人充分的程序保障,从而最大化地发挥督促程序的作用。

---

[1] 王福华:《督促程序的现状与未来》,《国家检察官学院学报》2014年第2期。

再论行使权利与敲诈勒索罪之间的界限

——以取得型财产犯罪的保护法益为视角

徐世亮* 赵拥军** 康相鹏***

摘要：与行使权利相关的具有敲诈勒索客观表现的行为是否构成犯罪，需要判断该行为侵犯的占有，在重视刑法文化背景下是否具有值得刑法保护的经济财产价值。在解释该罪的构成要件时，应以此保护法益为指导来确定构成要件的具体内容。如果相关行使权利行为不能在构成要件上符合敲诈勒索罪的要求，即便其所谓的社会危害性再大，根据罪刑法定原则亦不应以刑事手段处理。就行使权利和取得型财产犯罪中的敲诈勒索罪之间的定性争议而言，在温和的违法性一元论的判断立场下，权利人行使损害赔偿请求权系相关民事法律明确规定赋予的权利，原则上不应构成敲诈勒索罪；当存在真实的债权债务关系情形时，若行使的权利是现实存在的且可以行使的（如债权已到期等），亦不能以敲诈勒索罪论处。

关键词：行使权利；敲诈勒索；法益；刑民交叉

一、缘起：两起典型的案例

案例一：郭利案

"三聚氰胺"事件发生于12年前，伴随"三聚氰胺"事件产生的系列问题

---

* 徐世亮，上海市徐汇区人民法院副院长，法学博士。
** 赵拥军，上海市徐汇区人民法院法官，法学硕士。
*** 康相鹏，《人民法治》专题副主任，法学博士。

至今还没有完全解决,尤其法律实务界对该案件的后续发展时刻保持关注。该事件的起因是部分批次"施恩"牌奶粉被检测出较高含量的三聚氰胺,而三聚氰胺成分又对婴幼儿产生了系列损害,尤其是肾脏。郭利的女儿就因喝过该品牌奶粉,被医生诊断为肾脏损伤:"双肾中央集合系统内可见数个点状强回声。"为了维权,郭利就带着女儿喝过的奶粉去检测,结果显示三聚氰胺含量较高。经过双方协商,郭利选择和施恩公司和解,主要内容是施恩公司补偿郭利人民币 40 万元,郭利放弃索赔。2009 年 7 月,郭利按照约定在杭州领取补偿金,却被提前守候的警察当场抓获。2010 年,郭利因犯敲诈勒索罪被潮安县人民法院判处有期徒刑五年。经广东省高级人民法院再审,于 2017 年 4 月 7 日改判被告人郭利无罪[1]。

案例二:李洪元案

李洪元曾系华为技术有限公司的一名员工,因离职的经济补偿问题而身陷囹圄:2018 年 1 月 31 日,李洪元从华为公司离职,根据离职协议,李洪元将得到"2N"的经济补偿金;3 月 8 日,李洪元签字确认,收到经济补偿金税后 383651.24 元,华为公司也补发了工资。但是,9 个月后的 12 月 16 日,李洪元被公安机关以涉嫌职务侵占罪为由刑事拘留,公安机关对李洪元讯问三次,却未发现李洪元职务侵占的犯罪事实;当月 28 日,华为公司提交补充报案材料,控告李洪元在离职期间实施了敲诈勒索犯罪,称部门领导何某东为了李洪元不闹事、不举报、顺利离职,迫于压力私下额外给付李洪元补偿金 33 万元。经两次退侦、审查起诉,深圳市龙岗区人民检察院于 2019 年 8 月 22 日作出了不起诉决定,李洪元重获自由,同时获得了龙岗区检察院赔偿的人身自由损害赔偿金、精神损害抚慰金等计 107752.94 元。龙岗区检察院也答应致函相关公司,以消除影响,恢复名誉[2]。

上述两起相隔近十年的案例,单看案例本身无法将其关联起来。但其却因为刑法中的一个罪名"走到了一起",这个罪名便是敲诈勒索罪。起因均是当事人认为行使其正当权利,但却双双身陷囹圄。不过两者的区别在于,十年前的郭利走完了整个刑事诉讼流程,而十年后的李洪元并未走完整

---

[1] 《消费维权与敲诈勒索的边界》,《上海法治报》2017 年 4 月 17 日第 B08 版。
[2] 《华为回应前员工李洪元事件:支持运用法律武器维护权益》,http://www.kb.southcn.com/content/2019-12/02/content_189691820.htm,最后访问日期:2019 年 12 月 27 日。

个诉讼流程,也算是十年间的法治建设令人欣慰之处。当然,这两起案件仅仅是较为典型的,相信实践中发生的绝非仅此两起。这些案件的当事人之所以认为自己是在行使正当权利却被以刑事犯罪对待,其中的问题结症除去案件事实等众所周知的因素之外,便是对行使权利与敲诈勒索罪之间的界分产生争议所致。而实践中行使权利与敲诈勒索罪的界限问题的争议基本上集中在损害赔偿请求权的行使、债权人为了实现到期债权对债务人实施胁迫的以及以胁迫手段取得对方不法占有的自己所有的财物的等情形[1]。

进一步而言,若深入探求上述几种情形下的争议根源并不仅限于甚至是停留在是否以非法占有为目的这一层面上的诘问。取得型财产犯罪的主观方面显然是要求行为人具备非法占有他人财产的目的。但是如何理解非法占有的他人财产是否是他人财产,若并非他人财产呢?是要求他人所有的还是占有的财产呢?因此,问题的根源在于对财产犯罪的保护法益的认识不同。比如,若认为财产犯罪的保护法益是所有权,当债务人在债务到期后拒不还款或者拒不返还原物时,债权人以敲诈勒索的手段从债务人处获取欠款或者财物的,便不构成敲诈勒索罪(当然,也可以认为行为人没有非法占有目的);若认为财产犯罪的保护法益是占有权,当债务人在债务到期后拒不还款或者拒不返还原物时,债权人以敲诈勒索的手段从债务人处获取欠款或者财物的,则可能构成敲诈勒索罪,如此等等。鉴于此,笔者将以财产犯罪特别是取得型财产犯罪的保护法益为视角,尝试廓清上述几种情形下行使权利与敲诈勒索罪的客观构成要件之间的界限问题。

二、视角:取得型财产犯罪的保护法益与敲诈勒索罪的认定

众所周知,对某一犯罪的构成要件进行解释,首先必须确定该罪所保护的法益是什么,然后在刑法用语可能具有的含义内确定构成要件的具体内容,即"对构成要件的解释不能停留在法条的字面含义上,必须以保护法益为指导,使行为的违法性与有责性达到值得科处刑罚的程度,以实现处罚的妥当合理性"[2]。可见,一个罪名的保护法益在对该罪名的构成要件的解

---

[1] 张明楷:《刑法学》,法律出版社2016年第5版,第1018页。
[2] 张明楷:《实质解释论的再提倡》,《中国法学》2010年第4期。

释认定中势必起到至关重要的作用,其在具体罪名构成要件的解释过程中充当着导向的作用。因此,与其说刑法分则中具体罪名的构成要件规定了什么内容,倒不如说是该罪名的保护法益决定了什么内容。是故,欲厘清行使权利与敲诈勒索罪之间的界分,便需要首先确定敲诈勒索罪的保护法益。

一般认为,所谓的敲诈勒索罪是指以非法占有为目的,对被害人采取以将来实施暴力或其他损害相威胁的方法,索取数额较大的公私财物或者多次敲诈勒索的行为[1]。作为典型的取得型财产罪,敲诈勒索罪和盗窃罪、抢劫罪、抢夺罪等犯罪在保护法益的问题上一直争议不断。与世界上多数国家一样,我国刑法亦未明确规定财产罪侵犯的是他人所有的财物还是他人占有的财物,而处于通说的刑法理论认为,财产罪的客体是公私财产所有权,财产罪应以给公私财产所有权造成直接损害结果为构成要件齐备的标志[2],即所有权说。晚近以来,随着我国刑法理论交流商榷之风日渐兴盛,对于财产罪保护法益的探讨也日益激烈,除了对所有权说的"坚持"[3]和对占有说的"执迷"[4]外,较多的便是修正的所有权说[5]和修正的占有说[6]等中间说。但是,与其他国家财产罪保护法益的审判实践在不同理论学说下所形成不同的判例迥然有别的是,我国财产罪审判实践并未受到理论学

---

[1] 苏惠渔主编:《刑法学》,中国政法大学出版社2016年第6版,第429页。
[2] 王作富主编:《刑法分则实务研究》,中国方正出版社2013年版,第893页;陈兴良:《规范刑法学》,中国人民大学出版社2013年版,第833页;高铭暄等:《刑法学》,北京大学出版社、高等教育出版社2011年版,第496、507页;赵秉志:《刑法学各论研究述评》,北京师范大学出版社2009年版,第378页。
[3] 于志刚等:《财产罪法益中所有权说与占有说之对抗与选择》,《法学》2010年第8期;高翼飞:《侵犯财产罪保护法益再探究》,《中国刑事法杂志》2013年第7期;徐光华等:《我国财产犯罪的保护法益应坚持所有权说》,《政治与法律》2013年第3期。
[4] 陈洪兵:《财产罪法益上的所有权说批判》,《金陵法律评论》2008年第1期;尹晓静:《论作为财产犯罪保护法益的占有说》,《广西大学学报》2013年第1期;魏海:《盗窃罪研究》,中国政法大学出版社2012年版。
[5] 童伟华:《财产罪的法益——新修正的所有权说之提倡》,《安徽大学法律评论》2009年第1期;姚万勤:《盗窃罪保护法益的理论嬗变与司法抉择——新修正的所有权说之提倡》,《时代大学》2014年第4期。
[6] 张明楷:《刑法学》,法律出版社2011年版,第838页;黎宏:《论财产犯罪的保护法益》,《人民检察》2008年第23期;何荣功:《财产罪法益新论》,《甘肃政法学院学报》2012年第1期;张阳、傅俊维:《论财产罪的"所有"与"占有"》,《中州学刊》2014年第8期。

说更为直接的影响[1],而是"令人惊奇般"的以较为一致的裁判结果回应理论上的争议。这些裁判结果尽管定性基本一致,但裁判理由却不尽相同,同时也并未明确其支持所有权说还是占有说等。尽管审判实践没有以此为契机展开对财产罪保护法益的探讨,但所有权说也并未如其支持者认为的那样,得到了审判实践的支持。再加上所有权说理论自身的不自洽所导致其在财产罪保护法益等问题上显而易见的缺陷等问题,便有观点认为所有权说是比本权说还要顽固的学说[2]。

可以说,一国刑法理论的繁荣发展离不开对该国审判实践的考察与刑法文化的契合,如日本最高裁判所对具体罪名,都有相关的理论研究和实践数据报告文件。纵观日本相关的教科书,随处可见引用大量的司法判例进行立证、反驳和检验。又如德国关于财产罪的诸多争议判例,判决书中都会列明处理结论与国民观念、财产秩序现状等之间的关系。所以,对于我国财产罪保护法益等问题的研究应当注重对判例的考察及其背后的刑法文化的梳理,并从中寻找我国财产罪保护法益的本土资源,进而构筑契合我国刑法文化的财产罪保护法益等基本理论。

众所周知,法律的主要功能在于建立和保持一种可以大致确定的预期,以便利人们的相互交往和行为。但并非只有现代的成文法才能确立这种大致确定的预期,各种习惯和惯例都能起到这种作用。基于风俗及习惯而形成的习惯法产生于人们的日常生活,是人们日常生活中的准则,其根植于人们的日常生活和人情之中[3]。同时,由于传统社会不允许某种"秩序真空"的存在,越是国家法难以调节的地方,习惯法就越加显得十分重要,他们渗透于社会的诸多领域。这些传统的、民间的、民族的文化习俗,远较法律更为重要,不可一律地将其完全摒弃[4]。另外,许多法律往往只是对社会生活中通行的习惯惯例确认、总结和升华。国家制定法有国家强制力的支持,

---

[1] 徐光华等:《我国财产犯罪的保护法益应坚持所有权说》,《政治与法律》2013年第3期。

[2] 陈洪兵:《财产犯罪之间的界限与竞合研究》,中国政法大学出版社2014年版,第3页。

[3] 曾宪义等:《礼与法:中国传统法律文化总论》,中国人民大学出版社2012年版,第198页。

[4] 汤唯:《法社会学在中国——西方文化与本土资源》,科学出版社2007年版,第184页。

似乎容易得以有效贯彻;其实能得到有效贯彻执行的法律,往往是那些与通行的习惯惯例相一致或相近的规定[1]。正是"习惯法的这种看似矛盾的双重性"[2],表现在犯罪治理问题上,国家无法提供足够并有效的公力救济,一律禁止私力救济是不现实的。因此,刑法只管具有严重社会危害性的行为,被社会习惯所允许的私力救济行为,如行为人以非法手段取回他人合法占有情状消失后仍非法占有其所有的财物的,行为人以非法手段取回他人非法占有其所有的财物的,便应当被排除在犯罪圈外。

因此,刑法文化主导观念对刑法灵魂和民族主体生命特征的客观反映一旦形成,即具有一种恒久的稳定性和巨大的历史惯性,其不仅是刑事立法的精神源头[3],也制约着刑事司法。所以,我国财产犯罪保护法益的理论基础必须立足于我国现实的审判实践及其背后的刑法文化,尊重、超越传统而并非恢复传统,同时吸收借鉴他国的学说观点,以此形成我国财产罪保护法益等基础理论。

综上,由于所有权说的理论不自洽而形成的明显漏洞,且在审判实践的"置之不理"现状下,注重国家、社会经济秩序维护的刑法文化也不可能支持所有权说。相反,在当前改革已经进入新常态的市场经济环境中,在日益复杂化的利用关系中,财产的占有是基于何种权利不甚明了,而效率的提高便依存于此时财产的现有状态。以财产现有状态为基点产生并带动的经济活性便是其价值所在。因此,认可财产的这样一种现有状态,并维护由这种状态形成的财产秩序,便是刑法的任务。所以,占有说便契合了此种要求。对于占有说存在扩大处罚范围之嫌的批评,基本局限在所有和占有分离并且产生冲突的情形下,且当行为人是所有权人。同时,此种情形也大体上是各种中间学说的理论前提。因此,取得型财产罪的保护法益可以从以下两点展开,具体而言:

第一,在市场经济环境下,将保护经济财产秩序的重任交由刑法来实现是必然的,且取得型财产犯罪的根本立法目的在于维护国家的财产制度和现实的财产秩序[4]。因此,取得型财产犯罪的保护法益便相应地应以此为

---

[1] 苏力:《法治及其本土资源》,北京大学出版社2015年版,第9页。
[2] 梁治平:《清代习惯法:社会与国家》,中国政法大学出版社1996年版,第27页。
[3] 刘守芬等:《刑法文化与犯罪预防控制的研究》,中国人民大学出版社2012年版,第7页。
[4] 陈瑞林等:《夺取型财产犯罪的定性探析》,《汕头大学学报》2011年第6期。

首要。

第二,由于秩序本身过于抽象,有些秩序本身没有意义,或者说无法体现经济财产价值,特别是对于财物所有权人而言。同时,占有只是所有权能的一部分,当占有和所有分离时,对占有的判断便不能形式上地空谈占有本身,其背后是否体现一定的经济财产价值,应当作为此种情形下的实质判断。如果占有的背后体现不出一定的经济财产价值,则该占有便没有动用刑法保护的必要。因而,对于行为人是所有权人非法取回他人占有的本人财物的,在重视习惯作为(刑)法之外的社会调节手段等刑法文化的支持下,以修正的占有说——具有经济财产价值的占有作为保护法益进行判断。[1]

因此,作为取得型财产罪之一的敲诈勒索罪的保护法益便可以据此确定,即与行使权利相关的具有敲诈勒索客观表现的行为是否构成犯罪,需要判断该行为侵犯的占有,在重视刑法文化背景下是否具有值得刑法保护的经济财产价值。进而,在解释该罪的构成要件时,便应以敲诈勒索罪的保护法益为指导,在刑法用语可能具有的含义内对其作实质的解释,确定构成要件的具体内容以实现刑法的目的。

三、界限:行使权利与敲诈勒索罪之间的关系再厘定

由上可知,敲诈勒索罪作为一种典型的取得型财产犯罪,其保护法益可以根据行为人是财物的所有权人还是无关的第三人进行分别判断。也就是说,对于行为人是与财物无关的第三人以敲诈勒索的方式获取财物的,在注重国家、社会经济秩序维护的刑法文化的支持下以占有说作为保护法益进行判断即可。但是对于行为人是财物的所有权人或者行为人可能具有正当的权利来源时,而恰恰正是在此种意义上的问题争议,行使权利与敲诈勒索罪的界限问题争议的另外两种情形下的与行使权利相关的具有敲诈勒索客观表现的行为是否构成犯罪,便需要判断该行为侵犯的占有,在重视刑法文化背景下是否具有值得刑法保护的经济财产价值。

---

[1] 赵拥军:《对刑事审判中非法取回财物性质的整体性考察》,《尊重司法规律与刑事法律适用研究——全国法院第27届学术讨论会获奖论文集》,人民法院出版社2016年版,第1005页以下。

(一)损害赔偿请求权的行使与敲诈勒索罪

所谓的损害赔偿请求权是指因权利人受到侵害而享有的要求加害人承担损害赔偿责任的权利,如《中华人民共和国物权法》(以下称《物权法》)第37条规定,侵害物权,造成权利人损害的,权利人可以请求损害赔偿,也可以请求承担其他民事责任。具体而言,损害赔偿请求权的类型可以分为因侵权行为造成他人的人身损害、财产权损害,以及违约产生的损害等,受害人享有损害赔偿请求权。可见,权利人行使损害赔偿请求权系相关民事法律明确规定赋予的权利,原则上不应构成敲诈勒索罪。比如,行为人发现一支冰激凌有布头[1],以向媒体反映或者向法院起诉相要挟,要求生产商赔偿,即使所要求的数额巨大乃至特别巨大,也不成立敲诈勒索罪,因为行为手段与目的均具有正当性。[2] 本案开头案例一中的"结石宝宝"父亲郭利敲诈勒索罪案最终改判无罪便是如此。郭利在有证据证明其女儿的身体受到"施恩"牌奶粉的侵害的情况下,其作为女儿的法定监护人,当然有权利向奶粉的生产厂家索赔,其索赔行为有法律依据,具有目的正当性。根据社会一般观念,"施恩"牌奶粉生产厂家作为侵权者,理当对被侵权者的损害进行赔偿,且该赔偿款当然不值得发动刑法进行保护。根据媒体报道,2018年7月31日,郭利发布公开信,他要求雅士利集团兑现1000万美元的赔偿协议,另提出追加对其本人和家庭造成的伤害综合(精神)赔偿金3000万美元,合计4000万美元。此时的赔偿请求权数额已经与当初郭利与施恩公司达成和解协议,施恩公司补偿其40万元的数额相距甚远。

对于行为人以"威胁、恐吓、要挟"等方式,即采取敲诈勒索客观行为手段取回他人占有的本人财物的能否直接认定为敲诈勒索罪的问题。首先可以肯定的是,此种情形下的占有一般均为非法占有,行为人当然有权利取回。比如《物权法》第245条规定,占有的不动产或者动产被侵占的,占有人有权请求返还原物;对妨害占有的行为,占有人有权请求排除妨害或者消除危险;因侵占或者妨害造成损害的,占有人有权请求损害赔偿。也就是说,

---

[1] 1999年2月,黑龙江省庆安县冰激凌经销商王某发现一支冰激凌有布头,遂向冰激凌厂家索赔50万元,厂家认为这是敲诈勒索而报案,公安机关将王某拘留。一审法院以敲诈勒索罪判处王某有期徒刑三年,缓刑三年。王某不服上诉,二审法院改判无罪。参见陈宝昆、罗智伟:《消费者"敲诈"无罪》,《检察日报》2001年6月1日。

[2] 张明楷:《刑法学》,法律出版社2016年第5版,第1018页。

权利人面对自己占有的不动产或者动产被他人侵占的,权利人当然有权请求返还原物,若侵占者拒绝返还的,或者拒绝排除妨害或者消除危险的,或者因侵占或者妨害造成损害的,权利人可以当然地向侵占者行使损害赔偿请求权,甚至可以敲诈勒索的客观行为表现方式行使损害赔偿请求权。承前所述,此种情形下侵权者的占有和权利的所有形成了分离,当占有和所有分离时,对占有的判断便不能形式上地空谈占有本身,其背后是否体现一定的经济财产价值,应当作为此种情形下的实质判断。可以说,此种情形下侵权者占有的背后体现不出值得刑法保护的经济财产价值,该占有没有动用刑法保护的必要,进而权利人以敲诈勒索罪中的"威胁、恐吓、要挟"等方式行使其权利时,便没有侵害敲诈勒索罪的保护法益,因此不能以该罪论处。换句话说,在和所有权人的关系上,如果所有权人仅仅只是想行使所有者权利的话,不论是赃物占有者还是非法占有者或者合法占有者,其占有都不能对抗所有权人,即所有权人起码不能因此而被认定为财产犯罪。如果占有者的占有是有根据的合法占有,即根据法定或者约定的占有,行为人即财物所有权人违法或者违约破坏他人的合法占有,一般而言也只是民事领域内的纠纷,除非其手段造成了其他值得刑法保护的法益侵害则另当别论。

(二)债权人为实现到期债权对债务人实施胁迫行为与敲诈勒索罪

对于债权人为实现到期债权对债务人实施胁迫行为是否构成敲诈勒索罪的问题,其实质是从财产损害的角度探讨财产罪的保护法益问题。由于本文基本上是在占有说的立场上修正当前的财产罪保护法益,其与德国财产罪的保护法益学说中的经济财产说得出的结论基本一致[1]。进而,在财产损害的判断上,对应的便是整体的财产减少说[2]。因此,对于债权人对债务人实施胁迫行为实现其债权的,笔者认为,在重视习惯作为(刑)法之外的社会调节手段的刑法文化的深刻影响下,"欠债还钱,天经地义"的传统维系着国民的法感情,若行使的权利是现实存在的且可以行使的(比如债权已经到期等),不能以敲诈勒索罪论处。毕竟此种情形下债务人的整体财产不存在实质性的损害[3]。

---

[1] 陈洪兵:《财产犯罪之间的界限与竞合研究》,中国政法大学出版社2014年版,第1页。

[2] 童伟华:《财产罪基础理论研究》,法律出版社2012年版,第11页。

[3] 付立庆:《论刑法介入财产权保护时的考量要点》,《中国法学》2011年第6期。

同时,由于敲诈勒索罪和抢劫罪并非对立的关系。一般而言,符合抢劫罪的犯罪构成的行为,特别是其暴力威胁等手段行为,也能够符合敲诈勒索罪的犯罪构成(当场杀害被害人后取得财物的除外)[1]。言外之意,若行为人以暴力威胁等方法抢劫债务人的都不构成抢劫罪的话,根据举重以明轻,则行为人以敲诈勒索的客观行为方式实现债权的也不应当构成敲诈勒索罪。比如实践中的行为人以暴力方式抢劫债务人的,法院宣告无罪[2]。《刑法》第 238 条第 3 款关于非法扣押、拘禁他人索要债务以非法拘禁论处,以及非法扣押拘禁他人索要非法债务、行为人仅以其所输赌资或所赢赌债为抢劫对象,一般不以抢劫罪定罪处罚等司法解释也对此进行了肯定。

由此观之,本文开头的案例二,在李洪元事件中,公开的资料显示,李洪元因与公司签署离职协议,并且拿到以"2N"的标准按月支付离职经济补偿,且以签确认书的方式,确认先后收到了税后离职经济补偿 383651.24 元和应补发的工资。这就意味着李洪元与公司之间存在真实的债权债务关系,根据上文所述,行为人以敲诈勒索的客观行为方式实现债权的便不应当构成敲诈勒索罪,所以李洪元的索要行为无论如何也不可能构成敲诈勒索罪。当然,若其行为构成其他犯罪的另当别论。[3]

余论:一个刑民交叉问题的综览

民法作为私法,是社会生活法律化的反映,其强调意思自治,保障私权自由,为了保障民事活动的有序性,在具体的制度设计中加入了适当的国家强制——公序良俗,要求民事活动要"一准乎法"。刑法作为公法,其核心内容为犯罪圈的划定,它强调对犯罪的治理和秩序的维护。其作为社会的最后一道防线,具有最为严厉的防卫措施,针对"突破防线"者处以刑罚。鉴于刑罚属于最为严厉的制裁措施,立法者在划定犯罪圈时,仅将特别严重的危

---

[1] 张明楷:《刑法学》,法律出版社 2016 年第 5 版,第 1019 页。
[2] 《债权人非法讨债不应以侵犯财产罪定罪——陈帮蓉涉嫌抢劫宣告无罪案》,http://old.chinacourt.org/html/article/200509/01/176017.shtml,最后访问日期:2015 年 6 月 16 日。
[3] 若认为李洪元的行为构成敲诈勒索,则意味着其公司是在李洪元的敲诈勒索下支付了有整有零的敲诈勒索款,并代扣个人所得税款。李洪元的公司作为一家大公司,被其员工以这样的方式敲诈勒索,也是违反一般民众常识的。

害社会的行为划入其中,司法者在处理案件时,亦是将刑罚作为最后手段进行使用。与此同时,由于同一概念的刑法意义和民法意义是不同的,刑法和民法设置有关制度的目的也存在不同。因此,一方面,不能片面强调法律概念的统一性,用民法的概念来解释刑法中涉及的同一概念。另一方面,也不能片面地强调刑法的独立性。尽管刑法规范的设置具有独立性,但对刑法概念的解释,不能超过概念本身的"文字射程",这又需要参考民法的规定。尽管刑法规范和民法规范的设置各有背景,但在进行概念的阐释时,可以进行适当的参照。所以,在处理财产犯罪刑民交叉案件时,便需要对此有足够的认识。

在财产犯罪刑民交叉案件中,若行为在民事领域不是违法行为,则在刑事领域也不能被认定为违法甚至是犯罪行为;同时,若行为侵犯了民事权利法律关系,但行为在构成要件上不符合刑法分则中财产犯罪的要求,其所谓的社会危害性再大,根据罪刑法定原则也不应当以刑论处。这既是罪刑法定原则的必然要求,同时也是法律作为行为规范(或者说行为准则)的必然体现。也就是说,"国家是通过法规范来向国民宣示并要求一定的态度,就同一事实统一地显示国家意思、避免出现相互矛盾,就属于国家的任务;如果国家设定的是一种无法发挥行为选择机能的规范系统,就会使规范丧失评价机能,法的规范机能也无从运行,进而会否定规范本身的存在理由"[1],国民将失去行为的方向,无所适从。

进而,在此问题的基础上,对于财产犯罪刑民交叉案件事实的违法性的有无及其程度的判断,应该从法秩序的整体进行统一的判断。但同时,鉴于刑法规范和民法规范的设计各有目的以及刑法和民法各有自己的使命,便要求这种统一的判断,并非完全一致,而是在于其判断不能相互对立冲突。意即,刑事违法和民事违法的违法性判断应当是统一的,违反任何一个法领域的不法行为应认为在整体法领域都具有违法性[2]。不能出现民法不予保护的违法行为,反而得到了刑法的保护;或者民法领域予以保护的合法行为,刑法领域却予以刑罚。因此,对于财产犯罪刑民交叉领域的违法性判断不能相互冲突,并承认刑法和民法在解释技术上的相异之处。既允许刑法

---

[1] 转引自王昭武:《法秩序统一性视野下违法判断的相对性》,《中外法学》2015年第1期。

[2] 此处的违法不能直接等同于犯罪。

和民法之间必要的差别,又要遵循统一的违法基准,这也是保护国民预期可能性的要求。也就是说,当民法不认为是违法的行为,不能得出犯罪的刑法判断;当民法认为是违法的行为,刑法对于是否犯罪可以基于其本身的目的、机能等进行独立判断,此即缓和的违法一元论[1]。

在缓和的违法一元论立场之下,当行为符合民法中的相关禁止性规定,并不当然地意味着能够排除其同样符合刑法中的财产犯罪的规定。此种情形之下,行为是否被认定为犯罪,其中最为关键的问题便是行为能否满足刑法分则中财产犯罪构成要件的要求。就行使权利和取得型财产犯罪中的敲诈勒索罪之间的定型争议而言,权利人行使损害赔偿请求权系相关民事法律明确规定赋予的权利,原则上不应构成敲诈勒索罪;在存在真实的债权债务关系情形下,若行使的权利是现实存在的且可以行使的(比如债权已经到期等),亦不能以敲诈勒索罪论处。否则,如果一味地放任"刑法的扩张与泛化,其势必不适当地改变国家权力与公民权利的结构,导致国家司法资源的不合理配置,阻碍经济社会创新,造成社会纠纷解决机制错位,危机刑法的司法法属性"。[2]

---

[1] 童伟华:《财产罪基础理论研究》,法律出版社2012年版,第201页。
[2] 何荣功:《自由秩序与自由刑法理论》,北京大学出版社2013年版,前言。

博士生论坛

论同时履行抗辩权的主张与裁判

——以程序法的基本理论为视角

董昊霖*

摘要：同时履行抗辩权制度在引入程序法过程中应当着重强调其纠纷一次性解决的功能。对同时履行抗辩权本质的不同理解可以影响程序理论中辩论主义、举证责任等制度的安排。同时履行抗辩权的行使可以结合法院的释明来进行,《九民纪要》的相关规定通过准立法的方式加强了这方面的倾向。基于纠纷一次性解决的需要以及比较法的经验,有必要确立同时履行判决制度。应当赋予同时履行抗辩权一定的效力以区别于普通的判决理由记载事项。同时履行抗辩权可以在后诉被赋予争点效或者证明效力的效果。

关键词：同时履行抗辩；同时履行判决；辩论主义；裁判效力

引　言

同时履行抗辩权的主张是诉讼中常见的抗辩方式。实体法学者对于同时履行抗辩权的研究已经相当成熟。相对应的,程序法学界对于同时履行抗辩权的相关问题并未给予足够的关注,这主要体现在以下几个方面。第一,有关同时履行抗辩权与同时履行判决的程序构造问题主要由实体法学

---

* 董昊霖,上海交通大学法学院博士研究生。

者提出并进行讨论,程序法学界对此关注度不够。作为实体与程序的交错地带,程序法学界有必要从程序的基本原理、审判实务的实际运作角度对该制度进行阐述。同时履行抗辩权的程序构造问题不解决,《中华人民共和国合同法》(以下简称《合同法》)第66条的实用性也会大打折扣。第二,鲜少有程序法学者将履行抗辩权与辩论主义、证明责任等程序法理论相结合而讨论。以致当事人在将其作为攻击防御方法进行主张和举证过程中缺乏明确的理论指引,法院在不同案件中对该抗辩权的释明工作尺度也存在不一致。对此,不仅有必要从实体法理论进行追根溯源的阐述,也有必要将实体法基本理论与程序法当中的辩论主义、举证责任等制度进行"嵌合",在程序角度提升理论的规范性。第三,《最高人民法院关于印发〈全国法院民商事审判工作会议纪要〉的通知》(以下称《九民纪要》)对同时履行抗辩权的主张提出了新的要求,程序法理论有必要对其进行回应。第四,我国并未设置同时履行判决制度与同时履行抗辩权的有效"对接",实务中的处理方式有其自身难以解决的问题。因此,有必要对同时履行判决制度本身进行"从无到有"的引入。第五,如果同时履行抗辩权成立,是否有必要对其确立一定的程序效果?如有必要,那么赋予其何种程度、何种类型的效果方能兼顾纠纷一次性解决、程序保障、诉讼经济以及矛盾裁判防免的需求?笔者试对上述问题进行讨论。

一、规范目的:从实体法到程序法

在大陆法系的传统中,同时履行抗辩权是一种常用的抗辩方法,德国民法典、日本民法典以及我国台湾地区的"民法典"都对其作出了明确的规定,我国大陆亦不例外。《合同法》第66条就是对同时履行抗辩权制度的系统性规定。以下对该制度的实体法趣旨进行简要的介绍。

(一)实体法的制度趣旨:强制给付与担保

同时履行抗辩权制度反映的是一种较为朴素的正义观念,即"一手交钱一手交货"。同时履行抗辩权是在双务合同中,如果双方当事人没约定先后履行顺序或者约定同时履行时,一方没有给付,对方可以拒绝给付的权利。这样的制度设计一方面使得权利人有迫使对方强制清偿的能力,另一方面也使自身对待给付请求权的实现获得了担保,通过这种方式最低限度地保

障自身的交易安全。[1] 强制清偿主要体现在债权人如果想实现自己的请求权,必须使自己先走一步,率先履行自身的义务,这样方能取得对价。担保功能则体现于自身义务的履行是以对方进行了对待给付为前提,对方义务的履行成为自身义务履行的担保。由于其取得过程与债权债务关系的成立和生效具有同步性,所以当事人因此付出的机会成本较低,机会成本是微观经济学的概念,具体是指利用一定的时间或资源生产一种商品时,而失去的利用这些资源生产其他最佳替代品的机会。同时履行抗辩权视野下的机会成本一般是指"如果不使用该抗辩权而选择抵押、质押等方式而付出的成本"。相比而言,同时履行抗辩权制度的机会成本比普通担保方式更为经济。法定物权当中的留置权也可以产生同样的效果。因此,在罗马法上,留置权抗辩和同时履行抗辩出自同源,即恶意抗辩制度。但在现代民法制度下,两者泾渭分明,[2] 兼顾了交易经济和交易安全。从宏观经济流转的角度看,市场经济配置资源的主要方式是等价交换,等价性在法律上的反映就是双务合同中合同主给付义务之间的牵连性。[3] 同时履行抗辩权成立的前提一定是主给付义务和对待给付义务都得到确认。因此,同时履行抗辩权在诉讼上的确认一般意味着程序的展开已经进入较为深层次的阶段,此时如果能够充分发挥纠纷一次性解决的优势,将会带来较好的制度效果。

(二)程序法的回应:纠纷解决的需求与交易安全的保障

同时履行抗辩权制度体现的是双方当事人在等价交换过程当中的利益制衡。债务人主张的同时履行抗辩权如果成立,那么其将隐含如下前提:第一,双方当事人的合同关系合法有效(合同无效当事人互负返还义务的除外);第二,债权人的请求权已经被确认;第三,债务人的对待给付请求权也获得确认;第四,债权人在提起诉讼时包含有请求交换的趣旨。[4] 前三点

---

[1] 崔建远:《合同法》,法律出版社 2016 年版,第 100 页;韩世远:《合同法总论》,法律出版社 2011 年版,第 288 页。

[2] 韩世远:《合同法总论》,法律出版社 2011 年版,第 282 页。

[3] 这种牵连性甚至可以延伸到主债务的变形阶段。例如,部分履行时仍可能存在的同时履行问题、债务违约而发生的违约责任与对待给付义务的同时履行问题以及合同无效或者被撤销时可能存在的双方当事人返还请求的同时履行问题。这些问题将会在下文进行讨论。

[4] 韩世远:《合同法总论》,法律出版社 2011 年版,第 301 页。

反映了程序的攻防已经得到相当程度的展开,请求权与抗辩权的成立都得到了确认,审理已经进入了较为深入的阶段,这也意味着法院和当事人已经付出了相当的诉讼成本,如果"半途而废"则有违诉讼经济,"纠纷一次性解决"变得迫切而现实。第四点意味着债权人有实现交易的期待,如何在具体制度上平衡"债权人实现交易的期待"与"债务人交易安全的需求"就成为程序法需要解决的核心问题。以下,笔者以纠纷的一次性解决以及交易安全的保障为着眼点,对程序法的具体制度设计和解释进行讨论。

二、同时履行抗辩权的主张和举证

(一)同时履行抗辩权本质论对程序制度的影响

在实体法视角下,就如何理解同时履行抗辩权的本质存在两种学说,即交换说与抗辩权说。根据交换说,双方同时给付义务自始即为给付义务之内容,在发生争议时,即使债务人没有主张,也必须考虑其效力。由此处于交换关系的请求权,自始在内容上就受到了限制。[1] "已经履行对待给付"成为债权人主张自身请求权的构成要件。反之,根据抗辩权说,任何一方要求其所应得的给付的权利本身没有附加条件,因此,给付拒绝权是一种抗辩权,具有改变请求权亦即形成权利的效力。[2] 我国立法者采纳的是抗辩权说,[3] 德国通说也持相同观点。合同不履行抗辩被德国学者称为债法中最重要的"需要主张的抗辩",有别于"无须主张的抗辩"。[4] 抗辩权是一种民事权利,其特性决定了其在程序上的行使方式。根据我国台湾地区学者王泽鉴对抗辩、抗辩权的分类,广义的抗辩分为狭义的抗辩与抗辩权。狭义的抗辩分为权利障碍抗辩以及权利毁灭抗辩,这两种抗辩直接导致请求权被消灭,故在诉讼当中当事人即使没有提出,法院也应当审查事实,如果认为相应事实的存在,为了当事人利益,须依职权作出有利的裁判。反之抗辩权并不排斥请求权的成立,义务人有选择是否主张的自由。义务人放弃时,法

---

[1] 王洪亮:《〈合同法〉第66条(同时履行抗辩权)评注》,《法学家》2017年第2期。
[2] 王洪亮:《〈合同法〉第66条(同时履行抗辩权)评注》,《法学家》2017年第2期。
[3] 胡康生主编:《中华人民共和国合同法释义》,法律出版社2013年第3版。
[4] 韩世远:《合同法总论》,法律出版社2011年版,第289页。

院不能主动审究,只有对方在诉讼中主张时,法院才有审理的义务。[1] 实体法学说对同时履行抗辩权本质的不同理解会导致程序上的不同处理方式,实体法论者似乎并没有就此问题进行深入的探讨。

1.抗辩说的逻辑

如坚持抗辩权说的逻辑,债务人在诉讼中必须主张援用同时履行抗辩权的意思,否则根据辩论主义,法院无法主动认定。如果债务人没有主动主张援引同时履行抗辩权,那么作为辩论主义的当然结果,对债权人应当宣示无条件胜诉的判决。就举证责任的分配而言,根据通说即证明责任规范说的指示,同时履行抗辩权作为一种权利障碍规定,一旦其事实处于真伪不明的状态,理应由债务人承担不利后果。德国民法典的立法技术可以保证规范说的运作。[2] 因此,理应由债务人承担同时履行抗辩权的举证责任。但应注意的是,如果债权人尚未进行对待给付,那么债务人对该消极事实就很难进行证明。与"不当得利"类似,对于这种明显的"证据偏在"情形,履行的具体情况应由债权人进行举证,否则强行要求债务人对"债权人未进行对待给付"进行举证难免强人所难。所以,在债务人主张援引同时履行抗辩权之后,债权人应当就其已经履行的对待给付义务承担举证责任。[3] 由此可见,根据抗辩说的观点,同时履行抗辩权的主张(辩论主义)与举证责任存在分离的现象,债务人提出的同时履行抗辩权对债权人的举证活动存在一定的"攻击性"。如此一来,抗辩权说就存在如下四个问题:第一,如果债务人没有主张援引同时履行抗辩,债权人也没有对此进行举证。法院按照辩论主义的要求判决债权人胜诉后,存在债务人另诉请求对待给付或者提起执行异议之诉的风险。这就违背了纠纷一次性解决的要求。第二,在适用辩论主义的案件中,主张责任和举证责任的分配原则一般是一致的,但是在这里却因为债务人难以对消极事实的发生进行证明而不得不将举证责任进行倒置或者转换处理。因此,主张责任与举证责任二者出现了偏离,导致当事人的举证责任分配产生混乱。第三,债务人对同时履行抗辩权的援引方式可能存在困惑。实务中债务人对自己主张同时履行抗辩权的方式和程度存在不同理解。有的人认为主张至"债权人没有履行主合同义务"之主要事

---

[1] 王泽鉴:《民法总则》,北京大学出版社2008年版,第77页。
[2] 王泽鉴:《民法思维与民法实例》,中国政法大学出版社2001年版,第184页。
[3] 韩世远:《合同法总论》,法律出版社2011年版,第294页。

实程度即可,也有的人认为必须主张至"权利抗辩"程度方可。就日本通说而言,为了防止突袭,则应当达到"权利抗辩"的明确程度,不仅应当援引同时履行抗辩权,还应当陈述其该当主要事实。我国理论和实务对此问题并没有明确的指示。第四,债权人为了消解对方可能提出的同时履行抗辩,其必须做好"自我证明已经履行对待给付义务"的准备。换言之,无论债务人是否已经主张,债权人都应准备好相关证据,防止请求"功亏一篑"。因此,在债权人主张责任和举证责任分离的情况下,抗辩权说则仅具有形式意义,具体的主张举证工作则内化为交换说的逻辑。

2.交换说的逻辑

将视角切换到交换说能否解决上述问题呢?按交换说的逻辑,同时履行抗辩权即使在债务人一开始没有主张的情况下,也会发生效力,债务人不必自己提出给付。债务人不履行不违反义务,也没有陷入迟延。[1]这样一来,对待给付的履行事实成为债权人主张请求权的构成要件(前提)之一。这样的实体法请求权构成要件的变动会对程序法中的主张和举证责任分配产生较大影响。由于交换说认为同时给付义务自始就是给付义务的内容,债务人即使没有主张也必须考虑其效力。因此,债权人在请求债务人给付时即应当将自己的对待给付作为构成要件。如果债权人对自身的对待给付义务的履行没有主张和举证,自身的请求权也并不能成立,法院也会将此作为构成要件要素主动进行审查。但应注意的是,此时法院审查的对象是"债权人的请求权是否满足构成要件"而非"主动审查债务人的抗辩权是否成立",这与辩论主义和举证责任原理没有矛盾。如果对待给付不能被证明,那么法规将不能被适用。由于原则上主要事实的主张责任与举证责任一致,因此债务人在此过程中没有了对同时履行抗辩权主张和举证的负担。概言之,此时的同时履行抗辩权已经被内化为债权人请求权的构成要件,而非债务人的抗辩权,同时履行抗辩权作为被告的一种对抗性的权利名存实亡。由上述逻辑推演可知,同时履行抗辩权在程序上的主张方式受实体法理论影响颇大,并不像某些观点认为的"两种本质论的观点在诉讼中并无差异"那样简单。交换说的优点有二:第一,从本质上保证了给付和对待给付的同一性,根本上保证了纠纷的一次性解决;第二,杜绝了债务人另诉的可能(因为债权人请求的前提便是自己已经进行了对待给付)。相应的,其缺

---

[1] 王洪亮:《〈合同法〉第66条(同时履行抗辩权)评注》,《法学家》2017年第2期。

点有五:第一,该解释方法不符合法条书写的方式。根据《德国民法典》《日本民法典》以及我国台湾地区"民法典"的规定,同时履行抗辩权都属于"但书"。根据权利障碍规定和权利根据规定的区分规则,"但书"部分一般都是权利障碍规定,而权利障碍规定原则上应当由阻却权利行使(一般是债务人)进行主张和举证,这就和效果说的逻辑发生了冲突。第二,同时履行抗辩权的主张和举证内化为债权人的权利根据要件,而使该抗辩权名存实亡。第三,加重了债权人的主张和举证责任。[1] 第四,同时履行抗辩权与其他权利(比如留置权)竞合时将影响当事人提出攻击防御方法的自由选择权,在解释上发生困难,也增加了债权人进行诉讼的"沉没成本"。[2] 第五,如果将债权人的对待给付作为其请求权的构成要件,那么如果同时履行抗辩权成立,判决驳回诉讼请求无疑是更加妥当的方式,同时履行判决却显得有些"不自然"。

(二)评价

就笔者搜集的案例资料看,实务中抗辩权说占据着绝对的优势,几乎不存在债权人将自己的对待给付作为请求权构成要件直接进行主张的案例。大多数案件都是因债务人主张自己没有获得对价,因此法院认定债务人同时履行抗辩权成立,进而判决债权人败诉。这种情况会导致债权人为防止自己的债权功亏一篑,其在举证过程中不得不潜移默化地自觉承担起"对待给付业已履行或者承诺履行"之举证责任。交换说则直接将此要件的主张举证工作全部委诸债权人:如果其已经履行,那么债权人理应取得完全的胜诉判决;如果其没有履行,那么可以同时履行判决或者其完全败诉的判决。因此就债权人承担的实际主张和举证工作量上看,抗辩权说和交换说没有太多不同。不仅如此,在抗辩权说下如果债务人没有主张援引同时履行抗辩权,那么今后其依然会提起执行异议或者另诉请求对待给付。因此,如果从纠纷的一次性解决的理想出发,交换说有其优势。当然,如果法院能够进行充分有效的释明,那么抗辩权说的缺点也可以被克服。交换说既不符合举证责任理论中法条构成要件的"规范说",也存在将同时履行抗辩权架空

---

[1] 但是第三点实际的影响并不大,因为在同时履行判决制度下,在判决生效后,原告仍要履行上述义务。

[2] 韩世远:《合同法总论》,法律出版社2011年版,第294页。

的倾向,因此难以被实务充分地接受。但是其在纠纷一次性解决方面占有一定的优势。综合衡量两者的优劣以及实务的习惯,抗辩权说无疑是妥当的。

上述情形讨论的是"当债权人完全不履行对待给付时,同时履行抗辩权的主张和举证"问题。《合同法》第 66 条后半部分也对部分履行、瑕疵履行等进行了规定。同时履行抗辩权在对待给付不完全时,有权拒绝其"相应的"履行请求。同理,针对债权人对待给付存在权利瑕疵,债务人仅可以援用同时履行抗辩权中止支付其余的价款。[1] 由于债务人已经受领了部分履行、瑕疵履行,不存在消极事实的极端证据偏在问题。此时适用抗辩权说更为合适,主张责任、举证责任也获得了实质的统一。

(三)以纠纷解决和防御方法澄清为目标的释明

《九民纪要》第 36 条规定了同时履行抗辩权的释明问题,[2] 现就《九民纪要》第 36 条的规定分类进行阐述。

第一,关于"在双务合同中,原告起诉请求确认合同有效并请求继续履行合同,被告主张合同无效的"之情形。如果合同有效,原告请求继续履行,为了纠纷的一次性解决,法院则有义务释明被告是否行使同时履行抗辩权。如果原告能够举证其已经履行对待给付义务,那么原告完全胜诉;如果不能,按前文叙述的演进路径,"继续履行合同"之诉请大概率会被判决驳回。法院此时对同时履行抗辩权的释明具有强烈的"以纠纷的一次性解决为目的,通过对被告提示预备性防御方法而主动延续双方攻击防御过程展开"的意味。

第二,关于"原告起诉请求确认合同无效并返还财产,而被告主张合同有效"的情形。如果原告诉请获得支持,双方当事人进入清算关系(在物权无因性的观点当中,双方属于不当得利关系,因不当得利互负返还义务[3])。如果被告没有主张同时履行抗辩权,原告的返还请求将获得支持,

---

[1] 韩世远:《合同法总论》,法律出版社 2011 年版,第 290 页。
[2] 在双务合同中,原告起诉请求确认合同有效并请求继续履行合同,被告主张合同无效的,或者原告起诉请求确认合同无效并返还财产,而被告主张合同有效的,都要防止机械适用"不告不理"原则,仅就当事人的诉讼请求进行审理,而应向原告释明变更或者增加诉讼请求,或者向被告释明提出同时履行抗辩,尽可能地一次性解决纠纷。
[3] 王泽鉴:《民法物权》,北京大学出版社 2008 年版,第 35 页。

那么被告大概率会提起另诉。法院应当释明被告提出同时履行抗辩权一次性解决纠纷。在未确立同时履行判决的情况下,更为明智的方法是提示被告通过提起反诉的方式一次性解决纠纷。如果释明主张同时履行抗辩权(清算关系当中的制约关系),那么属于防御方法的释明;如果释明提出反诉,那么属于处分权行使的释明。反之,如果能够建立同时履行判决制度,那么反诉就没有提起的必要,仅作为防御方法的释明即可。

综上所述,无论是基于"延续本诉攻击防御的继续展开"还是"防止另诉",都是基于纠纷一次性解决的考虑,同时也兼顾了矛盾裁判的防免。因此,作为一种防御方法,即使在辩论主义原则下,"准法律"也明定同时履行抗辩权可以通过法院的释明而被"从无到有"的提出。[1]

然而,与上述《九民纪要》中"准法定"之"从无到有"的释明不同,实务中更多的释明是澄清性质的释明。其主要体现为债务人主张"债权人也没进行对待给付"之事实,法院询问其"是否具有行使同时履行抗辩权的意思",在得到肯定答案后以此作为诉讼资料进行裁判。这种澄清类释明是十分必要的,因为如果不对债务人的相关陈述进行释明,那么对于债务人而言,如果法院没有就此认定同时履行抗辩权的存在,那么其可能错过提出该防御方法的时机;对于债权人而言,如果法院径自认定同时履行抗辩权的存在,将会对其产生突然袭击。上述两种情况都有违辩论主义的基本机能。[2] 在此过程中应当注意的是,债务人对于"债权人没有对待给付"的陈述往往属于一种事实陈述,当这种事实陈述足以该当同时履行抗辩权的要件时,法院应当释明债务人将其上升至"权利抗辩"的高度(同时履行抗辩权的明确主张),并且提示债权人进行明确的辩论。如此一来才能保证当事人免受突然袭击的威胁。

作为一个结论而言,基于纠纷一次性解决的需要以及我国实务中的惯例,法院行使释明权的范围和内容都是较为宽泛的。只要双方当事人有明确的攻击防御目标和程序保障,以纠纷一次性解决为目标的释明其内容和范围都可以作适当的扩张。法院无论是对主要事实还是间接事实,都可以进行"是否具有行使同时履行抗辩权意思"之释明。由此可见,对同时履行

---

[1] 法院对同时履行抗辩权的释明基本就决定了当事人的主张,因为很难存在当事人不响应法院释明的情况。

[2] [日]高桥宏志:《民事诉讼法——制度与理论的深层次分析》,林剑锋译,法律出版社2003年版,第361页。

抗辩权的释明理应采取较为宽松的尺度。

三、针对同时履行抗辩权成立的裁判

对于同时履行抗辩权主张成功的情况，存在三种裁判方式：判决驳回原告请求、支持原告的诉讼请求以及同时履行判决。我国实务中通行的做法是判决原告败诉，驳回诉讼请求，且诉讼费用由原告承担。[1] 这种处理有其合理性：第一，就处分权原理而言，债权人的请求权毕竟没有获得支持，不告不理指导下的"诉什么就判什么"并不违反程序法的基本原则。第二，我国并未确立同时履行判决制度，在立法层面，同时履行抗辩的效力"无处安放"。与其违反实定法的规定，不如将其忽略。第三，如果判决债权人胜诉，那么债务人必然提起执行异议之诉或者反诉，胜诉裁判将面临无法执行的问题。

但这种处理方法也存在较大的问题。如果判决驳回原告诉讼请求，裁判主文的内容所反映的信息是在基准时点（口头辩论终结之前），原告的请求权不成立。这种笼统的信息导致同时履行抗辩权裁判丧失其特殊性。作为一种一时性抗辩权，其有别于权利毁灭抗辩、权利障碍抗辩等导致请求权不存在的抗辩。同时履行抗辩权一旦成立，其不止承认债权人请求权的存在，也承认对待给付请求权的存在，双务合同的主给付义务都得到了确认。由此可见，同时履行抗辩权的"信息量"非常大。空洞地驳回请求判决将导致该类案件与诸如因"合同不成立""无民事行为能力"以及"因清偿而消灭"等案件结果实质相同，无法体现其固有的程序价值。双方当事人在诉讼当中进行的充分的攻击防御展开，双务合同主给付义务获得确认等审理成果以及双方对此付出的成本在裁判结果上完全无法得到体现和呼应。不仅如此，在未确立同时履行判决制度的当下，也将出现一个十分吊诡的现象：如果债权人想胜诉，那么在债务人主张同时履行抗辩权时，其必须主张和举证自己已经履行了对待给付义务。此时的逻辑显然回到了前文交换说的路径中。换言之，原告为了防止败诉，那么就必须如交换说所规定的那样将自身的对待给付作为自身请求权成立的要件进行举证，否则其下场将与诸如"合

---

[1] 代表判例有（2019）鲁14民终4066号、（2019）湘31民再26号、（2017）川01民终12900号、（2019）豫15民终4598号等。

同不成立""合同无效"以及"无代理权"等理由在判决的形式上毫无区别。如此一来,这种裁判形式不仅倒逼债权人的权利主张方式违反实体法的规定,更将背负前文交换说所承载的全部弊端。在这种逻辑下,债权人的对待给付变成了一种"沉没成本"。

我国学界还存在一种所谓"确定的同时履行判决"说。此说曾经由学者梁慧星倡导之,即在判决主文中分别确定两个主给付义务的履行时间和履行顺序。[1] 严格意义上来说,债务人对于对待给付并未提起独立的诉或反诉,因此这种裁判方式有违处分权主义。如果经过法院的释明(诉的变更的释明、处分权主义的释明),债务人通过提起另诉或者反诉是可以获得此类判决的,不过这与同时履行抗辩权的行使无关。

如此一来,同时履行判决就是一个"最优解"。其判决主文具体应表述为:"原告提出对待给付后,被告即应原告为给付。"同时履行判决的形式能满足同时履行抗辩权制度设立的两个趣旨,即强制清偿(债权人必须先给付)以及担保(附条件执行)。按通说,同时履行判决的性质是附条件的给付判决,债权人的对待给付是债务人给付的前提条件。德国在其实体法和程序法上均对同时履行判决予以了明确规定。在执行上,《德意志联邦共和国民事诉讼法》第765条规定:"执行须待债权人对债务人为对待给付后始能实施者,只能在以公文书或者公证证书证明债务人已受清偿或债务人受领迟延,并且将该项文书的缮本已经送达后,执行法院才能命令实行执行处分。"日本仅在程序法中对同时履行判决进行了规定,在《日本民事执行法》第31条中规定:"债务人的给付是应与相对给付为交换条件的,只要债权人证明相对给付并已提供时,才能开始强制执行。"我国台湾地区的"民法典"中没有关于同时履行判决的规定,但在司法实务中早已被认可并广泛应用。[2] 实务界认为,若原告之诉及同时履行抗辩均有理由时,法院应为原告胜诉之判决,只不过在命被告给付之判决中,附以原告应同时为对待给付条件而已。同时,我国台湾地区1989年修订的"强制执行法"第4条第2款对同时履行判决的执行予以规定:"执行名义有对待给付者,以债权人已为给付或已提出给付后,始得开始强制执行。"同时履行判决是原告胜诉的判决并由被告承担诉讼费用,德国、日本以及我国台湾地区均持此见解。综上

---

[1] (2003)沪一中民四(商)终字第412号,(2016)皖17民终199号。
[2] (1950)台上字第902号。

所述,在比较法的视角下,主要的大陆法系国家和地区基本上都对同时履行判决进行了较为成熟的制度性规定。

四、对该裁判效力的讨论

按上述通说,同时履行判决属于附条件判决。债权人的对待给付义务(其对应的是债务人的请求权)构成债务人,给付的条件。这种裁判方式可以一揽子解决纠纷,满足实务的需要。在此一个值得讨论的问题是,同时履行抗辩权如果经过审理得以成立,那么是否有必要赋予其一定的效力?换言之,与其他普通裁判理由相比,其特殊性是否值得赋予其特殊的效果?更具体地说,同时履行抗辩权对后诉可以产生何种影响?如前文所述,如果将同时履行抗辩权作为裁判理由而驳回诉讼请求,那么程序展开的成果将被浪费,有违诉讼经济。纠纷也未获得一次性解决,尚有矛盾裁判的风险。因此,作为一种特殊的裁判理由,其是否可以对后诉产生一定的影响以满足上述要求呢?就前诉裁判结果对后诉可能产生的影响,笔者将分类进行讨论。

(一)能否赋予其既判力问题

根据德国、日本以及我国台湾地区的通说,同时履行抗辩权属于判决理由的记载事项,并不具有既判力。之所以如此,是因为一种普遍的观点认为,贸然地赋予判决理由以既判力,会导致法院对当事人重复提出的攻击防御方法中任何一个赋予以判断的自由被限制,进而导致攻击防御方法失去灵活性;[1]另外,当事人可能意识不到某一攻击防御方法的重要性,而贸然地赋予其既判力,对当事人显然不公平。[2]因此,无论实体法还是程序法,其通说都认为同时履行抗辩权没有既判力。[3]笔者认为,就"攻击防御方法提出的自由受到限制"的风险而言,实务审理自由其常规路径和逻辑,无须过于担心。同时履行抗辩权在逻辑上当属位阶较高、较后阶段提出的抗辩权。在其纳入审理范围之前,合同效力问题、对方请求权成立等问题已经得到解决。审判实务中,无论法官还是律师,都是按这一逻辑对案件进行推

---

[1] [日]伊藤真:《民事诉讼法》,曹云吉译,北京大学出版社2019年版,第36页。
[2] 王甲乙:《判决理由之效力》,《民事诉讼法之研讨(二)》,三民书局1990年版,第149~152页。
[3] 韩世远:《合同法总论》,法律出版社2011年版,第302页。

进的。对于没有争议或者没必要进行争议的问题,当事人一般也会采取自认的方式自行选择争点。因此,从逻辑和审判实践上看,该攻击防御方法的提出并不一定就限制当事人提出攻击防御方法、法院认定攻击防御方法的自由或者超出当事人的预期。关于自由顺序主义、法定顺序主义以及适时提出主义的问题,[1]如果法院能够适时地进行释明,适度地进行心证披露,赋予其一定的效果并不会显得那么不可接受。

从既判力权能方面考虑似乎能够得到答案。既判力的主要作用在于两个方面:一方面是"一事不再理"(消极既判力),另一方面是"判决中确定的某些事项能够拘束此后发生的诉讼,当事人不得对此事项再行争议,法院也不得另作判断"(积极既判力)。[2]赋予同时履行抗辩权上述权能是否可行呢?笔者认为不完全可行。第一,对于消极既判力而言,是否赋予同时履行抗辩权消极既判力的命题就变为"债务人在前诉主张该权利并得到确认后,是否允许在后诉将其作为诉讼请求提起"之问题。如果前诉作出的是驳回债权人诉讼请求的判决,纠纷也就没有获得解决,一切纠纷回到原点。此时,前诉债务人如果想"先走一步"来主张自己的权利,那么就不能排除其提起另诉并申请执行的期待。因此,通过消极既判力的效力遮断前诉债务人提起后诉是不合理的。如果前诉裁判采用同时履行判决的方式也会得到同样的结论。此时,如果债务人提起后诉,那么其将得到一个和前诉一样的同时履行判决。但是该同时履行判决对于债务人来说仍是有意义的,因为如果想获得债权人的给付,即自己"先走一步",那么只要满足同时履行判决的条件(自己率先给付)即可申请强制执行。换言之,债务人如果有必要通过后诉将"获得给付的主动权"掌握在自己手中,那么无论如何都不应当承认同时履行抗辩权的既判力。第二,对于积极既判力的机能而言,如果前诉当中债务人的同时履行抗辩权经过充分的攻防而被认定成立,那么从维护裁判统一的角度看,其积极既判力之侧面理应获得支持。后诉中当事人不能作出相反的主张,法院也不能作出相反的认定。值得注意的是,这里被确认的不是一种主要事实,也不是一种法律关系的构成要件,而是一种实体请求权。后诉的审理应当以该请求权成立为前提进行展开,并且不能作相反的

---

[1] 参见杨建华、郑也夫:《民事诉讼法要论》,北京大学出版社2013年版,第16页。

[2] 王亚新、陈杭平、刘君博:《中国民事诉讼法重点讲义》,高等教育出版社2017年版,第253页。

认定。积极既判力是通过间接的方式作用于后诉的,其效果并不是特别明显。但是,积极既判力与消极既判力作为既判力的两个层面无法分割,因此,赋予同时履行抗辩权以既判力是不妥当的。

(二)争点效

那么如何能技术化地实现"既能排除后诉矛盾裁判的可能,又能尊重债务人起诉的权利"之目标呢?争点效理论似乎能够满足这种要求。争点效并不直接排除后诉的提起,反而能对后诉的事实、权利认定施加一定的拘束。根据争点效理论,争点效产生的条件如下:第一,当事人在前诉中就争点进行了充分的攻击防御;第二,法院对该争点作出了实质性的判断;第三,前后两诉的系争利益几乎是相同的。[1]同时履行抗辩权作为一种防御方法得到确认,其前提自然包含第一、二点,其"等价交换"的自然属性也无疑会满足第三点。因此,争点效理论对"同时履行抗辩权对后诉的影响"问题具有天然的亲和力。将"债务人享有对待给付请求权"之判断作为前诉之争点效是一个较好的处理方式。遗憾的是,争点效理论在我国仍属于少数说,无法获得立法的支持,也无法取得实务界的共识。

(三)证明效力

那么,能否将前诉同时履行抗辩权的认定作为《最高人民法院关于适用〈中华人民共和国民事诉讼法〉的解释》第93条所规定的"证明效力"进行认定呢?[2]该解释第93条"已为人民法院发生法律效力的裁判所确认的事实"规制的对象是"事实",而同时履行抗辩权的本质是一种权利,其代表的是债务人请求对待给付的请求权。"事实"与"权利"的抽象程度还是存在些许不同,"权利"的存在涉及法律的评价,而事实并不一定如此。因此,证明效力似乎不能够完全满足同时履行抗辩权的需要。但从另一方面看,如前所述,法院能够进行充分的释明,那么"债权人并未对待给付"这样的事实也可以作为同时履行抗辩权进行主张。如此一来,两者的差别也在实质上被人为地消除了。从依法裁判的角度看,将同时履行抗辩权及其该当之主要

---

[1] [日]新堂幸司:《新民事诉讼法》,法律出版社2008年版,第501页。

[2] 王亚新、陈杭平、刘君博:《中国民事诉讼法重点讲义》,高等教育出版社2017年版,第253页。

事实作为"证明效力"来对待也是一个较为妥当的处理方法。总之,为了当事人的程序利益以及法院的诉讼经济和权威,[1]赋予前诉同时履行抗辩权以一定的程序效果是合理的。至于赋予其何种程度的效力,争点效和证明效都是较为妥当的。

结　　语

同时履行抗辩权与同时履行判决所涉及的并非单纯的实体法或程序法问题,而是实体与程序交错适用的问题。实体法理论能够影响程序法的制度设计,程序法的现实需求也会影响实体法的理论安排。加之我国当下对实体与程序交叉问题研究处于起步阶段,因此,作为理论"富矿区",同时履行抗辩权的主张和裁判仍有进一步探讨的余地。

---

[1]　董昊霖:《诉讼标的相对论——以程序保障为视角》,《当代法学》2019年第2期。

博士生论坛

论审判中心视域下的法官庭外调查权

张金科[*]

摘要：以审判为中心的刑事诉讼制度改革的核心在于推进庭审实质化，法官应避免庭外调查造成庭审虚化。然而，实践中刑事法官在行使庭外调查权的过程中存在滥用自由裁量权、启动调查单方化、调查手段随意化、证据采信过于主观化等失范行为，不符合以审判为中心的改革精神实质。究其原因，可从我国刑事诉讼对案件真相的苛求、法律与司法解释的缺漏、公检法各机关对证据要求的差异、终身追责的司法责任制"督促"等方面进行分析。为使法官庭外调查制度得以完善，在价值取向上，应对过于追求案件真相的目标进行反思，实现以"事实"为依据向以"证据"为依据的转变。在对具体的完善路径进行选择时，厘清庭审调查和庭外调查的关系，对庭外调查的内容、程序、适用规则进行完善；同时，确立有限豁免前提下的严格责任，以更好地规范法官庭外调查权的行使。

关键词：以审判为中心；法官庭外调查；庭审实质化

《中华人民共和国刑事诉讼法》（以下简称《刑事诉讼法》）制定于1979年，历经1996年、2012年、2018年三次修正，法官庭外调查权经确立后虽受争议但却在不断完善和发展，其中缘由除与历史传统有密切关联之外，背后真正的原因则与我国对刑事案件"真相至上"的价值诉求、法院对侦诉机关制约不足有很大关系，而且司法责任制所确立的终身追责方式也使得广大刑事法官心有余悸，担心因未能查明案件事实真相而产生错案被追责。庭外调查的核心主要围绕证据展开，随着以审判为中心的诉讼制度改革的深

---

[*] 张金科，昆明市中级人民法院法官，南京大学法学院博士研究生。

入持续推进,证据审查的重要性也日益凸显。法官在每一个案件中能够对实际存在的证据进行理智的审查是确定案件事实真实性的前提。这一前提的实现则有赖于法官能够获得全部的证据以及法官有能力对全部的证据进行审查。法官庭外调查核实证据关系具体案件的裁判结果,涉及刑事诉讼实体公正的实现,其重要性不言自明。

法官庭外调查权在我国扎根于有着强烈现实需求的司法实践土壤之中。自20世纪开始,理论界和实务界关于法官调查取证权的制度价值、目的,乃至存废就有过激烈争论,并形成了三种观点。支持观点认为,庭外调查权是法官积极运用刑事审判权的应有之义,也是裁判者履行其查明案件事实之法定责任的特殊表现形式。[1] 反对观点认为,"法院庭外调查核实证据并不一定有利于查明客观真相,却不可避免地损害了审判的公正性。这种可能而非必然的实体真实的实现是以程序正义的必然损害为代价的"。[2] 折中观点认为,在我国现有的国情下,保留法官的庭外证据调查权是必要的。但是,应当将我国现行法官的庭外调查权改造成为真正受到"诉讼程序"约束的权力。[3] 时至今日,随着三次《刑事诉讼法》修改对法官调查取证权的确立和完善,曾经激烈的讨论已趋于平静。学界从理论层面的关注转向了实践,更加重视庭外调查权在司法实践中的失范表现、规则完善、配套制度的构建。新一轮的司法改革对刑事审判掀起的涟漪不由地引起我们对该制度的再次反思,审判为中心的语境下要坚持现代刑事司法理念,应当以系统论和全局观来对法官庭外权展开研究,对该制度进行规范化的界定和完善。

一、法官庭外调查权行使失范之现状

(一)滥用自由裁量权

审判实践中刑事法官庭外调查取证行为究竟能达到多少比例?这一问

---

[1] 陈光中:《刑事诉讼法实施问题研究》,中国法制出版社2000年版,第223页。

[2] 林劲松、朱珏:《对法官调查核实证据权的反思——从刑事诉讼价值角度的分析》,《中国刑事法杂志》2002年第3期。

[3] 李奋飞:《刑事诉讼中的法官庭外调查权研究》,《国家检察官学院学报》2004年第1期。

题很难单凭查看裁判文书网上的裁判文书进行统计。有学者引用福州市某区人民法院刑事庭审法官庭外调查情况数据[1]，认为5年中只有1例说明法官依职权调查取证不是泛滥，而是太少。[2]对某地中级人民法院3个刑庭18名刑事法官进行了问卷调查，结果显示，有1名法官明确表示从未进行过庭外调查。4名法官称庭审中一旦对证据和事实发现疑问则会休庭，主动进行庭外调查。13名法官称不会主动进行庭外调查，但会根据案情对一审重大职务犯罪案件、大宗毒品案件、死刑案件、二审抗诉案件等进行庭外调查。也有研究通过调取最高人民法院30个死刑复核案件正卷材料进行数据整理，发现在这些案件中法院共进行庭外职权调查199次，平均每个案件进行6.7次。[3]

通过对三个不同层级法院法官庭外调查的情况进行分析，可以看出，基层法院法官进行庭外调查的次数较少，中级以上的法院法官相对行使庭外调查权更多，这一差别一定程度上表明：是否决定进行庭外调查作为自由裁量权的一部分，法官行使时并不受较多外界因素制约。合议庭对证据有疑问，法官即可决定调查，是否有疑问则由法官自行判断。促使法官进行庭外调查的关键因素在案由，合议庭是否进行庭外调查根据案件不同、承办法官不同会因案而异、因人而异。但总体而言，相比较轻刑案件，法官对重大、疑难刑事案件往往积极进行庭外调查，法官决定进行庭外调查的理由多样，自由裁量的空间较大。

（二）启动调查单方化

《最高人民法院关于适用〈中华人民共和国刑事诉讼法〉的解释》（以下简称《刑事诉讼法解释》）第220条第1款规定，"法庭对证据有疑问的，可以告知公诉人、当事人及其法定代理人、辩护人、诉讼代理人补充证据或者作出说明；必要时，可以宣布休庭，对证据进行调查核实"。这一规定授权法官"对证据有疑问"且"必要时"即可宣布休庭，行使庭外调查权，是否符合两个

---

[1] 熊裴彦、林忠明：《论刑事诉讼中的法官庭外调查权：基于实证研究的讨论》，万鄂湘主编：《建设公平正义社会与刑事法律适用问题研究——全国法院第24届学术讨论会获奖论文集（上册）》，人民法院出版社2011年版，第684页。

[2] 纵博：《对法官依职权调查取证若干理论问题的澄清》，《法律适用》2013年第10期。

[3] 林铁军：《刑事诉讼中法院职权调查问题研究》，法律出版社2016年版，第165页。

条件由法官自行判断。这项权力行使的条件模糊性加剧了法官行使这一权力的随意程度,主要表现在自行启动、庭前调查、秘密调查、单方调查四个方面。庭外调查需要人力、物力的保障,承办法官口头或者书面报告部门领导得到许可即可启动。然而,辩方所申请法官庭外调查却很难轻易得到支持,法官依职权启动明显多于依申请启动庭外调查。法官为了尽可能地提高庭审效率,确保通过一次庭审即查明事实,特别是针对重大治安类案件,在阅卷时发现问题甚至会庭前进行调查。法官庭外调查一般不会征求、听取控辩双方意见,调查结果有时也不会告知控辩双方,系秘密调查。实践中,法官庭外调查时控辩双方如不知情,则亦不会在场,法官单独调查取证较为常见。

(三)调查手段随意化

《刑事诉讼法》第 196 条第 2 款规定,"人民法院调查核实证据,可以进行勘验、检查、查封、扣押、鉴定和查询、冻结"。调查核实证据可以使用七种手段,法官在庭外可以对案发中心现场进行勘验、检查,对涉案物品予以扣押,对痕迹、伤情、病情和死亡结果重新鉴定,针对被告人的银行账户、房屋、车辆等信息可以向相关单位查询,并对查询到的相关财产进行冻结。那么需要注意的是:采用七种以外的其他方式、手段是否被法律禁止?"调查核实证据"这一目的本身包含根据不同证据种类采用多种调查核实方式的理解。实践中,针对言词证据,法官庭下询问证人、被害人,讯问被告人,自行对案发现场进行查看,对专业问题听取鉴定人说明,直接调取需要的书证、物证等,庭外调查方式远不止法律规定的七种。随着正当程序要求深入人心,法官对辩护人所提非法证据的申请均较为重视。如果案件开庭前没有进行过庭前会议,或者在庭前会议时控辩双方未对是否存在非法证据达成一致,那么仅靠公诉机关当庭出示的办案机关情况说明,当庭播放同步录音录像则可能不被被告人及其辩护人认可。如果侦查人员又无法及时出庭对证据收集的合法性进行解释,那么合议庭采取休庭对证据的合法性在庭下先行核实似乎是最优选择。一旦被告人或其辩护人针对刑讯逼供提出了明确的时间、线索,侦查机关、检察机关又对此解释无力,实践中法官会责无旁贷亲自出马,通过核对提讯解押证与讯问笔录的时间、次数,查证是否存在刑讯逼供的可能。这种做法"也势必将法院降到和当事人相同的地位,从而从根本上伤害了司法机关的权威和司法判决的正当性"[1]。

(四)证据采信过于主观

法官自行决定庭外调查,听不到控辩双方的参与意见,容易导致偏听偏信,法官会基于强烈的惩罚犯罪意识而倾向采信不利于被告人的证据。需要承认的是,如今要实行审判中心主义,加强庭审的实质性和决定性,要想避开重新审视庭审前的案卷依赖现象和法官预断问题是不可能的。[2] 实际上,"为了展开一项重点明确的调查,事实审理者必须形成某些关于他必须加以确定的事实的初步假设",这也符合理性人考虑问题的惯性方式。"而一旦他这样做了,这样一种危险便接踵而来:在将来的调查过程中,他可能更容易接受吻合于自己的初步假设而不是相反的信息。"[3]之所以在检察机关不愿意、侦查机关不配合的情况下,法官仍要坚持调取证据,排除案件确实存在部分事实不清,证据未达到确实充分,法官在内心深处已经形成了"事实的初步假设",只是目前的证据无法印证自己的假设,坚持调取证据就是为了获取吻合自己假设的信息。法官这种庭外调查的倾向性容易使被告人遭受不公正的对待,从而受到质疑,甚至有学者认为"应当明确原则上不应允许法官庭外进行证据调查"。[4]

二、法官庭外调查权行使失范的原因探究

(一)对案件真实的理解存在分歧

既然法官在实践中不可避免地会有条件、有选择地行使庭外调查权。人们不禁会思考一个问题,为什么法官要亲自去庭外核查证据而不愿意采信庭上的证据?庭审不就因此而变得没有意义,变成了走过场?"事实上,尽管人类的认识能力是有限的,而且事后再来澄清历史事实有着特殊困难,

---

[1] 贺卫方:《司法的理念与制度》,中国政法大学出版社1998年版,第166页。
[2] 张建伟:《审判中心主义的实质内涵与实现路径》,《中外法学》2015年第4期。
[3] [美]米尔伊安·R.达玛什卡:《司法和国家权力的多种面孔——比较视野中的法律程序》,郑戈译,中国政法大学出版社2015年版,第241页。
[4] 陈卫东:《以审判为中心:当代中国刑事司法改革的基点》,《法学家》2016年第4期。

但是这并不妨碍对客观事实的追求。与此相反,不以客观真实为目标会导致刑事诉讼与实体法的基本要求脱节。"[1]我国法律明确正确适用法律是指依照刑事诉讼法的规定在查清犯罪事实的基础上,正确适用实体刑法对犯罪分子定罪量刑,使其得到应受惩罚。核心要求是准确,即对犯罪的事实认定应当准确。

《刑事诉讼法》第2条规定,"保证准确、及时地查明犯罪事实"是刑事诉讼法的一项基本任务,这是《刑事诉讼法》三次修正均予以保留的表述,是关于我国《刑事诉讼法》主要任务的集中表达。以审判为中心的核心价值,基本可以归属为"以事实为中心"。[2]

刑事司法的公正很大程度上依赖于案件事实真相的发现。无论是英美法系还是大陆法系,立法中均体现了对探寻刑事案件真相的渴求。例如,奥地利共和国《刑事诉讼法典》第1条规定:"刑事诉讼是查明犯罪事实的程序。"德国《刑事诉讼法》第244条规定:"为查清真相,法院应当依职权将证据调查涵盖所有对裁判具有意义的事实和证据材料。"[3]美国《联邦证据规则》第102条规定:"本规则应当作出解释,促进证据法的发展以及实现查明事实和保证公正裁决的结果。"日本《刑事诉讼法》第1条规定:"本法以在刑事案件中,于维护公共福祉和保障个人基本人权的同时,明确案件的事实真相,正当而迅速地适用刑罚法令为目的。"[4]

我国刑事诉讼构造有着明显的职权主义烙印,《刑事诉讼法》第48条、第51条的"实体真实至上主义"[5]立法要求直接导致法官作为居中裁判者,承担起当庭引导事实调查和庭外调查核实证据的职责。我国刑事审判构造并非规范层面的对抗式诉讼,在当事人进行主义的表象下是实体真实发现主义之趋向,而刑事庭审实质上却又无法承载实体真实发现之重任。[6]因为真相总是深藏在事实背后,而事实需要证据来予以证明。法官

---

[1] [德]许乃曼:《论刑事诉讼的北美模式》,茹艳红译,《国家检察官学院学报》2008年第5期。

[2] 李奋飞:《论控辩关系的三种样态》,《中外法学》2018年第3期。

[3] [德]克劳思·罗科信:《刑事诉讼法》,吴丽琪译,法律出版社2003年版,第416页。

[4] 陈光中、李章仙:《论庭审模式与查明案件事实真相》,《法学杂志》2017年第6期。

[5] 陈瑞华:《新间接审理主义:"庭审中心主义改革"的主要障碍》,《中外法学》2016年第4期。

[6] 胡铭:《对抗式诉讼与刑事庭审实质化》,《法学》2016年第8期。

只能依照证据进行裁判,实践中控辩双方所提交的证据并不总是能够完整地反映案件事实,也并不是都可以作为法官裁判的依据。法官仍需要从证明能力、证明力等方面进行必要的审查。由于知识结构、学历层次、社会阅历、性格特征、成长经历等的不同,我们需要承认,靠有限的调取证据措施,"苛求法官在审判案件的有限时空内获得案件事实的绝对真理性认识只是理想而已"[1]。

(二)对法官刑事庭外调查权的规定过于原则

由于《刑事诉讼法》对法官的庭外调查权规定得过于粗疏,导致法庭可以单方决定启动、实施,甚至不经过控辩双方的辩论、质证,直接采信庭外调查的证据。《刑事诉讼法》对"审判人员必须依照法定程序,收集能够证实犯罪嫌疑人、被告人有罪或者无罪、犯罪情节轻重的各种证据"作了原则性规定,而对"法官启动庭外调查、调查方式、调取证据的采信"基本采用的是授权性规范予以规定,其实,也就是交由法官自由裁量。法庭"对证据有疑问的"即可启动调查,司法解释也没有对此进一步界定。侦查机关要使具体案件的每个证据都达到"没有疑问"并不容易,对证据是否有疑问则依靠法官的主观判断,实践中可能演变为法官只要主观愿意就可以对证据展开庭外调查。这样做固然有利于人民法院独立行使审判权,但从长远来看却不利于我国刑事诉讼制度改革的发展。

此外,法官庭外调查的范围不明。理论上讲,法官只要有疑问,可以调取任何与案件有关或者无关的证据。刑事诉讼活动基本都是围绕被告人的定罪量刑事实展开,法官庭外调查的范围过宽则容易导致调查程序的恣意。法庭审理的对象是公诉机关指控的犯罪事实,"但是究竟可以运用哪些证据证明这一审判对象,则法院不仅不受控方约束,反而有权在控辩双方提供的证据范围之外主动调查取证,从而确保对指控的真实性实现实质有效的审查"。[2]"移送审查起诉事实""指控事实""查明事实"分别载于侦查机关的移送审查起诉意见书、起诉书、判决书中。按照对事物的认识和发展规律,理论上事实的递进发现应该是逐步接近案件的真相。为避免质疑和实践操

---

[1] 尹洪阳:《刑事"错案观"之理性解读——以王桂荣玩忽职守案为分析样本》,《中国政法大学学报》2017年第1期。

[2] 孙远:《"分工负责、互相配合、互相制约"原则之教义学原理:以审判中心主义为视角》,《中外法学》2017年第1期。

作中的混乱,确立有效的调查规则是当前亟须解决的首要问题。最高人民法院对法官庭外调查需要通知当事人双方在场作了细化规定,《刑事诉讼法解释》第 66 条规定人民法院庭外调查可以通知控辩双方到场,但是,通知控辩双方到场需要协调时间,有时拟调取的是不利于被告人的证据,出于便利和避免麻烦,这些因素都有可能促使法官独自庭外调查,认为"没有必要"通知控辩双方在场。"审判活动始于事实认定,终于法律适用。"[1]这些自由裁量条款的存在,成为导致法官庭外调查失范的主要原因。

(三)司法机关对证据规范的需求存在差异

2018 年最高人民法院、最高人民检察院的人大报告显示:2013 年至 2017 年,全国法院五年来所审理的公诉案件中,被判决无罪的有 2943 人,平均每年约 588 人;全国检察机关不起诉 12.1 万人,平均每年约 2.42 万人。法院的无罪判决数较低,无罪判决少于检察机关所作出的不起诉决定。这个数字说明最终不起诉的案件只占一小部分,法院判处的无罪案件更少,绝大部分案件会进入审判程序而且法院会作出有罪判决。按照对事物认识的客观规律,法院立案的公诉案件经过法庭初查或者开庭审理后,法官会认为有些案件在程序上或者实体上需要进一步核实,现有的证据与法官形成自由心证还有一定的距离,这种证明状态与定罪证据标准之间的证明距离被称为"剩余疑点",[2]而且这种情况并非在个别案件中才会出现。在司法实践中,存在办案人员对法庭审判工作重视程度不够,常常出现一些关键证据没有收集或者没有依法收集,其结果就会造成法院时常处于定放两难之尴尬境地。侦查机关、审查起诉机关、审判机关对于刑事证据规范的需求是存在差异的。之所以存在证据收集不完整的情形,一定程度上与证明标准认定的分歧有关联。单就审查批捕阶段而言,审查逮捕的必要条件是有证据证明犯罪事实,不一定要求所有的案件事实都已查清,按照这种标准要求收集的证据到了法院审理阶段难免会造成后阶段案件裁判者的被动。

按通常情况理解,在当前从"流水作业"向"审判中心"格局转变这一过程中,身处后位者较前位具有一定的地位优势。公诉机关为"求真""求实"

---

[1] 张宝生:《证据法学》,中国政法大学出版社 2014 年版,第 1 页。
[2] 李昌盛:《"剩余疑点"下的审判模式》,《法律科学》2017 年第 2 期。

"求严"[1],频繁利用退补退侦迫使侦查机关移送审查起诉的案件达到"事实清楚"。审判机关会以"取证材料决定书"或函要求公诉机关所诉案件达到"证据确实、充分",从而法官可以"排除合理怀疑",依法作出裁判。然而理论上应当"相互制约"的诉讼运作机制在实践中往往会程序失灵,审判者认为应该调取的核心证据往往会被侦查人员一纸"情况说明"挡之门外。究其原因,主要有以下几个方面:

1.检察机关不愿意补充调取证据。较为重大的刑事案件,在审查起诉阶段,检察机关已经根据法律规定,多次通知侦查机关补充取证。在审理阶段,办案检察人员认为法院的取证函中所列证据并无取证必要,或者在侦查、审查起诉阶段已经注意且无法调取,或者认为与案件事实并无必要关联性,主观上不愿意调取。客观上也有可能认为已经多次通知侦查机关办案人员补侦,不愿意"得罪"侦查机关,故不愿意再继续调取证据。

2.侦查机关不配合调取证据。正如前文所言,针对重大案件,侦查民警在审查起诉阶段已经多次补侦,思想上已经对补侦有一定抵触。作为直面、亲历整个案件侦破过程的直接人,侦查人员有时会认为法院出具的取证函中所列证据对本案影响不大,人已经抓到,而且也供认了,案件就可以定了,法院针对某个证据咬住不放是在吹毛求疵,过于谨慎。也就是说,部分侦查人员并没有做到从思想上由"抓人破案"到"证据定案"的转变。审判阶段所要调取的新证据,要么是意欲补强印证被告人的犯罪事实,坐实案件;要么是承办法官认为对被告人有利,可以结合认定被告人具有从轻、减轻情节,继而对被告人从宽处罚,甚至调取关键证据证明被告人无罪。对属于后者的该类证据,侦查机关如果能够调取,那么其实就是对自己之前工作的部分或完全否定。

实践中,有些待证事实往往只有经过激烈的庭审控辩交锋之后证据才会显示出矛盾。比如,在审理阶段对证人证言的核实。在目前证人普遍不出庭的情势下,法官对关键证人的证言存有疑问,如果证人担心打击报复,明确拒绝出庭作证,而法官又希望进一步深入询问证人案件细节以获得多于侦查机关提供的笔录信息,想要在最终裁判之前打通待证事实与证据标准的"最后一公里"困境,只能自己主动调查取证,在法官自由裁量无法合理规制的情形下,则会导致随意进行庭外调查。

---

[1] 孙皓:《论公诉权运行的机械性逻辑》,《法制与社会发展》2017年第5期。

(四)终身追责机制的"督促"

刑事法官决定被告人的生命和自由、财产,刑事审判权的行使理应慎之又慎,也应当有一定的制衡和责任追究机制。《中共中央关于全面推进依法治国若干重大问题的决定》明确要求"完善主审法官、合议庭、主任检察官、主办侦查员办案责任制,落实谁办案谁负责",即由审理者裁判,让裁判者负责。相关的司法意见则进一步细化,2015年9月《最高人民法院关于完善人民法院司法责任者的若干意见》规定"故意违反纪律或者因重大过失导致裁判错误并造成严重后果者,进行终身追责"。但是,"终身追责"使得刑事法官在审理案件时如履薄冰。

河南省周口市川汇区刑事法官王桂荣之前审理的一起诈骗案件被上级法院再审改判无罪,2011年王桂荣因犯玩忽职守罪被判处有期徒刑一年零九个月,王桂荣上诉后二审法院认为,"王桂荣对于海哲及其辩护人的辩护意见没有到土地登记管理部门进行调查核实,未能认真履行其法定审查职责,错误认定案件事实,进而导致案件错误定罪"。[1] 法官由于没有对案件证据进行调查核实,结果错判后被追究责任。这给法官坚持庭外调查提供了充足的理由:关键证人有可能为自身利益而撒谎,因为时间久远而记忆不清,因为惧怕他人报复、受到他人威胁而未吐露真相,尤其是在不能出庭作证的情况下,法官亲自对笔录细节进一步核实显得尤为必要,庭外积极地进行实质审查和主动取证更是一种无奈之举。

当前我国法官一定程度上"具有浓厚的职权主义尤其是选择性的职权主义色彩",亦即"有些情况下,本来需要裁判者积极、主动,但其却保持了消极被动,显露出当事人主义的一面,而在有些情况下本应要求其恪守中立、被动时,其却又表现出了明显的积极主动,显露出职权主义的一面"[2]。以故意杀人罪为例,判处死刑要经过中级人民法院、高级人民法院、最高人民法院核查,每个层级内部也有合议、专业法官会议、审判委员会的讨论,承办法官为避免准备不充分而引起同行或上级对自己的否定评价,要对所有可能被问及的案件中的矛盾、模糊问题进行庭外调查,以达到法官个人的内心

---

[1] 河南省漯河市中级人民法院(2012)漯刑二终字第15号刑事判决书。
[2] 李奋飞:《论"表演性辩护"——中国律师法庭辩护功能的异化及其矫正》,《政法论坛》2015年第3期。

确信以及集体的内心确信。可以预测的是,随着认罪认罚制度在2018年刑事诉讼法中的确立,新法颁布实施后,大量的认罪案件将在审判阶段通过简易程序、速裁程序进行分流,剩下的繁案通过庭审精细化审理,法官庭外调查更多的则是针对这类案件进行,有限的司法资源使得法官不会对大部分案件进行庭外调查。但对重大刑事案件积极行使庭外调查权这一趋势仍将会存续。

四、法官庭外调查权之完善

(一)以"事实"为依据向以"证据"为依据的转变

《刑事诉讼法》第196条之规定法庭可以对证据进行调查核实,包括法官可以调取新的证据,也可以核实控辩双方所提交的证据。前者是指对待证事实有疑问,需要调取新的证据来证明。后者是指对已掌握的证据存疑,需要庭外予以核实。相比较控辩双方,法官走下审判台调查取证并不具有天然的优势。法官的司法权威来自法律的授权,是因为其履行了审判过程中听取控辩双方的举证、质证和辩论,运用法律推理作出裁判的职责。司法权是判断权,故法官庭外调查应当以核实为主。从各国刑事诉讼的发展来看,法官庭外调查权的发展经历了三个阶段:取证多、核实少—调查核实并重—核实为主、调查为辅。我国目前仍处于调查多、核实少这一阶段,将来的发展方向应当是加强辩护方的取证、举证能力,法官能够充分积极地控制庭内调查,限制庭外调查取证权的行使。同时,在这一发展过程中,司法机关应当逐步转变理念,明确追求真相并不是刑事审判的终极目标,也不是首要任务。刑事审判应当将目光从"事实"转向"证据",通过改造刑事审判程序且通过严格执行去保证作为定案依据的证据事实的可靠性,确保法官无须对控方证据矛盾进行背书,敢于根据在案证据作出裁判,实现对客观真相以及对司法公平正义的追求。

(二)厘清庭审调查和庭外调查的关系

当前,刑事审判的主战场依然是在法庭,法官通过庭审查明案件事实,准确适用法律,保障当事人诉权,维护程序正义。因此,法官需要准确厘清庭审调查和庭外调查二者之间的关系,保障庭审功能的有效发挥。

第一,从调查的目的来看,庭审调查的需要决定庭外调查的内容。法庭调查包括庭审调查和庭外调查。法庭选择其中之一或交替使用两种方式查明案件事实,继而对被告人准确定罪量刑。应当说,庭审调查是围绕公诉机关指控事实展开,对控辩双方提出的证据材料进行审查。那么,针对庭审时所发现的事实和证据疑问,当庭无法核实的,才可以庭外进一步调查,也就是说庭审调查的进展情况决定着庭外需要调查的内容。

第二,从调查的范围来看,庭外调查不能脱离庭审调查的范围。法官庭外调查不应当是针对与指控事实无关而法官自认为与案件有关的事实和证据,也不能对有疑问的证据以外的其他问题进行调查,尤其是不能针对证据严重不足有可能导致被告人无罪的案件进行补充收集证据。法官审理的范围应当受制于起诉范围,尤其尽量避免侦查中心主义构造的影响使庭审流于形式,反而通过庭外获取的证据来"隐性"判案。

第三,按照正当程序的要求,庭外调查受庭审程序的制约。庭外获取的证据要经过庭审控辩双方的质证才可以作为定案依据,法官要培养"一案多次开庭意识",不能因过度追求效率而将庭外获取的证据只是进行庭外质证。

(三)对庭外调查内容、程序、规则进行完善

正如前文所述,现阶段乃至相当长一段时间内,我国仍会在立法及司法解释中保留法官的调查取证权,有其客观必要性和历史必然性。目前亟待解决的是确立指引法官对证据进行调查核实的行为规范,也就是对法院在庭外调查取证建立应当遵循的行为准则和操作规范,对法官在调查取证的自由裁量权进行制约。规则的确立离不开对规范目的的探寻,以《刑事诉讼法》关于法官调查取证权条文的目的为依据,结合以审判为中心的刑事诉讼制度改革要求,应当从内容规则、程序规则、适用规则等三个方面对法官的庭外调查权予以完善。

1.内容规则

按照证明目的,可以将庭外调查取证的内容分为:补强定罪证据调查,罪轻、无罪证据调查,禁止新罪证据调查。第一,补强定罪证据调查。针对补强定罪证据的调查也就是前文所说的"最后一公里困境"的解决,公诉机关、侦查机关不愿再补充侦查,出于对定案证据的确实、充分要求,法官应对定罪补强证据进行调查。简言之,"法院必须对所有其可得适用之证据加以利用,尤其是对迄今未被提出之证据,其并应对案件事实之澄清有助益者,

加以调查"[1]。第二,罪轻、无罪证据调查。侦查机关习惯收集证明被告人有罪的证据,较少主动收集能够证明被告人无罪或者罪轻的证据。庭审时发现指控证据明显不实,或者被告人的行为明显没有指控罪名严重的,法官则应当从有利于被告人出发,依职权庭外调查核实证据,确实指控证据不足的,根据调查结果作出罪轻或无罪判决。例如,未成年人涉嫌犯故意杀人,户籍证明证明案发时被告人刚刚年满18周岁,庭审时辩护人称被告人父母为避免超生罚款,上户口时将被告人年龄虚报。根据我国刑法关于未成年人不得适用死刑的法律规定,法官应对被告人年龄的事实通过到户籍地派出所查看原始户籍档案,走访学校老师、同学等方式,以核实被告人的年龄,消除证据疑问,确认有效证据及其对案件事实的证明作用。第三,禁止新罪调查。法官庭外调查的证据应当是有利于被告人的程序性、实体性证据。作为补强定罪调查规则的对立,庭外调查取证应当主要围绕起诉书指控事实进行,禁止新罪调查则要求法官不得偏离中立裁判的立场,对法庭审理时发现被告人有可能涉嫌新的罪名或指控罪名下新的犯罪事实,即使在调查过程中收集到了不利于被告人的证据,也不得作为定罪量刑的依据。否则,会造成角色错位,控审不分。

2.程序规则

第一,启动时间。法官庭外调查只能是开庭审理后,即庭外调查应是庭后调查。在启动环节上以《刑事诉讼法》第196条为标准,法条规定此处的法庭审理中,应当进行限缩理解,不能按照通常意义。一般来说法院立案,案件分配至承办法官案件即计入审判程序,但此处的案件审理只能是指案件已经开庭审理,正式作出判决前,即法官调查权的行使只能在开庭审理后。第二,启动方式。依职权启动与依申请调查并重。按照法庭审理阶段,法官庭外调查介入阶段分为庭前和庭后。应当明确,法官庭外调查只能是在开庭审理后,不得在庭前进行调查。必须在控辩双方明确表示无力或有理由的不愿意再自行调查的情况下,而庭审过程中又遇到对事实、证据有重大疑问时方可进行。法官在庭前阅卷时发现缺失关键证据,甚至有可能存在刑讯逼供,也不得为追求效率而庭前调查。因为法官在阅卷中发现的疑问或者证据间的矛盾可能控辩双方均已发现并注意,通过庭审中的辩论则

---

[1] [德]克劳思·罗科信:《刑事诉讼法》,吴丽琪译,法律出版社2003年版,第416页。

可以在一定程度上解决主要争议。第三,控辩双方参与法官庭外调查的权利。正当程序原则使得控辩双方均有权参与庭外调查,法庭有义务及时通知控辩双方并保障权利的实现。如法庭未尽到通知义务则有可能因程序性制裁导致所获取证据不得作为定案依据。既然参与庭外调查属权利,控辩双方可以放弃,不参与法院的庭外调查。

3.适用规则

坚持开庭质证为原则,庭外核实为例外。针对调取证据不质证却作为合议庭参考或承办法官内心确信的依据的做法,通过要求加强裁判文书说理予以规制。法官依职权在庭外调取的证据适用,应当以开庭质证为原则,庭外核实为例外。合议庭对证据有疑问,在庭外采用勘验、检查、查封、扣押、鉴定和查询、冻结等方式对证据进行调查核实后,针对所获取的证据在继续进行开庭审理时必须经过庭审辨认、质证才能作为判决的依据,而不能以调查核实代替控辩双方的举证、质证,同时应明确禁止庭外对人证复核。法官不能在庭外对被害人、证人、鉴定人询问及对被告人讯问,获取言词证据。法庭依职权在庭外调取的证据应在庭审中经控辩双方的质证。如果庭外调取的证据,没有经过法庭质证,也没有直接作为定案依据写在判决书中,但却作为了法官增加内心确信的定罪或者量刑依据。如何评价这种实践中普遍存在的做法?毫无疑问,针对这种情形,仍然要坚持内容规则的限制,评价结果有利于被告人则可以作为法官内心确信的依据,否则将会有违程序正义,尽管很难从判决书中查到依据对法官的这种行为进行非难。

结　　语

《中共中央关于全面推进依法治国若干重大问题的决定》提出要保证庭审在查明事实、认定证据、保护诉权、公正裁判中发挥决定性作用。作为相应的制度调整与实践改革举措,法官调查义务的坚持则是以审判中心对我国职权主义诉讼模式下证据制度影响的直接体现。法官基于各种理由进行庭外调查取证,是司法观念、司法体制等重大问题对实践层面投射的结果,对该问题进行讨论的过程中,应当少一些实用主义的考量,多一些理性主义的分析。现阶段对调查取证进行规则完善是为了减少今后法官庭外调查乃至不再庭外调查,最终使得庭审对事实认定、证据采信、定罪量刑的决定性作用得以发挥,发展出具有中国特色、符合我国司法实际的"以审判为中心"的制度内涵。

实务研究

家庭暴力案件中警察执法工作的问题与完善

杨 冰[*]

> **摘要**：《反家庭暴力法》明确规定公安机关的主要职责包括制止侵害行为、开展调查取证、认定家庭暴力事实三个方面。目前公安机关面临着家庭暴力案件的受案数量增加、认定家庭暴力事实的负担以及基层公安民警的知识欠缺等主要问题。为此，公安机关应当改变传统认识，积极应对家庭暴力案件；主动协调司法机关，统一事实认定的尺度。此外，在执法程序方面，有必要设置针对家庭暴力告诫书的救济途径，同时完善公安高等教育和在职培训工作，从而实现家庭暴力案件执法的规范化。
>
> **关键词**：家庭暴力；执法规范化；事实认定

家庭暴力行为不仅严重侵害妇女儿童的人身权益，也危及家庭关系的稳定。一旦作为社会单元细胞的家庭出现不稳定因素，社会的和谐也必然受到影响。由此，家庭暴力问题受到了世界各国的普遍关注。抽样调查结果显示，在整个婚姻生活中受到配偶不同形式家庭暴力的女性约占25%，其中明确表示遭受过配偶殴打的女性为5.5%，城镇和农村分别占3.1%和7.8%，全国各级妇联受理的家庭暴力类投诉数量每年约为5万件，占婚姻

---

[*] 杨冰，铁道警察学院法学系讲师，法学博士。

家庭类投诉的 1/4。[1] 我国在 2001 年修订的《中华人民共和国婚姻法》(以下简称《婚姻法》)中就规定了禁止家庭暴力行为,并要求公安机关履行制止家庭暴力行为的职责。

公安机关作为家庭暴力防治工作的主要力量之一,如何规范而有效地行使国家赋予的警察执法权,保护受害人的合法权益,打击家庭暴力行为,就成为一项值得研究的课题。本文基于《中华人民共和国反家庭暴力法》(以下简称《反家庭景力法》)施行后家庭暴力案件呈现的新趋势,以及公安机关所面临的新问题,提出若干建议以促进公安机关执法规范化建设。

一、家庭暴力行为特征与发展趋势

传统观点认为,家庭暴力行为具有数量普遍性、行为隐蔽性、后果危害性、手段多样性、时间持续性等特点。[2] 作为全世界面临的普遍问题,不少国家都有专门立法来治理家庭暴力,我国也不例外。全国人大于 2015 年 12 月通过《反家庭暴力法》,首次以国家立法的形式向家庭暴力行为宣战。《反家庭暴力法》自 2016 年 3 月 1 日施行以来,传统的家庭暴力行为得到了一定程度的遏制,但同时也出现了以下新的特点和趋势。

(一)暴力行为由身体暴力向精神暴力逐步转化

在传统认识当中,对受害人造成直接身体伤害的肢体暴力属于家庭暴力,通常没有争议。但是精神暴力行为一直客观存在,其所造成的伤害也是不能忽视的。世界卫生组织 2002 年发布的《世界暴力与健康报告》对"暴力"的含义作出较为宽泛的认定,即故意对自己、他人、集体或者社区威胁或者实际使用身体武力或权力,造成或者非常可能造成受伤、死亡、精神伤害、发育不良或者剥夺的行为。[3] 按照这种界定方式,精神暴力当然属于家庭暴力的范畴,但过于宽泛的界定并不利于执法机关的执法活动。

《反家庭暴力法》对此采取了开放的态度,明确规定了谩骂、恐吓等精神

---

[1] 全国人大常委会法制工作委员会社会法室编著:《中华人民共和国反家庭暴力法解读》,法律出版社 2016 年版,第 1 页。

[2] 刘彬:《家庭暴力调查研究综述》,《江苏警官学院学报》2018 年第 1 期。

[3] 刘昱辉:《公权力介入家庭暴力的法理思考》,中国人民公安大学出版社 2018 年版,第 23~24 页。

暴力行为也属于法定的家庭暴力行为的表现。在明确规定身体暴力和精神暴力的同时,使用一个"等"字,给执法、司法部门根据实际情况界定具体的家庭暴力留下空间。[1]这种规定使得对家庭暴力行为的认定,尤其是对精神暴力的认定具有相当的弹性。

《反家庭暴力法》明确赋予公安机关处置家庭暴力案件的权力和职责,而身体暴力带来的伤害后果通常较为明显,警察调查、取证与制裁工作的进行也相应比较顺利,因此身体暴力这一家庭暴力类型得到较为有效的遏制。

近年来较为明显的趋势是精神暴力行为日益增加。公安机关在面临精神暴力行为时非常难以取证,在认定家庭暴力行为时也就具有更多的顾虑,这就导致目前家庭暴力案件中精神暴力日益严重。

(二)高收入群体的家庭暴力行为进一步显现

早期我国关于家庭暴力的调查研究已经发现,尽管家庭暴力的施暴者多见于低学历、低收入群体,如农村居民和城镇下岗失业人员,但是高学历和高收入群体的家庭暴力行为也在日益上升。[2]事实上,由于家庭暴力行为的隐蔽性,高收入群体实施的家庭暴力行为是否显著高于低收入群体,本身就是难以考证的问题。但自《反家庭暴力法》实施以来,由于法律赋予公安机关调查取证权,高收入群体的家庭暴力行为进一步显现在公众面前。

之所以有这种转变,主要在于家庭暴力在离婚财产分割中具有相当重大的意义,高收入群体的婚姻关系一旦破裂,需要依法分割的夫妻共同财产价值也相应较大。《反家庭暴力法》实施之前,由于法律没有明确授权,各地公安机关对家庭暴力案件处理的积极性不足,即使出警处置,通常也不会开展有针对性的调查取证。因此,高收入家庭中受害者也就缺乏报警求助的动力。

《反家庭暴力法》第15条明确规定公安机关接到家庭暴力报案后必须出警,并开展调查取证等工作。在这一背景之下,受害人为了获得家庭暴力的证据,必然积极报警寻求帮助,这就使得高收入群体的家庭暴力行为进一步显现在公众面前。

---

[1] 全国人大常委会法制工作委员会社会法室编著:《中华人民共和国反家庭暴力法解读》,法律出版社2016年版,第7页。

[2] 胡显春:《河南省信阳市家庭暴力问题调查报告》,兰州大学2008年法律硕士学位论文。

(三)因家庭暴力而衍生的恶性犯罪仍然显著

涉及家庭暴力的犯罪中,被害人"逆变"成为犯罪人的现象非常显著。[1]《反家庭暴力法》要求公安机关、民政部门、社会团体等主体积极负担起防治家庭暴力的职责,但家庭暴力行为的隐蔽性仍然客观存在,尤其是涉及精神暴力的案件中,执法机关很难进行有效的处置。

此外,虽然《反家庭暴力法》有明确的要求,但是受制于长期的制度惯性,部分地方公安机关介入家庭暴力的动力仍然不足。当受害人长期遭受家庭暴力摧残,而难以得到有效救济时,这些弱者就可能采取以暴制暴的方式进行反抗,由此而衍生的恶性犯罪依然是一个严重的社会问题。

二、公安机关在家庭暴力执法工作中的主要职责

由于家庭暴力行为对公民的人身权益造成了严重侵害,因此公安机关有权介入家庭暴力通常没有争议,但公安机关介入之后需要承担哪些法定职责,在理论与实践中都存在不少争议,《反家庭暴力法》首次在国家立法层面对此进行了规定。

(一)制止侵害行为

对于正在实施的家庭暴力行为,公安机关应当予以制止,这一法定职责是最没有争议的。2001年修订的《婚姻法》第43条规定:"对正在实施的家庭暴力,受害人有权提出请求,居民委员会、村民委员会应当予以劝阻;公安机关应当予以制止。实施家庭暴力或虐待家庭成员,受害人提出请求的,公安机关应当依照治安管理处罚的法律规定予以行政处罚。"保护公民的人身安全,制止不法侵害行为本身就是人民警察的基本职责,因此警察有责任制止正在发生的家庭暴力行为,无论在理论上还是立法上都是没有任何争议的。2015年制定并通过的《反家庭暴力法》对这一职责进行了再次确认,要求公安机关接到家庭暴力报案后应当及时出警,制止家庭暴力行为。

---

[1] 包雯、张亚军、翟海峰等:《家庭暴力引发犯罪刑法适用问题研究》,中国检察出版社2012年版,第6页。

(二)开展调查取证

相较于制止侵害行为这一法定职责,开展调查取证作为公安机关的法定职责,经历了一个发展的过程。

1. 关于调查取证职责的争议

长久以来,基层公安民警对于家庭暴力案件的性质存在不同的理解,部分基层民警认为家庭暴力行为本质上属于民事纠纷,不应当属于公安机关的主管范围。[1] 由此导致个别地方公安机关对家庭暴力案件的处置并不积极。对于家庭暴力类的警情,基层民警的处置措施一般仅限于制止正在发生的侵害行为,并对加害人进行训诫,对受害人进行安抚并提供必要的法律咨询等,除非家庭暴力造成严重的伤害后果,可能构成犯罪,否则公安机关通常不会开展更进一步的工作。

依据2001年修订的《婚姻法》第43条的规定,公安机关的职责仅限于应受害人的请求,制止正在实施的家庭暴力行为。如果行为的性质达到治安处罚的标准,则依据《中华人民共和国治安管理处罚法》(以下简称《治安管理处罚法》)对其进行处罚。但如果家庭暴力的程度较为轻微,达不到治安处罚标准,公安机关应当如何处理,《婚姻法》对此并没有明确的规定。公安机关作为公权力机关,其职权只能以法律规定为限,因此基层民警的上述观点是符合法律规定的。

2. 受害人难以举证的困境

由于家庭暴力行为的隐蔽性,而家庭暴力受害者的取证能力又较弱,公安机关如果不能在第一时间帮助受害人固定证据,则受害人难以举证证明家庭暴力行为的存在。长期以来,尽管《婚姻法》将家庭暴力作为一项法定的离婚理由,同时赋予受害者在离婚诉讼中请求损害赔偿的权利,但是由于家庭暴力行为难以举证,这一法定的离婚理由以及损害赔偿权一直都难以有效实现。

3. 警察调查取证职责的确立

随着家庭暴力这一话题日益引起公众的重视,虽然《婚姻法》一直没有针对家庭暴力问题进行修订,但是全国各地方为了保护受害人的合法权益,

---

[1] 党日红、曲桂玲、姜虹:《公安机关防治家庭暴力问题研究》,《北京人民警察学院学报》2004年第5期。

纷纷开始制定自己的地方性规定,以弥补婚姻法规定的不足。以河南省为例,2006年3月29日河南省第十届人民代表大会常务委员会第二十三次会议通过《河南省关于预防和制止家庭暴力的决定》,该文件明确规定公安机关应当将家庭暴力报警纳入"110"出警工作范围,在接到遭受家庭暴力的报警求助时,应当迅速出警,及时救助;在受害人需要时,为其提供有关证据。随后,浙江、新疆、吉林、重庆等20多个省(及自治区、直辖市)人大或政府都开展了地方立法,并作出了类似的规定。由此,公安机关在家庭暴力案件中开展调查取证的职责被逐步确立下来。

2015年《反家庭暴力法》首次以国家立法的形式赋予公安机关调查取证的职责。该法第15条规定,公安机关在制止家庭暴力的基础上,还要按照有关规定调查取证,协助受害人就医、鉴定伤情。

(三)认定家庭暴力事实

依据《婚姻法》的规定,实施家庭暴力属于离婚的法定事由之一,无过错方有权据此请求损害赔偿。此外,在夫妻共同财产的分割方面,家庭暴力的受害人应当获得特殊照顾。[1]因此,在涉及家庭暴力的离婚诉讼中,家庭暴力事实是否存在,必然是当事人双方举证的关键。对于这一事实的认定权,一直归属于人民法院,但目前公安机关也开始拥有这一权力。

1.并非任何暴力行为都属于法律意义上的"家庭暴力"

一般情况下,如果实施暴力的行为人达到了接受刑事处罚或者治安处罚的标准,那么该暴力行为的严重程度通常已经大大超越了家庭暴力的认定标准,将其认定为家庭暴力并无不当。

但是在司法实务中,对于一般的家庭暴力行为,如果本身达不到违反《治安管理处罚法》的程度,公安机关不能作出处罚决定,受害人只能向人民法院提交公安机关出具的报警记录(包括接报回执单、出警登记表),派出所对于当事人的询问笔录,医疗机构制作的诊疗单据、诊断报告,以及证人证言等材料来试图证明家庭暴力的存在。[2]但严格意义上讲,这些证据的证

---

[1]《涉及家庭暴力婚姻案件审理指南》第五章明确要求,受害人如果在婚姻生活中付出较多或有其他困难情况的,分割共有财产的份额一般不低于70%;针对加害人隐藏或转移财产的情况,分割夫妻共同财产时,受害方的份额一般不低于80%。

[2] 上海沪家律师事务所编著:《婚姻家庭纠纷案件律师实务》,法律出版社2013年版,第263页。

明力比较有限,只能证明双方发生了争执,一方受到伤害。也就是说,只能证明有暴力行为,而并非所有发生在家庭成员中的暴力行为都属于法律意义上的"家庭暴力"。

在司法审判当中,法官在查明暴力行为确实存在之后,必须要进一步审查暴力行为发生的频率与情节的严重程度,进而将家庭暴力行为与一般家庭纠纷引起的抓扯与轻度打骂区分开来。[1] 因此,《反家庭暴力法》出台之前,认定家庭暴力事实的权力专属于人民法院,公安机关没有动力也没有权力去界定某一具体的暴力行为是否属于法律意义上的"家庭暴力"。

2.家庭暴力告诫书的事实认定效力

《反家庭暴力法》明确要求公安机关履行调查取证职责[2],同时在第16条规定,家庭暴力情节较轻,依法不给予治安管理处罚的,由公安机关对加害人进行批评教育或者出具告诫书。告诫书应当包括加害人的身份信息、家庭暴力的事实陈述、禁止加害人实施家庭暴力等内容。[3] "告诫书"的出现,对家庭暴力的认定具有非常重大的意义。

从民事诉讼证据种类的角度考察,告诫书无疑属于公文书的范畴,即国家公务人员在职权范围内制作的文书。[4] 除非属于超出职权或违反法定程序、欠缺法定形式的文书,否则公文书所记载的事实一律推定为真实,除非对方当事人能够举示相反证据。[5] 因此,《反家庭暴力法》实际上赋予了公安机关一项至关重要的权力和职责,即认定家庭暴力事实是否存在。

对于家庭暴力行为,需要进行治安处罚,受害人可以取得《治安管理处罚决定书》这一公文书证,即使是没有触犯《治安管理处罚法》,只要暴力行

---

[1] 陈苇、段伟伟:《法院在防治家庭暴力中的作用实证研究——以重庆市某区人民法院审理涉及家庭暴力案件情况为对象》,《河北法学》2012年第8期。

[2] 《反家庭暴力法》第15条规定:"公安机关接到家庭暴力报案后应当及时出警,制止家庭暴力,按照有关规定调查取证,协助受害人就医、鉴定伤情。"

[3] 《反家庭暴力法》关于告诫书的规定,主要借鉴了《江苏省家庭暴力告诫制度实施办法》的经验。根据该地方性法规的规定,江苏省已在南京市12个公安分局试点派出所推行,2013年各试点派出所已发《家庭暴力告诫书》80多份,取得了良好的效果。王晨洁、杨跃:《论〈反家庭暴力法〉的完善——以警察干预家庭暴力为视角》,《湖北警官学院学报》2015年第2期。

[4] 张卫平:《民事诉讼法》,法律出版社2016年版,第206页。

[5] 最高人民法院修改后民事诉讼法贯彻实施工作领导小组编著:《最高人民法院民事诉讼法司法解释理解与适用》,人民法院出版社2015年版,第377页。

为存在,受害人也有权要求公安机关依据《反家庭暴力法》的要求,出具告诫书,作为遭受家庭暴力的公文书证,在将来可能出现的离婚诉讼中提交法庭,而不必像之前那样费力地搜集报警记录、医疗诊断报告等间接证据。[1]因此,认定家庭暴力事实的权力已经不再专属于人民法院,公安机关也被《反家庭暴力法》赋予这样的权力和职责。《反家庭暴力法》的这一规定具有重大的意义,同时也给公安机关的执法工作带来全新的挑战。

(四)公安机关的职责仅限于家庭暴力的处置

家庭暴力现象在我国一直广泛存在,但在《反家庭暴力法》出台之前,无论是国家立法还是司法解释,对于各有关部门的责任一直没有清晰的界定,各部门制定自己的规范,使得原本应当是共同责任的工作被局限到某一个特定的主体上。[2]

由于公安机关身处家庭暴力处置的一线,家庭暴力的受害人也往往会求助于人民警察,[3]不少学者对公安机关也有了更多的期许,提出不少建议。例如,开发反家庭暴力的在职培训课程,使警察有更多机会去认识、介入家庭暴力,主动关心存在家庭暴力的家庭和人员,主动、积极地介入家庭暴力问题的解决;公安警官大学、公安警察学校应增设修习防治家庭暴力的法律与实务的专门课程,以增进在校学生或进修生学习防治家暴的知识、实务处理技巧,提高专业素养。把防治家庭暴力更妥善地纳入公安业务,在工作中将其真正视为公安工作的重要部分而予以认真履行。[4]这些建议极大地扩展了公安机关的工作职责,却偏离了公安工作的主要方向。

在《反家庭暴力法》中,公安机关的任务规定在第三章"家庭暴力的处置"中,在第二章"家庭暴力的预防"中,并没有涉及公安机关。由此可见,我国在立法层面上确立公安机关在家庭暴力处置工作中的主要地位,并没有

---

[1] 关于告诫书的证据价值,《反家庭暴力法》第 20 条也明确规定,"人民法院审理涉及家庭暴力的案件,可以根据公安机关出警记录、告诫书、伤情鉴定意见等证据,认定家庭暴力事实"。

[2] 张洪林:《反家庭暴力法的立法整合和趋势》,《法学》2012 年第 2 期。

[3] 陈苇:《我国农村家庭暴力调查研究——以对农村妇女的家庭暴力为主要分析对象》,《法商研究》2007 年第 6 期。

[4] 蒋月:《论警察介入和干预家庭暴力——若干国家和地区的经验及其对中国的启示》,《福建行政学院福建经济管理干部学院学报》2007 年第 1 期。

将公安工作延伸到预防家庭暴力这个领域。这种立法规定有利于公安机关集中精力做好本职工作,可以保障家庭暴力案件得到有效的处理。

三、家庭暴力案件执法工作面临的新问题

《反家庭暴力法》进一步明确了公安机关在家庭暴力案件执法中的法定职责,在《反家庭暴力法》开始正式施行的两年多时间里,公安机关在执法工作中遭遇不少新的挑战。

(一)家庭暴力案件的受案数量增加

尽管《反家庭暴力法》涉及政府部门、司法机关、工会、共青团、妇联、残联、村委会、居委会、福利机构、用人单位等主体都列为防治家庭暴力的责任主体,但从实际效果来看,公安机关依然会不可避免地面临巨大的工作压力。在法律正式实施后,公安机关处理的家庭暴力类警情明显增加,给公安机关尤其是基层民警带来巨大的工作量。

在上述责任主体中,公安机关身处一线地位,与人民群众的联系最为紧密,在社会上具有较高的权威性,纪律严明、执法规范的人民警察更容易得到受害人的信任,也更容易对加害人产生威慑力,在遭受家庭暴力侵害后,受害人往往会第一时间拨打报警电话求助。政府部门、司法机关、工会、共青团、妇联、残联、村委会、居委会、福利机构、用人单位等主体里,只有公安机关可以做到24小时全天候备勤,也只有公安机关的警力配置可以覆盖到乡镇甚至村落以及城市社会小区一级,从而保证在接到家庭暴力线索后及时赶到现场处置。家庭暴力行为多发生在休息时间,公安机关不可避免地要承担主要职责。

此外,由于《反家庭暴力法》赋予公安机关认定事实的权力,受害人也更加需要通过公安机关的介入,协助自己搜集、固定证据,如果可以获得告诫书,那么在离婚诉讼中将处于优势地位。更多中高收入家庭里的受害人会在遭遇家庭暴力后第一时间求助于公安机关。

基于上述原因,再加上《反家庭暴力法》已经明确规定家庭暴力案件属于公安机关的主管范围,无论是法律规定,还是公安机关的内部工作规范,

都要求公安机关及时处理,否则就构成公安行政不作为,应当承担行政侵权责任。[1] 可以预见的是,基层公安机关在未来将会处理越来越多的家庭暴力案件。

(二)认定家庭暴力事实所面临的矛盾

《反家庭暴力法》出台之前,公安机关的任务较为单纯,在接到家庭暴力的报警后,经过现场处置、询问当事人、搜集证据等工作,如果认为属于治安案件,则作出处罚决定;如果认为构成刑事犯罪,则立案侦查;如果都不构成,则纯粹属于民事纠纷,不是公安机关的主管范围,民警只需要对加害人进行批评教育,责令其出具悔过书,并对受害人进行安抚即可。

当家庭暴力的受害人面临离婚诉讼,需要公安机关协助提供证据时,受害人可以申请人民法院到公安机关调取悔过书、询问笔录、报案记录等材料。尽管这些证据是在公安机关的主导下制作完成的,但公安机关并不进行事实认定,不会就是否属于家庭暴力作出判断。最终的判断者是人民法院的审判员,受害人的诉讼请求是否得到支持,取决于法官的自由裁量权。公安机关在整个过程中处于相对超脱的地位,其职责仅仅是记载客观情况,不需要作出任何价值判断,也就不会面对任何矛盾。

《反家庭暴力法》出台之后,公安机关不仅要开展调查、搜集证据、协助受害人进行伤情鉴定,对不构成治安处罚的案件,公安机关还必须担负起认定家庭暴力事实的重要职责,即判断加害人的行为是否属于《反家庭暴力法》所规定的家庭暴力行为。如果构成,就必须依法出具告诫书。告诫书一旦出具,就代表着公安机关认定加害人的行为属于家庭暴力。

基层公安机关经常面临这样的矛盾,在家庭暴力案件中,受害人往往会强烈要求公安机关出具告诫书,以便获得对自己有利的证据,在将来可能发生的离婚诉讼中,只要受害方举示了告诫书,人民法院就会据此认定家庭暴

---

[1] 赵敏:《服务行政视角下公安行政不作为新探——以警察干预家庭暴力为例》,《河北法学》2013年第8期。

力事实。[1] 在这种局面下,如果公安机关拒绝出具家庭暴力告诫书,将会面临受害人的压力。反之,如果出具家庭暴力告诫书,则会面对加害人的压力。

由此可见,《反家庭暴力法》赋予公安机关认定家庭暴力事实的权力与职责,直接将受害人与加害人的矛盾推向了基层公安机关,而这些矛盾原本是由人民法院面对的。

(三)基层公安民警的知识结构以及公安高等教育面临新的挑战

《反家庭暴力法》将公安机关纳入处置家庭暴力的重要责任主体,使得广大基层公安民警不得不介入婚姻家庭纠纷这一纯粹的民事纠纷领域,而不能再像过去那样,简单地将家庭暴力案件推到门外。

这样的职责对广大基层民警的知识结构提出了新的挑战,以往公安工作主要接触的法律都是刑事法、行政法等公法,很少会用到民商事法律,因此基层民警有关家庭暴力方面的法律知识相对薄弱。

在培养预备警官的公安高等院校中,法律类课程属于基础课,课时量远低于普通高等院校法律专业。在已经非常有限的法律类课程中,民法,尤其是婚姻法教学所占的比例更小,大部分学生并未接受过系统的婚姻法教育。在这种教育背景下,基层警察对于家庭暴力案件的认识很多都停留在治安处罚层面,即使学习了《反家庭暴力法》的内容,往往也不会联想到家庭暴力处置工作之后可能发生的离婚纠纷,也更难意识到自己可能面临的来自加害人与受害人双方的矛盾。此时将家庭暴力的认定权赋予他们,所产生的

---

[1]《最高人民法院关于适用〈中华人民共和国民事诉讼法〉的解释》第114条规定:"国家机关或者其他依法具有社会管理职能的组织,在其职权范围内制作的文书所记载的事项推定为真实,但有相反证据足以推翻的除外。必要时,人民法院可以要求制作文书的机关或者组织对文书的真实性予以说明。"告诫书无疑属于本条所称的公文书证。此外,在该司法解释出台之前,《涉及家庭暴力婚姻案件审理指南》第49条规定:"人民法院在认定家庭暴力事实时,应当将公安机关的接警和出警记录作为重要的证据。接警或出警记录载明施暴人、受害人的,人民法院可以据此认定家庭暴力事实存在。出警记录记载了暴力行为、现场描述、双方当事人情绪、第三方在场(包括未成年子女)等事项的,人民法院应当综合各种因素,查明事实,做出判断。报警或出警记录仅记载'家务纠纷、已经处理'等含糊内容的,人民法院可以根据需要或当事人的申请,通知处理该事件的警察出庭作证。"从上述规定来看,人民法院也非常希望公安机关能够主动就家庭暴力事实进行认定,以减轻人民法院查明事实的工作量,因此,公安机关认定的事实基本上都会得到人民法院的采纳。

后果也就难以预计。

简而言之,《反家庭暴力法》要求公安机关承担更多的职责,这就必然给基层公安民警的结构以及公安高等教育提出了新的挑战。

四、完善公安执法工作的建议

尽管《反家庭暴力法》的出台给公安机关带来了新的问题和挑战,但是不可否认的是这部法律具有重大的积极意义,在国家大力推动执法规范化建设的背景下,各级公安机关应当积极应对,充分保障这部法律得到有效的实施。

(一)改变传统认识

过去不少公安机关和基层民警认为家庭纠纷属于个人的私事,公安机关难以介入,即使介入,也无法取得良好的效果,往往认为"夫妻床头打架床尾和",对待家庭暴力的态度往往是"劝和不劝离",以调解说教代替法律制裁,使很多本应予以法律制裁的家庭暴力行为"大事化小,小事化了",使一些受暴女性对公安机关失去信心。[1] 这种观念除了与传统文化有一定联系,更多的是由于欠缺法律规定,公安机关没有主动处理的法律依据,即使处理,可以采取哪些措施,这些措施会有什么法律后果,也都无法可依。在依法行政的背景下,公安机关即使愿意介入家庭暴力案件,也无法取得良好的效果。

但目前《反家庭暴力法》已经扫除了这一障碍,还明确了公安机关处置家庭暴力案件的法定职责。因此,各级公安机关和全体公安民警必须全面转变认识,积极处置各种家庭暴力案件,对构成刑事犯罪的,必须依法追究刑事责任;需要进行治安处罚的,及时进行处理;属于普通家庭暴力行为的,应当积极调查取证、协助受害人进行伤情鉴定,并出具告诫书。公安机关不能再简单地将家庭暴力案件推到门外,坚决防止一般的家庭暴力案件演变为恶性的刑事犯罪。

---

[1] 黄慧霞:《关于公安机关处置家庭暴力的构想》,《吉林公安高等专科学校学报》2005年第3期。

(二)统一事实认定的尺度

公安机关在认定家庭暴力事实时,应当充分认识到这一概念外延的不确定性,积极协调司法机关,争取统一事实认定的尺度。

1.关于家庭暴力范围界定的争议

2001年修订的《婚姻法》明确提出"禁止家庭暴力,禁止家庭成员间的虐待和遗弃"。但是关于"家庭暴力"的具体含义,并没有在国家立法层面进行解释。

最高人民法院对"家庭暴力"一词的理解,也经历了从严格到宽泛的转变。2001年12月出台的《最高人民法院关于适用〈中华人民共和国婚姻法〉若干问题的解释(一)》[以下简称《婚姻法解释(一)》]第1条规定,"家庭暴力,是指行为人以殴打、捆绑、残害、强行限制人身自由或者其他手段,给其家庭成员的身体、精神等方面造成一定伤害后果的行为。持续性、经常性的家庭暴力,构成虐待"。根据这一规定,家庭暴力被限定于家庭成员之间,手段也仅仅包括殴打、捆绑、残害等典型的以积极的方式直接侵害他人身体和精神的行为。

2008年3月,最高人民法院中国应用法学研究所发布的《涉及家庭暴力婚姻案件审理指南》仍然坚持将家庭暴力限制为家庭成员之间,同时该文件第3条在借鉴国际公约、国外立法例以及理论研究成果的基础上,将家庭暴力行为列举为身体暴力、性暴力、精神暴力、经济控制四种。其中,经济控制,"是指加害人通过对夫妻共同财产和家庭收支状况的严格控制,摧毁受害人自尊心、自信心和自我价值感,以达到控制受害人的目的"。这种类型明显突破了《婚姻法解释(一)》的规定。

在其他部门的规定方面,全国妇联、中央宣传部、最高人民检察院、公安部、民政部、司法部、卫生部2008年7月发布的《关于预防和制止家庭暴力的若干意见》中,维持了《婚姻法解释(一)》的规定。在学者看来,一般认为《涉及家庭暴力婚姻案件审理指南》的界定更为科学,即家庭暴力不仅仅包括直接以积极的方式向受害人身体、精神实施的侵害,还包括通过破坏财产、实施经济控制等方式来剥夺、减少受害人获得经济来源的行为。[1]

---

[1] 李洪祥:《"家庭暴力"之法律概念解析》,《吉林大学学报(社会科学版)》2007年第4期。

上述规定以及学者观点对于"家庭暴力"一词理解的差异,直接导致公安机关对家庭暴力案件的主管存在疑问,基层公安民警对家庭暴力的理解,自然也存在狭义化的倾向,普遍认为典型家庭暴力案件,就是夫妻之间所发生的人身伤害,手段局限为殴打,而限制、剥夺人身自由是否属于家庭暴力就存在疑问,至于精神虐待、遗弃、不履行扶养义务等行为,更难以认定为"家庭暴力"。[1] 经济控制则是纯粹的民事婚姻家庭纠纷,如果被认定为家庭暴力的一种表现,则必然会排除公安机关对此类家庭暴力案件的处置权。

对于这一争议问题,《反家庭暴力法》第2条明确规定,"家庭暴力,是指家庭成员之间以殴打、捆绑、残害、限制人身自由以及经常性谩骂、恐吓等方式实施的身体、精神等侵害行为"。这一规定首先排除了经济控制类型的家庭暴力,将其回归到民事纠纷的范畴,基本维持了《婚姻法解释(一)》的内容。[2] 该条文所规定的行为方式,基本可以同《治安管理处罚法》第三章第三节的"侵犯人身权利、财产权利的行为和处罚",以及《中华人民共和国刑法》(以下简称《刑法》)第五章的"侵犯公民人身权利、民主权利罪"的内容相对应。所有的家庭暴力案件,均属于可能违反《治安管理处罚法》或《刑法》的行为,当然属于公安机关的主管范围。这种立法层面的解释,排除了公安机关处置家庭暴力案件的法律障碍,也有利于基层民警清晰地认识到自身的职责。

2.公安机关与法院统一家庭暴力行为的认定尺度

《反家庭暴力法》赋予公安机关认定家庭暴力事实的权力和职责,但家庭暴力事实一旦被确认,将会产生诸多法律后果。依据《婚姻法》的相关规定,受害人如果选择离婚,人民法院应当判令双方离婚,同时受害人还有权要求加害人支付赔偿,并在夫妻共同财产分割方面获得照顾。因此,公安机关一旦出具告诫书,就意味着加害人的行为属于家庭暴力,从而引发一系列重大的民事法律后果,因此必须慎重。

《反家庭暴力法》将人民法院认定事实的权力转移给公安机关,这种规定是否合理是值得探讨的。在家庭暴力事实认定方面,人民法院一直倾向

---

[1] 党日红、曲桂玲、姜虹:《公安机关防治家庭暴力问题研究》,《北京人民警察学院学报》2004年第5期。

[2] 这种立法上的限制,仅仅将"经济控制"排除在《反家庭暴力法》的规制范围之外,却并不意味着这类行为是合法的,受害人完全可以通过民事诉讼的方式维护自身的合法权益。

采信公安机关制作的文书。[1] 这种做法一方面体现了对公安机关执法水平的信赖,但另一方面也回避了认定家庭暴力事实这一疑难问题。而家庭暴力的认定存在很多模糊的空间,如前文提到的精神暴力的认定,立法机关赋予执法机关相当的弹性。在这类案件中,受害人强烈要求公安机关就精神暴力出具告诫书,但加害人却并不认为自己的行为已经构成家庭暴力,而认为这是普通的感情纠纷。此时,公安机关就会处于两难的境地,进而面临前文所提到的来自受害人和加害人的矛盾。如果公安机关出具告诫书,也就意味着认定家庭暴力事实存在。而在后续的离婚诉讼中,人民法院就家庭暴力事实是否存在进行调查时是否必然受到告诫书的约束,法律并未进行明确的规定。但法院作为司法机关,对于案件事实应当有充分的认定权,因此一旦人民法院认为公安机关出具的告诫书不合理,进而不予采信,则必然会损害公安机关的执法权威。

为此,基层公安机关在出具告诫书时必须慎重,不能简单地基于同情弱者的考虑,将不符合家庭暴力条件的行为认定为家庭暴力。除此之外,公安机关更应当主动与人民法院协调,尽量统一家庭暴力行为的认定尺度,避免出现落差。

(三)设置救济途径

《反家庭暴力法》第17条规定公安机关应当将告诫书送交加害人、受害人,但却没有规定相应的救济途径。根据上文的分析,告诫书可能产生重大的法律后果,并且告诫书的出具或不出具会使得公安机关面对来自受害人与加害人的压力。笔者认为,告诫书的作用类似于公安机关在处置道路交通事故时所出具的《道路交通事故认定书》,具有相当重大的法律意义,会对受害人和加害人的民事权益造成重大影响。

在涉及较大金额的夫妻共同财产分割时,一份告诫书往往就意味着离婚时高额的损害赔偿金,而当事人为了获取这份赔偿金,很可能尝试贿赂执法人员。类似的现象在交通事故认定当中就有所体现,为了保障当事人的合法权益,法律对于交通事故认定书设置了复核程序。家庭暴力告诫书的

---

[1]《涉及家庭暴力婚姻案件审理指南》第49条规定:"人民法院在认定家庭暴力事实时,应当将公安机关的接警和出警记录作为重要的证据。接警或出警记录载明施暴人、受害人的,人民法院可以据此认定家庭暴力事实存在。"

价值相当于交通事故认定书,但法律却没有规定相应的复核程序,这是一个明显的缺陷。如果人民法院仅仅根据这样的文书来认定家庭暴力事实,显然不符合程序正义的要求。

因此,笔者认为公安部或者地方人大应当尽快针对这一问题制定部门规章或者地方性法规,明确规定公安机关在收到家庭暴力案件线索后应当在规定的期限内出具告诫书;如在该期限内经审查认为不属于家庭暴力,应当书面告知受害人该行为不符合家庭暴力的认定标准,并赋予加害人及受害人在接到告诫书或通知之后提出救济的权利,即可以向原公安机关(或上一级公安机关)申请复核一次。这样可以充分保障受害人和加害人的救济权,实现程序正义。

(四)改进公安高等教育和在职培训工作

前文已经提到,公安机关处置家庭暴力案件,要求办案民警具有相应的民法、婚姻法知识,为此,各级公安机关应当积极开展各类培训,完善基层民警的知识结构。公安高等院校应当在法律类课程中加大民法、婚姻法的比例,以培养合格的警务人才。

性侵害未成年人犯罪情况分析

——以上海市 2016—2018 年性侵害未成年人案件为例

徐海清* 曹俊梅**

摘要： 通过对性侵害未成年人案件数据进行分析发现，性侵犯未成年人犯罪呈上升趋势，但增长幅度有所下降，并逐渐向上海市西北部的城乡结合区域集中，存在各区流窜作案现象，犯罪类型主要为强奸和猥亵儿童犯罪。性侵害未成年人案件中，被害人以 14 岁以上人口居多，多为非沪籍未成年人。侵害人主要系来沪务工成年男子，多具初中学历，负有特殊职责人员作案情况突出，侵害方式以引诱欺骗为主。实践中性侵害未成年人案件具有案件发现难、案件取证难、防控难、办理难等问题。完善性侵害未成年人犯罪的惩防体系，司法规范是重点，社会支持是基础，未成年人自我防护是关键。首先通过在"一站式"取证中检察机关提前介入，提高案件承办人业务水平，加强对制作、贩卖、传播涉及未成年人的淫秽物品等犯罪打击举措，完善司法办案机制；其次通过落实司法保护与社会保护衔接机制加强社区管理，净化社会环境，发挥家庭堡垒作用等完善社会防控体系；最后还应当注重增强未成年人的自我保护意识。

关键词： 性侵害未成年人；未成年人检察；数据分析

近年来，以未成年人为犯罪对象的性侵害案件引发了社会各界的高度关注。最高人民法院的数据显示，2013—2016 年间全国共审理性侵害未成

---

* 徐海清，上海市嘉定区人民检察院第六检察部主任。
** 曹俊梅，上海市嘉定区人民检察院第六检察部检察官助理。

年人案件10782起,平均每天至少有7名未成年人遭受性侵。[1]最高人民检察院向教育部发出的"一号检察建议"推动了全国各级检察机关对未成年人综合保护的积极探索。本文以2016—2018年上海市检察机关办理性侵未成年人案件为样本,通过数据化考量,分析其特点,梳理存在的难点问题,并对性侵未成年人案件的惩罚对策予以思考。

一、2016—2018年上海市检察机关办理性侵害未成年人犯罪的特点分析

(一)性侵害未成年人犯罪呈上升趋势,但增长幅度有所降低

3年间,上海市检察机关办理的性侵害未成年人案件总体呈现上升趋势,随着对犯罪打击力度和对未成年人保护力度的增强,案件增长幅度有所降低。以审查逮捕人数为例,2017年上海市检察机关办理性侵害未成年人案件审查逮捕人数同比增长33.7%,2018年审查逮捕人数同比增长9.5%。(见表1)

表1 2016—2018年上海市检察机关受理性侵未成年人案件增长情况

	2017年	2018年
逮捕(人)	33.70%	9.50%
起诉(人)	13.51%	9.50%
逮捕(件)	32.10%	6.40%
起诉(件)	11.50%	11.60%

从区域来看,以各区受理审查逮捕人数变化情况为例,大多数行政区性侵害未成年人案件呈现增长趋势。除黄浦、奉贤区批捕人数有所下降,浦东新区、徐汇区、普陀区、松江区、崇明区5个行政区批捕人数逐年上升,2018年长宁区、虹口区、杨浦区、闵行区等8个行政区审查批捕人数均高于2016年。(见图1)

---

[1] 余频:《我国性侵害未成年人犯罪入职查询的制度构建》,《山东青年政治学院学报》2019年第6期。

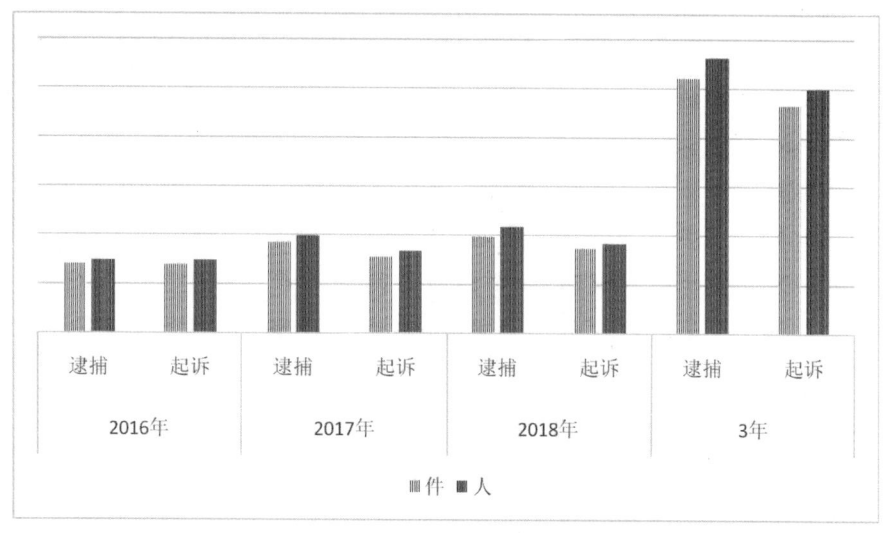

图1　2016—2018年全市各区审查逮捕起诉性侵害未成年人案件情况

（二）性侵害未成年人犯罪逐渐向上海市西北部的城乡结合区域集中，并存在各区流窜作案的现象

根据上海市统计局2018年统计年鉴数据，2017年上海市未成年户籍人口数173.05万人，以全市审查逮捕性侵害未成年人案件为例，各区每10万人口中，被害人数较多的行政区依次是青浦区、嘉定区、闵行区、松江区等上海西北部的区域。侵害人数较多的行政区也与被害人数分布情况大致对应，集中在青浦区、闵行区、松江区、嘉定区等。

值得注意的是，全市性侵害未成年人的侵害人分布情况与被害人分布集中情况并不完全一致，侵害人集中西北部四个行政区，但被害人却在南部奉贤多有分布，这在一定程度上反映出性侵害未成年人案件侵害者可能存在流窜作案的情况。（见图2）

结合2016年上海市各区每10万人中性侵害未成年人犯罪人与被害人分布情况，可以发现侵害人存在向西北部收缩的现象。（见图3）

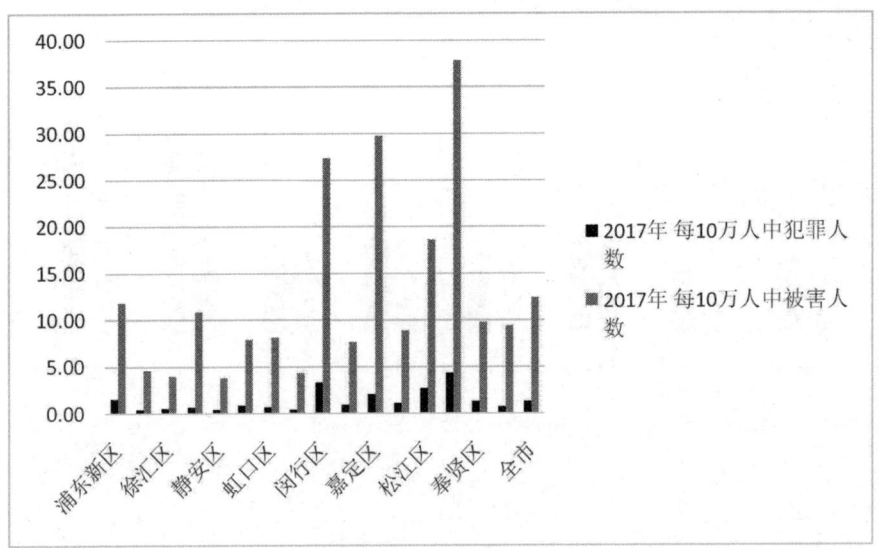

图 2　2017 年全市各区每 10 万人口中性侵害未成年人犯罪人数、被害人数分布情况

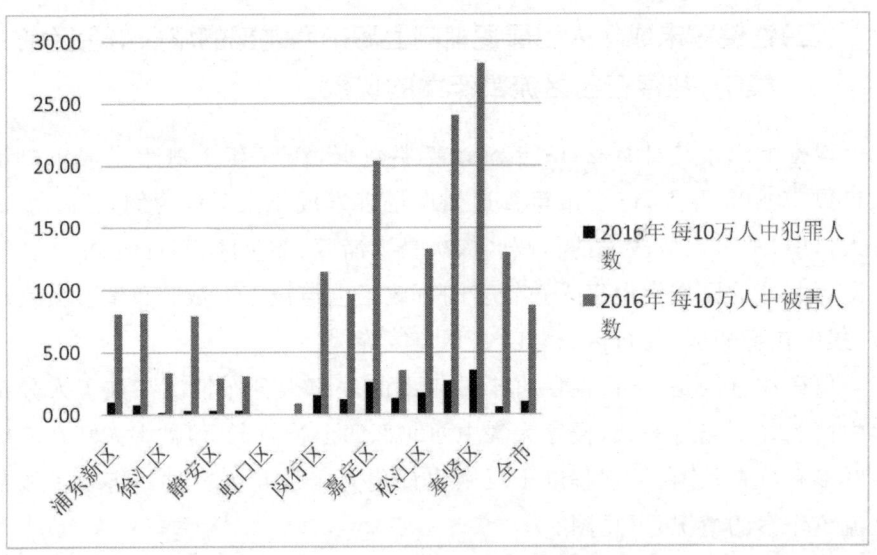

图 3　2016 年全市各区每 10 万人口中性侵害未成年人犯罪人数、被害人数分布情况

(三)性侵害未成年人犯罪被害人以 14 岁以上人口居多并逐年增加,10 岁以下被害人总体减少

仍以审查逮捕案件为例,2016—2018 年性侵害未成年人案件中,未成年被害人年龄集中在 14 岁以上占 34.54%;11~13 岁被害人占 32.89%,且变化幅度较小;10 岁以下被害人占 32.57%,数量总体减少。(见图 4)

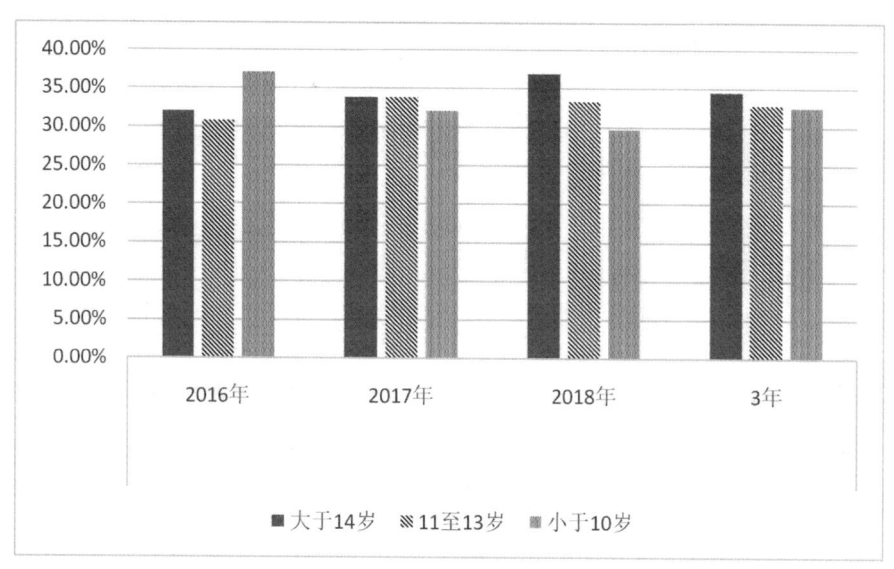

图 4　2016—2018 年性侵害未成年人案件被害人年龄分布情况

(四)性侵害未成年人犯罪类型主要为强奸和猥亵儿童犯罪

性侵未成年人犯罪包括针对未成年人实施的强奸罪、强制猥亵罪、猥亵儿童罪、强迫卖淫罪、引诱幼女卖淫罪等 7 个罪名。[1] 以 3 年间上海市检察机关审查逮捕性侵害未成年人案件为样本,强奸罪占犯罪总人数的 47.70%,猥亵儿童罪占犯罪总人数的 36.90%,强制猥亵罪占犯罪总人数的 10.60%,介绍卖淫罪、强迫卖淫罪、容留卖淫罪、引诱幼女卖淫罪等占犯罪总人数的 4.61%。从纵向看,强奸罪数量高位波动,强制猥亵罪与猥亵儿童罪都呈现明显的增长趋势,两者比重高达 95.20%。(见图 5)

---

[1] 嫖宿幼女的罪名已被《中华人民共和国刑法修正案(九)》取消。

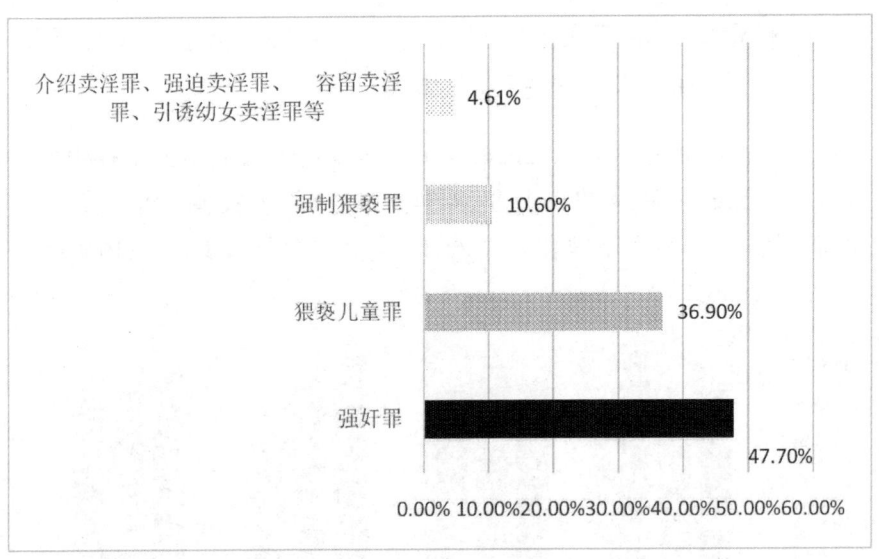

图 5　性侵害未成年人犯罪类型占比情况

从区域上看,各区性侵害未成年人犯罪中,徐汇区、普陀区、奉贤区、松江区等区,强奸案件占该区性侵未成年人案件总数的 50% 及以上,金山区、杨浦区、宝山区等,猥亵儿童案件占该区性侵害未成年人案件总数的 50% 以上。(见表 2)

表 2　全市各区受理审查逮捕的性侵未成年人犯罪类型

	强奸(件)占比	强制猥亵(件)占比	猥亵儿童(件)占比	其他(件)占比
浦东新区	44.85%	13.24%	37.50%	4.41%
黄浦区	50.00%	20.00%	30.00%	0.00%
徐汇区	66.67%	16.67%	16.67%	0.00%
长宁区	50.00%	12.50%	25.00%	12.50%
静安区	50.00%	30.00%	20.00%	0.00%
普陀区	58.82%	17.65%	23.53%	0.00%
虹口区	50.00%	0.00%	33.33%	16.67%
杨浦区	25.00%	12.50%	62.50%	0.00%
闵行区	42.67%	9.33%	42.67%	5.33%
宝山区	43.75%	3.13%	53.13%	0.00%

续表

	强奸(件)占比	强制猥亵(件)占比	猥亵儿童(件)占比	其他(件)占比
嘉定区	46.67%	4.44%	28.89%	20.00%
金山区	24.00%	4.00%	72.00%	0.00%
松江区	52.08%	10.42%	37.50%	0.00%
青浦区	47.83%	10.87%	41.30%	0.00%
奉贤区	53.33%	10.00%	36.67%	0.00%
崇明区	38.46%	7.69%	53.85%	0.00%

从各个罪名侵害人与被害人数量对比看,二者基本相当,强奸案件中侵害人比被害人多8.03%,平均一起案件中存在1.03名被害人;强制猥亵案件中,被害人比侵害人多10.00%,平均一起案件中存在1.20名被害人;但在猥亵儿童案件中,被害人比侵害人多28.84%,平均一起案件中约存在1.30名被害人,被害人数远远超过案件数和侵害人数,说明在猥亵儿童案件中,存在一起案件多名被害人的情况,以及一名侵害人多名被害人的情况,同时也可能存在"隐案"或者长期侵害的情况。

(五)总体上看性侵害未成年人案件低龄女童系主要受害人群,单个罪名中14岁以上被害人仍然占大多数

从年龄上看,2016—2018年的性侵害案件被害人中,14岁以下占65.4%,其中10岁及以下占32.50%。从被害人性别上看,各区被害人以女性未成年人居多。(见图6)

对犯罪类型与被害人年龄之间的关系进行分析发现,尽管从总量上看,14岁以下被害人占据更多比例,但在单个罪名中,被害人仍然以14岁以上占大多数。强奸罪被害人年龄14岁以上占51.00%,强制猥亵罪被害人年龄14岁以上占87.80%,强迫卖淫罪被害人年龄14岁以上占77.00%。14岁以下被害人占大多数,主要原因在于猥亵儿童罪中被害人较多,超过强奸罪被害人数总和,这也是14岁以下被害人在性侵案件被害人中占大多数的主要原因之一。

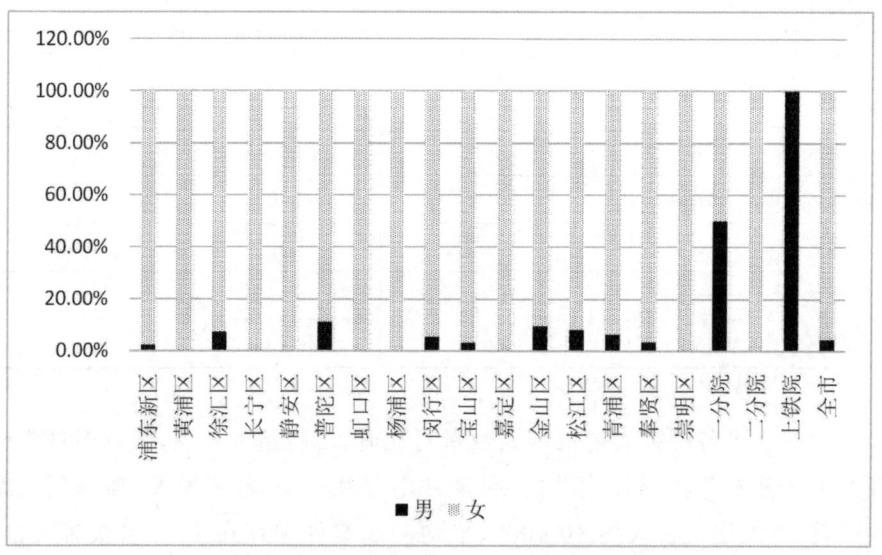

图6 2016—2018年全市各区性侵害未成年人案件被害人性别占比情况

(六)性侵害未成年被害人以非沪籍未成年人居多,非沪籍人口变化对性侵害未成年人案件产生了一定影响

从上海市检察机关统计到户籍情况性侵案件未成年被害人中,非沪籍被害人占被害人总数的68.30%,沪籍被害人占31.60%。3年间全市性侵害未成年人案件中非沪籍被害人的占比逐年减少,分别为73.20%、67.28%、34.09%。

从区域上看,非沪籍被害人在该区被害人数量中占比较高,且集中在浦东新区、嘉定区、奉贤区、松江区、闵行区、青浦区6个行政区。(见图7)

结合2016年、2017年全市各区非沪籍人口迁移情况,可以发现,非沪籍人口的增加并不必然导致未成年被害人占比的增加,但从全市情况来看,非沪籍人口总数的变化,对非沪籍被害人和非沪籍侵害人占比均有影响。(见表3)

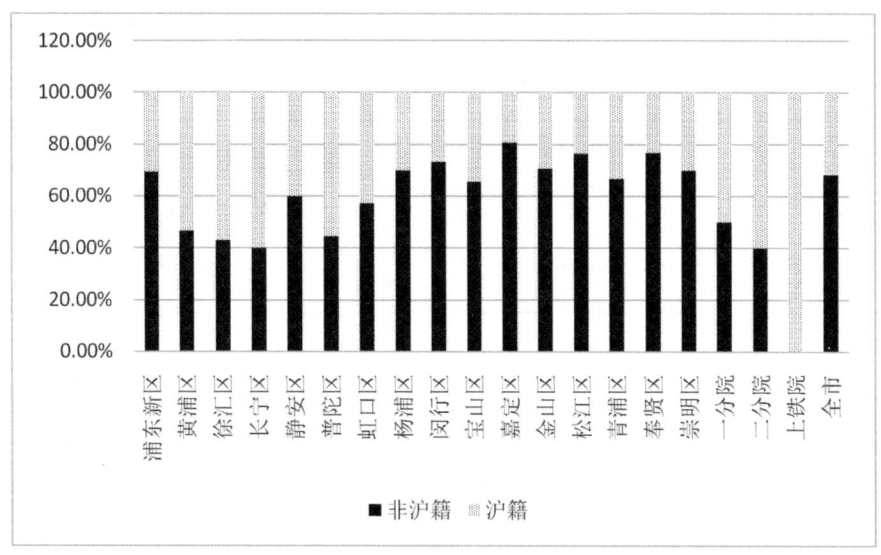

图7 2016—2018年全市各区性侵害未成年人案件被害人户籍占比情况

表3 2016年、2017年全市各区非沪籍人口变化与性侵害未成年人犯罪变化情况对比

	人口总数变化(万人)	非沪籍被害人占比变化	非沪籍侵害人占比变化
浦东新区	0.90	↓	↑
黄浦区	−0.03	↓	↓
徐汇区	0.23	↑	↑
长宁区	0.73	↑	↑
静安区	0.60	↓	↓
普陀区	0.39	↑	↓
虹口区	−0.15	↑	↑
杨浦区	0.94	↓	↑
闵行区	−2.45	↓	↓
宝山区	−0.99	↑	↑
嘉定区	−0.78	↑	↑
金山区	−0.55	↓	↓
松江区	−2.15	↓	↓

续表

	人口总数变化(万人)	非沪籍被害人占比变化	非沪籍侵害人占比变化
青浦区	−1.47	↓	↑
奉贤区	−2.14	↑	↓
崇明区	−0.58	↑	↓
全市	−7.52	↓	↓

(七)性侵害未成年人侵害人主要系来沪务工的成年男子

性侵害未成年人的犯罪嫌疑人主要为成年人。从侵害人的年龄状况来看,18岁以下犯罪嫌疑人占11.00%;18岁及以上占89.36%,其中18～20岁占14.00%;21～50岁占55.00%;51～60岁占12.00%;61～70岁占8.10%;70岁以上有2人。(见表4)

表4 2016—2018年全市各区办理性侵害未成年人案件犯罪主体年龄占比情况

	小于18岁	18至20岁	21至50岁	51至60岁	61至70岁
浦东新区	17.61%	14.08%	54.23%	9.86%	4.23%
黄浦区	13.33%	20.00%	53.33%	6.67%	6.67%
徐汇区	16.67%	8.33%	41.67%	25.00%	8.33%
长宁区	0.00%	22.22%	66.67%	11.11%	0.00%
静安区	10.00%	10.00%	70.00%	10.00%	0.00%
普陀区	5.26%	10.53%	73.68%	0.00%	10.53%
虹口区	16.67%	16.67%	50.00%	0.00%	16.67%
杨浦区	0.00%	12.50%	75.00%	12.50%	0.00%
闵行区	8.64%	7.41%	59.26%	12.35%	12.35%
宝山区	8.57%	14.29%	48.57%	14.29%	14.29%
嘉定区	4.08%	20.41%	59.18%	6.12%	10.20%
金山区	18.52%	11.11%	40.74%	18.52%	11.11%
松江区	11.54%	13.46%	53.85%	9.62%	11.54%
青浦区	4.17%	27.08%	45.83%	16.67%	6.25%

续表

	小于18岁	18至20岁	21至50岁	51至60岁	61至70岁
奉贤区	9.38%	9.38%	65.63%	12.50%	3.13%
崇明区	0.00%	7.14%	50.00%	28.57%	14.29%
一分院	0.00%	0.00%	50.00%	50.00%	0.00%
二分院	0.00%	0.00%	100.00%	0.00%	0.00%
上铁院	0.00%	0.00%	0.00%	100.00%	0.00%
全市	10.66%	14.03%	55.24%	11.90%	8.17%

从户籍分布看,在性侵害案件犯罪嫌疑人中,沪籍占29.30%,非沪籍占70.60%。从各区来看,除黄浦区、杨浦区非沪籍犯罪嫌疑人占比小于50%,其余各区,非沪籍犯罪嫌疑人所占比例均在50.00%及以上(见图8)。各非沪籍人口数的变化,对性侵害未成年人犯罪案件嫌疑人数存在较大影响。(见上表3)

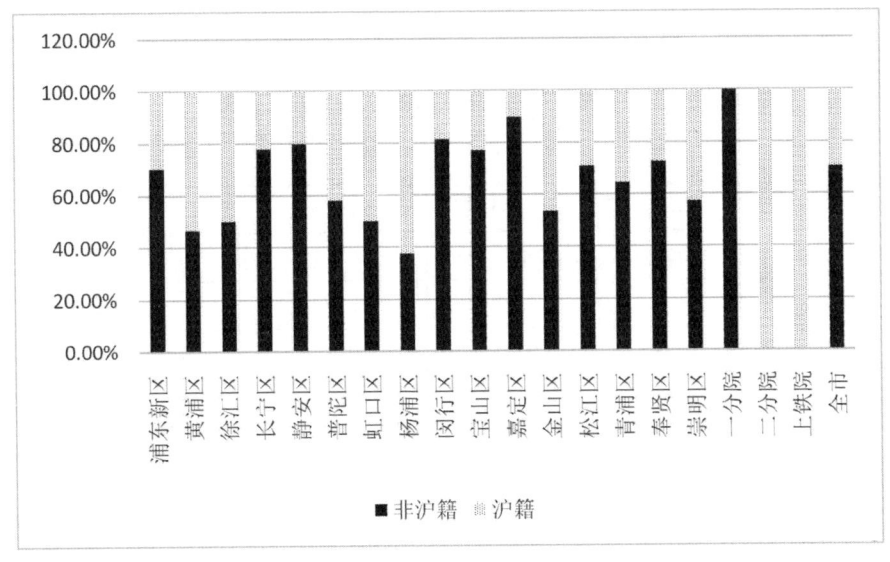

图8 2016—2018年全市各区性侵害未成年人案件犯罪主体户籍占比情况

(八)性侵害未成年人侵害人多具初中学历,负有特殊职责人员情况突出

从犯罪主体文化程度看,文盲占4.50%;小学文化占20.10%;初中文化占45.00%,高中及以上文化占30.20%。从区域来看,黄浦区、长宁区、静安区等10个行政区初中学历犯罪主体占40.00%以上,徐汇区、普陀区、虹口区、杨浦区4个行政区高中及以上学历犯罪主体占40.00%以上。(见表5)

表5 2016—2018年全市各区性侵害未成年人案件犯罪主体学历占比情况

	文盲	小学	初中	高中及以上
浦东新区	3.52%	18.31%	38.73%	39.44%
黄浦区	0.00%	26.67%	46.67%	26.67%
徐汇区	0.00%	25.00%	16.67%	58.33%
长宁区	0.00%	22.22%	55.56%	22.22%
静安区	0.00%	20.00%	50.00%	30.00%
普陀区	0.00%	5.26%	42.11%	52.63%
虹口区	0.00%	0.00%	50.00%	50.00%
杨浦区	0.00%	12.50%	25.00%	62.50%
闵行区	6.17%	29.63%	32.10%	32.10%
宝山区	2.86%	22.86%	62.86%	11.43%
嘉定区	4.08%	24.49%	42.86%	28.57%
金山区	10.34%	6.90%	55.17%	27.59%
松江区	7.69%	21.15%	48.08%	23.08%
青浦区	8.33%	12.50%	52.08%	27.08%
奉贤区	0.00%	24.24%	75.76%	0.00%
崇明区	14.29%	28.57%	35.71%	21.43%
一分院	0.00%	0.00%	100.00%	0.00%
二分院	0.00%	0.00%	0.00%	100.00%
上铁院	0.00%	0.00%	100.00%	0.00%
全市	4.59%	20.14%	45.05%	30.21%

从犯罪主体就业情况看,无业者占51.90%;有工作者占48.10%,其中

负有特殊职业人员,即对未成年人负有监护、教育、训练、救助、看护、医疗等特殊职责的人员占9.06%,其他职业占43.40%。(见表6)

表6　2016—2018年全市各区性侵害未成年人案件侵害人就业占比情况

	负有特殊职责人员	其他	无业
浦东新区	0.00%	21.13%	78.87%
黄浦区	11.11%	33.33%	60.00%
徐汇区	0.00%	83.33%	16.67%
长宁区	100.00%	55.56%	22.22%
静安区	0.00%	70.00%	30.00%
普陀区	0.00%	68.42%	31.58%
虹口区	0.00%	16.67%	83.33%
杨浦区	0.00%	62.50%	37.50%
闵行区	35.29%	71.60%	20.99%
宝山区	22.22%	0.00%	81.82%
嘉定区	53.33%	53.06%	30.61%
金山区	7.69%	51.72%	44.83%
松江区	13.33%	34.62%	57.69%
青浦区	0.00%	50.00%	50.00%
奉贤区	0.00%	39.39%	60.61%
崇明区	0.00%	64.29%	35.71%
一分院	0.00%	0.00%	100.00%
二分院	0.00%	100.00%	0.00%
上铁院	0.00%	0.00%	100.00%
全市	79.17%	46.68%	29.76%

(九)性侵害未成年人犯罪中,熟人犯罪占据一定比例

性侵未成年人案件部分存在熟人犯罪的现象。从2016—2018年办案数据看,31.60%件系熟人犯罪,其中邻里关系占10.80%,亲属关系占4.40%;朋友关系占16.40%。其他关系占68.30%,(见表7)

表7 2016—2018年全市各区性侵害未成年人案件被害人与加害人关系占比情况

	邻里	亲属	朋友	其他
浦东新区	7.64%	4.17%	10.42%	77.78%
黄浦区	0.00%	10.00%	20.00%	70.00%
徐汇区	7.14%	0.00%	14.29%	78.57%
长宁区	0.00%	0.00%	73.33%	26.67%
静安区	0.00%	10.00%	30.00%	60.00%
普陀区	0.00%	5.56%	22.22%	72.22%
虹口区	0.00%	0.00%	57.14%	42.86%
杨浦区	40.00%	0.00%	10.00%	50.00%
闵行区	9.57%	4.26%	9.57%	76.60%
宝山区	15.63%	0.00%	12.50%	71.88%
嘉定区	12.28%	7.02%	12.28%	68.42%
金山区	4.76%	9.52%	7.14%	78.57%
松江区	20.00%	10.00%	18.00%	52.00%
青浦区	10.42%	0.00%	39.58%	50.00%
奉贤区	16.67%	0.00%	6.67%	76.67%
崇明区	35.00%	5.00%	25.00%	35.00%
一分院	0.00%	0.00%	0.00%	100.00%
二分院	0.00%	0.00%	0.00%	100.00%
上铁院	0.00%	0.00%	0.00%	100.00%
全市	10.84%	4.43%	16.42%	68.31%

在熟人性侵犯罪中,不少性侵行为持续一定时间或次数,对被害人的心理或生理伤害往往更为严重。

(十)性侵害未成年人犯罪侵害方式以引诱和欺骗为主

全市性侵害未成年人犯罪,多采用引诱和欺骗手段(含先采用欺骗或引诱,再实施暴力侵害)实施性侵案件,占据案件总数的47.58%,纯粹采取暴力手段的比例仅为52.42%。(见图9)

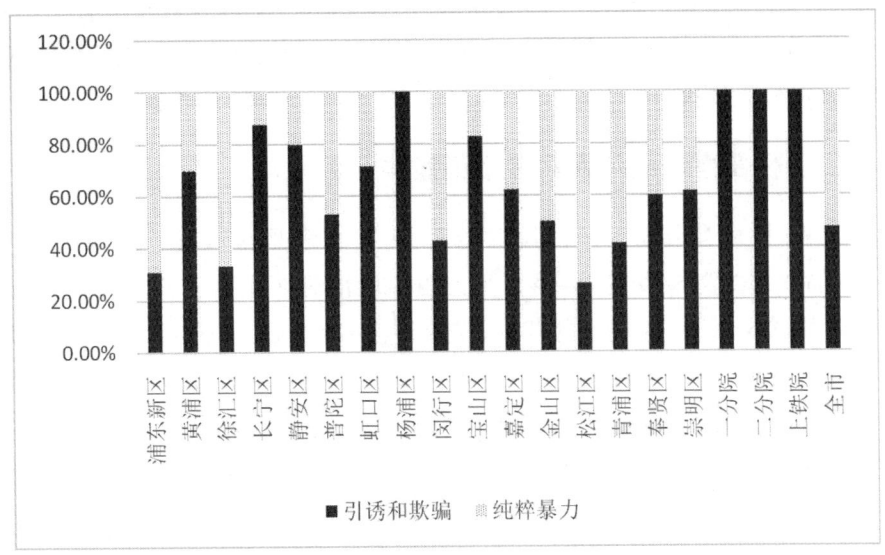

图 9　2016—2018 年全市各区性侵害未成年人案件侵害方式占比情况

以引诱和欺骗为主的侵害方式主要在于未成年人心智尚不成熟,判断力有所欠缺,这也意味着加强对未成年人自我保护意识等方面的教育,将极大有利于减少犯罪。

二、性侵害未成年人案件惩治难点分析

(一)性侵害未成年人案件发现难

首先,未成年人心智发育尚未成熟,认知与理解能力较为有限,社会经验匮乏,对性侵行为缺乏认识,在遭受侵害的情况下,不能意识到这是侵犯的行为;在意识到遭受侵害的情况下,也常常羞于启齿。加上被害人家长意识不强,当发现孩子受到侵害,多不会报案。其次,正如数据分析显示,被害人以非沪籍未成年人为主。这部分未成年人多跟随来沪务工的父母一起生活,流动性较强,往返于两个城市,或者寒暑假与父母一起生活,社区针对他们的保护措施本身较弱,加上信息不对称,缺乏保护的抓手。再次,如前文分析,侵害人呈现出非沪籍、无业人员为主的特点,这类侵害人同样具有很大的流动性,并且存在流窜作案的情况。侵害人分布分散,这给发现和打击

犯罪都造成了困难。最后,一些侵害人往往与被害人相识,熟人作案占有一定比例,甚至侵害人对被害人具有特定监护义务,这也导致了犯罪发生后更加难以被外界发现。

(二)性侵害未成年人案件取证难

首先,性侵害未成年案件具有隐蔽性,并且多是在一对一的情况下发生,再加上这类犯罪发现难,侵害行为距离取证时往往隔了较长时间,导致一些生物检材灭失,客观证据较少,未成年被害人陈述是案件关键证据。并且受年龄局限,未成年人表达、理解能力有限,证言往往具有易受影响、反复性等特点,证明能力往往受到质疑。其次,由于被害人流动性较强,对于一起案件中存在多名被害人的情况,侦查机关取证时,可能时过境迁,一些被害人可能已经搬离原来的住处,使得取证存在困难。再次,如前文所分析,性侵害未成年人案件中14岁以下被害人占大多数,主要原因在于猥亵儿童罪中被害人较多,超过强奸罪被害人数的总和。这也就意味着侦查机关在取证时,面对的主要是14岁以下的被害人。低龄被害人占多数进一步加大了取证难度。最后,对性侵害未成年人案件的调查取证与其他刑事案件不同,需要避免对未成年人造成二次伤害。近年来上海市检察机关积极推动公安机关建立并完善性侵案件未成年被害人"一站式"取证制度,设置宽松、舒适的办案场所,一次性完成询问、检查等取证工作。"一站式"取证方式对检察机关和公安机关案件承办人的业务能力、对侦诉双方的沟通协调都提出了更高的要求。

(三)性侵害未成年人犯罪防控难

首先,对于性侵害未成年人案件,社会防控的意义大于司法惩治。未成年人遭受违法犯罪行为侵害的背后,与家庭监护、学校教育、社会环境等因素存在密切关联,暴露出在这些方面存在的疏漏。[1] 对性侵害未成年人犯罪的防控依靠司法机关的力量远远不够,需要形成针对未成年人的保护合力,特别是延伸对非沪籍未成年人的福利与保护。其次,性侵害案件往往具有较高的再犯率。上海市检察机关统计到前科情况的性侵案件犯罪主体中,3.07%具有性侵前科,9.93%具有其他犯罪前科。中国少年儿童文化艺

---

[1] 宋英辉、尹泠然:《"一号检察建议"的法理透视》,《中国检察官》2019年第12期。

术基金会女童保护基金《2018年性侵儿童案例统计及儿童防性侵教育调查报告》的统计显示在317起案例报道中,有124起明确表述性侵者多次作案,占比39.11%,呈高发态势。这需要进一步完善从业禁止制度及相关配套制度,同时也需要更多相关社会公共服务资源的投入。

(四)性侵害未成年人案件办理难点

首先,为未成年人提供司法保护仅仅是避免性侵害未成年人案件发生的一部分。性侵害未成年人案件具有"性侵害""未成年人"两个社会敏感点,检察机关在办理这类案件中更需要注重法律效果与社会效果的统一,不能单纯地就案办案,应当更深入地挖掘导致未成年人被侵害的各种原因,从家庭监护责任的落实、学校管理制度机制的完善、全社会保护未成年人意识的树立等多方面入手。其次,对于一些不属于刑法罪名规制的性侵害未成年人的行为也应当重视。费兹格尔德依据侵犯的严重程度,将性侵害分为性别骚扰、性挑逗、性贿赂、性胁迫与性攻击五类。[1] 许多性侵害行为对未成年人的身心造成了严重伤害,但并不属于刑法罪名中的性侵害犯罪。从长期来看,一些严重的侵害行为总是从轻微行为发展起来的,因此有必要加强对一些轻微、边缘的性侵害行为的防控。再次,对于利用网络性侵害未成年人犯罪的惩防需要进一步研究。实践中一些不法分子利用网络社交平台,骗儿童发送裸照、裸体视频、进行裸聊,甚至猥亵动作等。最后,立法未对性侵案件的精神损害赔偿作出规定。根据我国有关法律规定,被害人可以采取刑事附带民事诉讼或者单独提起民事诉讼的方式要求损害赔偿,但主要是针对物质损失或象征性地支付一些精神损害赔偿费用,而性侵害未成年人案件中,未成年被害人遭受的精神损害常常比身体损害严重得多。

---

[1] Fitzgerald,Sexual harassment:The definition and measurement of a construct [M]. M. A.Paludi,Albany Sunny Press,1990:153.性别骚扰是指具有侮辱、诋毁或性别歧视观念的语言或行为,特别是强调女性的性征或性别特质的语言。性挑逗是指一切不受欢迎、不适宜且带有性引诱的书面、口头或肢体语言。性贿赂是以"利益承诺"的方式,要求性行为或与性有关的活动,如雇佣、升迁、加分或写推荐函等等。性胁迫是指以威胁或强迫的方式,要求性行为或与性有关的活动。性攻击包括强暴及任何具有伤害性、攻击性或虐待性的性暴力及性行为。

三、性侵害未成年人犯罪的惩防对策思考

美国社会学家芬克霍尔提出解释"儿童性侵害"的发生需要具备四项条件，即加害者的侵害动机、加害者的内在控制力瓦解、社会外在控制力瓦解以及儿童的抵抗能力被瓦解。从这个角度讲，加强对性侵害未成年人犯罪的惩防措施，也需要从司法规范、社会支持、未成年人自我防护等几个方面着手，其中司法规范是重点，社会支持是基础，未成年人自我防护是关键。

（一）完善性侵害未成年人案件司法办案机制

首先，在"一站式"取证中，加强检警协作，检察机关提前介入引导侦查取证。由于性侵案件的特殊性，有必要发挥公检配套机制效应，在案发第一时间内通过对接平台及时互通信息，通知检察机关提前介入，引导公安人员侦查取证，及时收集定罪量刑的相关证据，实现检警一站式协作。其次，注重提高性侵害未成年人案件承办人的业务水平，注重办案的社会效果。针对性侵害未成年人犯罪类型主要为强奸和猥亵儿童犯罪的情况，加强对重点犯罪类型的办理和取证指引。结合相关性侵害未成年人区域分布特点，相关区域加强防控力度，并加强对低龄女童的保护。最高人民检察院张军检察长在齐某强奸、猥亵儿童案改判后多次强调，"要思考如何把未成年检察工作做到起诉之前、延展到裁判之后，为每个家庭、每一所幼儿园和中小学校带来更实在的获得感、幸福感和安全感"。在办理性侵害未成年人案件中，在打击犯罪之余，更要贯彻"儿童利益优先"原则，将性侵害犯罪对被害人在学校、社会造成的恶劣影响降到最低。对于检察机关来说，性侵害未成年人案件诉讼程序的结束并不意味着相关工作的结束，应当适时跟踪，采用适当的方式回访了解被害人的状况，帮助未成年被害人修复身心损伤。再次，进一步探索性侵害未成年人侵害人"从业禁止"制度及相关配套制度。《中华人民共和国刑法》第37条之一的从业禁止制度、第38条的管制禁止令、第72条的缓刑禁止令、第100条的前科报告制度以及相关司法解释共同构成性侵害未成年人"从业禁止"制度及配套制度的法律基础。2019年2月，最高人民检察院发布了《2018—2022年检察改革工作规划》，提出"建立健全性侵害未成年人违法犯罪信息库和入职查询制度"。从业禁止制度有针对性地解决了性侵害未成年人侵害人再犯率高的问题。构建未成年从业

禁止制度,一方面需要司法实践中科学运用该制度,完善性侵害未成年人侵害人数据库;另一方面需要学校、幼儿园等教育机构在招聘教职员工时,严格准入制度,将从业禁止制度落到实处。最后,加害者的侵害动机、加害者的内在控制力瓦解也是影响性侵害未成年人发生的重要因素,因此应当加强对制作、贩卖、传播涉及未成年人的淫秽物品犯罪,以及组织、强迫、引诱、容留、介绍未成年人卖淫等犯罪的打击力度。通过这样的方式,可以减少社会、网络中诱发侵害人的外部刺激。

(二)健全性侵害未成年人犯罪社会防控体系

首先,落实司法保护与社会保护衔接机制,充分发挥社区、学校、医院等组织机构在性侵害未成年人案件中发现犯罪的作用。《中华人民共和国未成年人保护法》(以下简称《未成年人保护法》)第6条第2款规定:"对侵犯未成年人合法权益的行为,任何组织和个人都有权予以劝阻、制止或者向有关部门提出检举或者控告。"学校、医院是除家庭外,最易发现性侵害未成年人犯罪线索的地方,而《未成年人保护法》的相关报告规定并不具有强制性,因此建立社区、学校、医院等组织机构发现性侵害未成年人线索的强制报告制度十分必要。与此同时,不仅应注重对刑法条文规定的性侵害未成年人的几类犯罪的强制报告,也应适当留意一些言语骚扰、威胁等轻微、边缘的性侵害线索。其次,针对性侵害未成年人犯罪逐渐向上海市西北部的城乡接合区域集中,并存在各区流窜作案的现象,增强相关街道、社区、居委会、村委会对来沪流动未成年人的保护作用,特别是结合近年性侵害未成年犯罪分布规律特点,城乡接合区域加强对来沪人口及随迁儿童的统计与管理,为性侵防范等犯罪预防工作提供数据。特别是注重在寒暑假等未成年人流动的重要节点,通过走访、宣传等方式,加强对14岁以下未成年人的保护。然后,净化社会环境,加强对无业人员聚集地的治安管理,通过加强安防人员巡视力度、村居民自我保护,提高治安管理力度。另外注重净化网络环境,加强对涉及未成年人淫秽视频、文字等网站的甄别、监管等。再次,发挥家庭在防范性侵害未成年人犯罪案件中的堡垒作用。父母在满足孩子的物质生活需求的同时,应当建立与孩子的良好沟通习惯,科学地进行安全教育,而不是"谈性色变"。来沪务工的家庭,在工作之余,应当更加关心孩子的生活,避免监护的缺位。此外,家庭长辈更应该给予处于青春期的孩子更多关爱,避免青少年沉迷于不健康的社交网络,在网络交友中上当受骗。最

后,应充分发挥社会对未成年被害人的心理疏导作用及教育、宣传作用。引导未成年人提高鉴别和自我保护的能力,树立正确的交友观、人生观,走出被侵害的阴影。

(三)增强未成年人的自我保护意识

从案件数据的分析结果看,性侵害未成年人案件中未成年人保护人角色异化的特征明显,因此提升未成年人的自我保护意识是关键。一方面需要通过教育和法治宣传使未成年人认知哪些行为属于性侵害行为,另一方面需要鼓励未成年人勇敢向父母、老师揭发性侵害犯罪。另外,以引诱和欺骗为主的侵害方式主要在于未成年人心智尚不成熟,判断力有所欠缺,这也意味着加强对未成年人自我保护意识等方面的教育,将非常有利于减少犯罪。

美国有效辩护权的保障机制及其对我国的启示

吴进娥[*]

摘要：有效辩护权是一个源生于美国的概念，是对抗式诉讼的产物，特指律师向被告人提供的高质量的辩护，与实质辩护不是等同概念。有效辩护权的保障不是一项制度的结果，而是多项司法制度的有机统一。在美国，除了无效辩护制度之外，违宪审查制度、司法令状制度和陪审团制度也都不同程度地保障了有效辩护权的实现。虽然我国与美国的司法制度和历史文化存在较大的差异，但美国有效辩护权的保障经验对我国辩护制度的发展具有重要的启发意义，未来我国应该在立足现实的基础上，逐步实现律师辩护全覆盖并建立本土化的有效辩护权保障机制。

关键词：有效辩护；保障机制；对抗式诉讼；启示；无效辩护

2017年最高人民法院、司法部联合出台了《关于开展刑事案件律师辩护全覆盖试点工作的办法》（以下简称《办法》），并在北京、上海、浙江、安徽、河南、广东、四川、陕西8个省、直辖市开展了为期一年的试点并取得良好成效。2018年12月27日，最高人民法院、司法部又发布扩大刑事案件律师辩护全覆盖试点范围的通知。律师辩护全覆盖的推行在刑事诉讼法史上将是历史性创举，不仅有利于保障以审判为中心的刑事诉讼改革和认罪认罚从宽制度改革，还将从根本上改变我国长期以来刑事辩护率不足30%的境

---

[*] 吴进娥，江苏大学法学院讲师，法学博士。

况,为实现刑事案件中主要由被告人自行辩护向律师辩护过渡打下基础。但是,正如学者所言:"获得律师并不就等于获得了律师的辩护,更进一步说,获得律师并不就等于当然获得了律师应当给予的辩护。"[1]即使刑事案件获得律师帮助,也并不意味着被告人辩护权的有效实现。

为解决有效辩护不足的问题,近年来我国在学术上出现了诸多以有效辩护为主题的研究成果,但至今仍然没有形成关于有效辩护权的统一学术概念,甚至出现了有效辩护与实质辩护混用的情况,这不仅不利于学术沟通,还会妨碍对有效辩护权的深入研究。除此之外,目前的研究文献多数是介绍有效辩护在美国的发展状况,对美国如何保障有效辩护权的探讨也只是归因于无效辩护制度。事实上,如果没有成体系的司法制度的有机统一,仅仅依靠无效辩护制度来保障有效辩护权是远远不够的。为此,本文在明确有效辩护权特定内涵及来源的基础上,深入探究美国有效辩护权的保障体系,以期对我国辩护制度的改革与发展能有所启发。

一、有效辩护权的基础理论问题

(一)"有效辩护"与"实质辩护"的关系

由于"有效辩护"问题是近几年才得到理论上重视的课题,相对而言对该理论的研究还不够完善,学术界并没有形成一个统一的概念。在称谓上,既有有效辩护权说,也有律师帮助权说,甚至还出现了将有效辩护与实质辩护相混淆的情况。例如,有学者关于"以'有效辩护权'作为解决问题的出发点和归宿……期望有助于从根本上促进形式辩护向实质辩护转化"[2]的表述,表明有效辩护与实质辩护之间没有作出明确区分,甚至混同在一起。"有效辩护"是一个起源于美国的概念,《美国宪法第六修正案》规定:在任何刑事诉讼中,被告人都享有获得律师帮助的权利,被告人的这一宪法性权利在我国被学者称为"有效辩护权"。例如,陈瑞华教授认为:"'有效辩护'是美国联邦最高法院根据宪法第六修正案'获得律师帮助的权利'发展出来的宪法权利,是指律师为被告人提供了富有意义的法律帮助,与'无效辩护'不

---

[1] 林劲松:《美国无效辩护制度及其借鉴意义》,《华东政法学院学报》2006年第4期。
[2] 汪家宝:《论刑事被追诉人的有效辩护权》,《政治与法律》2016年第4期。

是一对相互对应的概念。"[1]冀祥德教授认为:"有效辩护(effective assistance of counsel)的核心含义是指辩护足以发挥其在刑事诉讼权利架构中应有的作用。与之相对应的概念是产生程序制裁法律效果的无效辩护。"[2]熊秋红教授也认为:"在美国法中,有效辩护是指律师的有效帮助,它源于联邦宪法第六条修正案,聚焦于律师辩护本身的质量。"[3]由此可见,理论上虽然对有效辩护概念的表述不同,但对其来源上的认识却别无二致。

既然我国学界上的"有效辩护"源生于美国宪法第六修正案所确立的"被告人律师帮助权",说明有效辩护具有其特定的内涵,应当与实质辩护相区别。在美国,有效辩护制度的诞生经历了两个重要的历史发展阶段,一个是指定辩护制度的形成与完善阶段,另一个是无效辩护制度的形成阶段。从这个意义上而言,有效辩护有其特定的构成要素,归结起来包括以下内容:(1)被告人享有获得律师帮助的权利;(2)律师的帮助应当具有"有效性";(3)无效的律师帮助一定条件下会产生程序制裁的后果。而"实质辩护"是源生于我国的概念,是与辩护权得不到保障的形式辩护相对应的一个概念,也是对被告人享有辩护权的当然解释,强调的仅仅是辩护的实效,而不包括应获得律师帮助这层含义,其主体可能是被告人也可能是律师或其他委托代理人。但有效辩护特指律师向被告人提供的高质量的辩护,而不包括非律师身份的辩护人所提供的辩护。因此,实质辩护与有效辩护不是等同概念,二者之间既有区别又有联系,实质辩护是与形式辩护相对应的概念,而有效辩护是与无效辩护相关联的概念。被告人获得了实质辩护不一定代表获得有效辩护,但一旦获得了有效辩护就一定获得了实质辩护。理论上将这二者混同不仅不利于澄清有效辩护的本质结构,也不利于学术用语的统一。

(二)有效辩护权是对抗式诉讼的必然产物

英美法系国家的刑事诉讼构造一般被认为属于当事人主义诉讼模式,

---

[1] 陈瑞华:《刑事诉讼中的有效辩护问题》,《苏州大学学报》(哲学社会科学版)2014年第5期。

[2] 冀祥德:《刑事辩护准入制度与有效辩护及普遍辩护》,《清华法学》2012年第4期。

[3] 熊秋红:《有效辩护、无效辩护的国际标准和本土化思考》,《中国刑事法杂志》2014年第6期。

"是指在诉讼中,当事人双方权利平等,地位对等,各种程序的开示和进行,证据的收集、提出、审查、运用,均以当事人为主,法官只起公断人的作用"[1]。这一诉讼模式以对抗式诉讼为核心,是"诉讼双方在一位相对被动的裁决者面前展开竞争,而后者的主要任务就是要作出一项判决"[2]。在这种刑事诉讼模式下,要想实现公正审判,有效的律师辩护便成为必不可少的内容。正如美国最高法院在斯特里克兰案中所认为的那样:"判断任何有效性主张的基本点必须是,律师的行为是否损害了对抗制诉讼的基本功能,以至于难以依赖审判得到一个公正的结果。"[3]

对抗式的诉讼结构是孕育有效辩护权的源泉。由于对抗式诉讼要求控辩双方必须具备平等对抗的能力,导致刑事审判中的被告人离不开律师的有效帮助。"如果没有律师,无论是正式程序还是非正式程序,无论是法庭内的程序还是法庭外的程序,都将会减损被指控人的公正审判权。"[4]因为"即便是高智商、受过高等教育的法律门外汉,由于不熟悉证据规则,他在法律上的技能也很有限,有时甚至根本没有任何技能可言。如果没有律师帮助,他可能会因为不合理的指控而受到审判,会因为不充分的证据、无关的证据或没有可采性的证据被判有罪"[5]。因此,律师是对抗式诉讼的必需品,而非奢侈品,并由此衍生出有效辩护的基础——被告人享有获得律师帮助的权利。在被告人无力委托律师的情况下,为保障公正审判的需要,国家有给被告人指定辩护律师的义务。

但从实践中发生的案件可以看出,仅仅保障被告人有律师帮助依然不能实现真正的平等对抗,由于当事人主义诉讼模式下法官的中立性较强,"裁判者并不主动调查案件事实,他在事实认定机制中的角色是被动的、消极的和沉默的,他的职责主要局限于确保双方遵守法庭审理的规则,并根据控辩双方的举证质证来判定胜负"[6]。因此,在当事人主义诉讼模式下,客

---

[1] 李心鉴:《刑事诉讼构造论》,中国政法大学出版社1992年版,第70页。

[2] [美]米尔伊安·R.达玛什卡:《司法和国家权力的多种面孔》,郑戈译,中国政法大学出版社2004年版,第5页。

[3] [美]约书亚·德雷斯勒、艾伦·C.迈克尔斯:《美国刑事诉讼法精解》,魏晓娜译,北京大学出版社2009年版,第81页。

[4] United States v. Wade, 388 U.S. 218, 226 (1967).

[5] Powell v. Alabama, 287 U.S. 45 (1982).

[6] 李昌盛:《论对抗式刑事审判》,中国人民公安大学出版社2009年版,第10页。

观真实的发现、非法证据的排除甚至对抗的输赢主要依赖于律师娴熟的辩护技巧和高度的敬业精神。"要实现第六修正案的目的,就不能把被告人留给一个不称职的律师",并由此引发了"律师帮助权应当是有效的律师帮助权"的著名论断。[1] 至此,辩护权实现了由律师辩护到律师有效辩护的飞跃,从某种意义上讲,可以说有效辩护权的发展和实现是对抗式审判模式的产物。

二、美国有效辩护权的保障机制

为了保障有效辩护权,美国创设了"无效辩护制度"。从美国辩护权的发展史来看,该制度对保障被告人的有效辩护权起到了一定的积极作用,但仅仅依靠无效辩护制度来保障有效辩护权是远远不够的。无效辩护制度只能算是保障被告人有效辩护权体系中的一部分,除此之外,美国还有多项制度为有效辩护权保驾护航,形成了一个相对成熟的有效辩护权的保障体系。

(一)违宪审查制度从根本上保障有效辩护权的实现

美国于1791年生效的宪法修正案"对被告人的合法诉权进行宪法性保护",[2] 其中包括第六修正案关于被告人律师帮助权的规定。虽然以宪法的形式明确了被告人获得律师辩护的权利,但在实践中获得律师辩护权仅仅作为纸上的权利而存在。直到1938年,在策尔普斯特案[3]以后,联邦法院的贫困被告人才开始获得指定律师帮助的权利,并且到1963年,律师辩护权才开始被认为是刑事司法中的基本权利。[4] 辩护权从宪法走入司法实践的过程离不开美国违宪审查的历史传统。

正是美国最高法院可以通过违宪审查撤销违宪行为的机制,使得美国的宪法权利不是停留在纸面上的政治宣言而是落实在具体的判例和成文法

---

[1] Mcmann v. Richardson, 397 U.S. 759, 771 (1970).
[2] 黄亚林:《美国宪法对刑事被告人权利保护的述评》,《海南大学学报(人文社会科学版)》2001年第1期。
[3] Johnson v. Zerbst, 304 U.S. 458 (1938).
[4] Gideon v. Wainwright, 372 U.S. 335 (1963).

当中的。[1]有效辩护权正是借助违宪审查制度将宪法第六修正案所规定的被告人的律师帮助权演化成律师的有效帮助权,也是借助违宪审查制度得以巩固发展。尤其是在无效辩护制度出现以后,彻底改变了被告人只能通过解除委托代理协议或要求律师赔偿或向律师协会投诉等方式维护自己的权利的形式,一旦被告人认为个人的律师辩护权受到侵害,"被告人可以发动一场宪法性诉讼,也就是以自己'获得有效辩护'的宪法权利遭受侵犯为依据,要求法院撤销原审法院的判决"。[2]因此,违宪审查制度是有效辩护出现和发展的催化剂,也是保障被告人有效辩护权不被任意侵犯或破坏的一项重要制度。

(二)司法令状制度保障审判前程序中有效辩护权的实现

美国在审判前的刑事诉讼程序中实行令状制度,所谓刑事司法中的令状制度,"是指对于逮捕、羁押、搜查、扣押、监听等刑事的强制措施,必须经由中立的司法机关对其合法性和合理性审查后,以令状的方式授权执法机关或者人员予以实施"[3]。这种审前阶段的司法令状制度主要"是在侦查阶段引入中立的审判机关,就强制侦查的理由进行司法审查,以判断强制侦查的合法性和必要性,其本质上通过司法权控制侦查权以保障人权"[4]。简言之,就是在审前程序中建立起诉讼构造模式,既有可以平等对抗的控辩双方,还有保持中立和超然地位的裁判者,以保障程序的公正性、合宪性。

令状制度看似只关乎侦查手段和强制措施的实施,是中立第三方对公权力的监督与制约,而与被告人的辩护权风马牛不相及,其实不然。令状制度所形成的诉讼构造式的审前诉讼模式构建出审判前的司法审查机制,不仅是对公权力的监督制约机制,还是被告人的权利救济渠道。具体体现在以下几个方面:

首先,在审前程序的初次聆讯中,被逮捕人一般会在24个小时内被带

---

[1] 谢佑平、江涌:《审前程序的改革:以律师辩护为视角》,《湖南社会科学》2005年第1期。

[2] 陈瑞华:《刑事辩护的理念》,北京大学出版社2017年版,第103~104页。

[3] 杨雄:《刑事强制措施中的令状制度研究——从美国法的角度切入》,《东疆学刊》2012年第3期。

[4] 孙长永、高峰:《刑事侦查中的司法令状制度探析》,《广东社会科学》2006年第2期。

至司法官面前接受聆讯,此时,司法官员会正式告知被逮捕人所享有的宪法权利,并为没有聘请律师的贫穷犯罪嫌疑人指定一名律师,以保障宪法中所规定的有效辩护权。其次,在法院接到起诉书后会在公开法庭上进行聆讯,被告人将在获得律师帮助的前提下就起诉书进行罪否答辩。最后,聆讯以后,被告人可以就个人认为其宪法权利遭受不当侵害的情况提出审前动议,如要求对方证据开示的动议、非法证据排除动议等。

除以上保障被告人律师辩护权的具体表现以外,对侦查人员任意剥夺被告人律师帮助权的,律师可以向司法官员提出申请,由该司法官员发布有关的司法令状,以确保审前辩护工作的顺利开展。[1]"令状是司法审查制度在刑事侦查领域的具体体现,令状的审查属于事前的司法审查,而令状的救济就是事后的司法审查。"[2]令状的审查有利于防止侦查机关恣意妄为,为律师辩护权的实现提供基础条件,令状的救济则有利于保障被告人律师辩护权的有效实现。

(三)陪审团制度保障审判过程中有效辩护权的实现

有效辩护权的实现离不开控辩双方的平等对抗,而审判中立又是确保控辩双方能够平等对抗的前提。审判中立要求裁判者对控辩双方不偏不倚,独立审慎地进行司法认定和裁判。但"法官中立与人性具有内在的联系",[3]作为劳动力市场参与者的法官难免会受到一些非理性因素的影响,即使除却个人政治因素、情感因素、意识形态的影响,相比陪审团,对刑事司法体制有长期经验的法官也更可能认定被告人有罪,因为他知道除非有压倒性的不利于被告的证据,检察官很少会起诉。在合议庭审理案件时,某个法官的中立性不足会影响其他法官的理性判断,即使在美国这样司法高度独立的国家,在合议庭评议时法官也存在"异议厌恶"的情况,即法官也不喜欢别的法官对自己的司法意见持有异议,不愿一次次修改意见初稿,把第三位法官输给异议者,而一旦这种异议给同僚关系造成伤害,"法官相互间变

---

[1] 陈瑞华:《刑事诉讼的前沿问题》,中国人民大学出版社2011年第3版,第278页以下。

[2] 孙长永、高峰:《刑事侦查中的司法令状制度探析》,《广东社会科学》2006年第2期。

[3] 刘元璋、张淑碧:《法官中立的人性论根据探析》,《郑州大学学报(哲学社会科学版)》2011年第3期。

得带点敌意时,工作就不好干了,并且这种危险一直存在,因为……法官不能选择自己的同事也不能选择后继者"[1]。因此,完全依靠法官的审判难以摆脱世俗纠葛的缠绕,难以充分发挥对抗式审判的价值。

而陪审团的产生为控辩双方在法庭上的平等对抗提供了可能性,正如学者所言:"没有陪审团审判就没有对抗式诉讼。"[2]虽然这种观点有点绝对,但却鲜明地道出了陪审团与对抗式诉讼之间的近亲关系。"陪审团中立性、被动性和独立性的增加削弱了政府对它的控制,而独立的陪审团则把法官从政治的纷争中解救出来,为法官的司法行为戴上了一层保护膜,这也进一步保障和促进了法官在审理中保持一种中立无偏私的公正姿态。"[3]在美国联邦法院审理的案件中,多数重罪案件是由陪审团审判的,"2003年在联邦法院,被指控重罪的被告人中有4%选择了审判。其中,93%获得了陪审团审判,另外7%得到了职业法官审判"[4]。由此可见,陪审团在美国的刑事审判中起到了重要作用,为控辩平等对抗发挥了积极效应。

陪审团之所以能够在审判中保障被告人有效辩护权的实施,还与陪审团的遴选以及预先审查程序和回避制度密不可分。在美国,被告人在罪状答辩程序作出无罪答辩之后,如果适用陪审团审判则法庭会进入陪审团遴选程序。为了发现陪审员可能的偏见,审判法官和律师对陪审员候选人会就与案件有关的态度和观念进行审查,这就是美国的预先审查程序。在审查过程中,辩护律师可以向陪审员发问,一旦认为陪审员候选人存在偏颇则可以申请有因回避将陪审员踢出陪审团。即使陪审员不存在应当回避的理由,控辩双方也都享有无因回避权,且根据罪行轻重的不等,无因回避的次数也有所不同。因此,美国的辩护律师出于辩护效果的考虑会通过咨询专业的陪审团遴选咨询员、调查陪审员的背景资料来选择对己方最有利的候

---

[1] [美]理查德·波斯纳:《法官如何思考》,苏力译,北京大学出版社2009年版,第31页。

[2] 易延友:《陪审团审判与对抗式诉讼》,台湾三民书局2004年版,第231页。

[3] Stephan Landsman, "A Brief Survey of the Development of the Adversary System" 44 Ohio St. L.J. 713(1983), p.723.转引自李昌盛:《论对抗式刑事审判》,中国人民公安大学出版社2009年版,第26~27页。

[4] See Bureau of Justice Statistics, U.S. Dep't of Justice, Compendium of Federal Justice Statistics, 2003 tbl. 4.2 (2005).转引自[美]约书亚·德雷斯勒、艾伦·C.迈克尔斯:《美国刑事诉讼法精解(第二卷·刑事审判)》,魏晓娜译,北京大学出版社2009年版,第202页。

选人。正是凭借预先审查程序、有因回避和无因回避制度,"美国的律师从踏入法庭的第一时间就牢牢地掌握了庭审的主动权,为己方争取到最为有利的裁判者"。[1]因此,陪审团制度为保障律师在庭审中充分行使辩护权发挥着重要作用。

(四)无效辩护制度保障审判程序后有效辩护权的救济

在美国,"联邦最高法院通过判例法建立了无效辩护制度",[2]所谓无效辩护"是指律师的辩护行为出现严重瑕疵而导致影响诉讼结果的公正性,一旦律师的行为被上级法院宣布为无效行为,原审法院的判决就将被撤销并发回重审,以此保障被指控人的宪法意义上的辩护权"[3]。无效辩护制度是为保障有效辩护权而生,是在审判程序后对有效辩护权的救济措施。这一制度的种子判决出现于斯特里克兰案,[4]在该案中,最高法院作出了判断无效辩护的双重标准:首先,被告人要证明律师的表现有缺陷,即低于合理性的客观标准;其次,被告人还必须证明,如果没有律师的缺陷表现,诉讼可能会出现不同的结果。事实上,这一标准除了律师在法庭上打盹或司法机关公开地干涉律师辩护权外,要证明起来非常困难,无效辩护也就成了一个容易成立但不常成功的主张。

无效辩护和有效辩护也不是一一对应的关系,换言之,并非不是有效辩护就一定是无效辩护,因为无效辩护需要达到一定的证明标准且经过法院认定并产生程序性制裁的后果。因此,对于辩护质量存在一般瑕疵,或虽然存在严重瑕疵但没有经过司法确认的律师辩护依然不是无效辩护。因此,无效辩护制度在保障被告人获得律师有效帮助权上的价值是有限的。尽管如此,也不可否认无效辩护制度在保障有效辩护权上所发挥的正面作用,因为"在美国司法实践中,无效辩护获得确认后,不仅原审定罪判决被撤销,而且承办律师也将因其不称职的辩护受到律师行业内部的批评、责备甚至处分。显然,这一制度对于促使律师尽心尽力地履行辩护职责,保障被告人获

---

[1] 李昌盛:《论对抗式刑事审判》,中国人民公安大学出版社2009年版,第145页。
[2] 陈瑞华:《刑事辩护的理念》,北京大学出版社2017年版,第104页。
[3] 李本森:《关于刑事诉讼中辩护权性质的认识》,《中国司法》2007年第3期。
[4] Strickland v. Washington, 466 U.S. 668 (1984).

得有效辩护是有积极意义的"[1]。

由此可见,美国司法令状制度和陪审团制度为阻止公权力妨碍有效辩护权的实施起到了积极的预防作用,而无效辩护制度和违宪审查制度作为被告人权利的救济方式,对保障被告人有效辩护权的实现发挥着重要价值。尽管这些制度的结合也不一定能够确保被告人有效辩护权的全面实现,但至少为有效辩护权的实现提供了一个相对成熟的保障体系。

三、美国有效辩护权保障机制对我国的启示

我国的政治体制与司法制度均与美国存在较大差别,甚至连无效辩护制度也被多数学者认为不符合我国国情,因此,很多人对有效辩护权的发展抱有消极的态度。其实,这种"有效辩护权的消极论"将注意力过多地集中在了我国与美国司法制度存在的巨大差异上,而忽略了诉讼目的的共通性。不管刑事诉讼目的的理论有多庞杂,只要是现代法治国家,无论是中国还是美国,刑事诉讼都离不开保障实体正义、实现程序公正的双重目的,只是这两者轻重不等的差别,造就了不同的诉讼模式。虽然我国长期以来以职权主义诉讼模式自居,但随着以审判为中心的诉讼制度改革和庭审实质化的推进,我国诉讼模式也"正在发生着职权主义向当事人主义的现代化转型"。[2] 有效辩护权必然将成为我国辩护制度的发展方向。只是由于我国司法制度、历史传统和文化等方面都与美国存在较大的差异,所产生的有效辩护权的保障机制也会有所不同。但是,美国有效辩护权保障机制的研究对我国发展有效辩护权具有重要的启发意义。

(一)我国已具备发展有效辩护权的基础

从现实情况来看,我国已经具备了一定的有效辩护权发展基础:

1.我国具备发展有效辩护权的责任基础

正如柏拉图所言:如果管理人类事务可以不承担责任,那么就必然产生傲慢和不正义。为提高司法公信力,减少冤假错案的发生,十八届三中、四

---

[1] 顾永忠、李竺娉:《论刑事辩护的有效性及其实现条件——兼议"无效辩护"在我国的引入》,《西部法学评论》2008年第1期。

[2] 谭世贵:《论刑事诉讼模式及其中国转型》,《法制与社会发展》2016年第3期。

中全会之后,司法责任制改革正式拉开帷幕。在此之后,最高人民法院、最高人民检察院相继发布相关意见,明确法官、检察官在职责范围内对办案质量终身负责。尽管理论上对司法责任终身负责制褒贬不一,但无论该制度存在多少弊端都掩饰不住其有利于提高司法工作人员责任感的正面价值。

正是由于这份责任感使得司法人员和辩护律师某种程度上有了减少错案发生的共同目标,从这个角度而言,律师不是法官和检察官的对立面,而是减少错案发生的同盟。正如赫尔曼教授所言,辩护人作为法官、检察官的伙伴有权协助寻找解决问题的对策,辩护人认为有必要时,应当尽全力为委托人提出主张。法官、检察官方面也应当把辩护人作为协作的伙伴。[1]除了司法责任终身制以外,新试点的《办法》明确规定,第二审人民法院发现第一审人民法院未履行通知辩护职责,导致被告人在审判期间未获得律师辩护的,追究相关人员责任。由此可见,我国特有的司法责任制度一定程度上具有保障有效辩护权实现的价值。

2.我国具备发展有效辩护权的结构基础

有利于发展有效辩护权的诉讼结构应该是控辩平等、审判中立的"等腰三角形"结构,但"我国刑事司法实践中控辩不平等、审判权中立性不足一直为人诟病,因此,如何实现刑事诉讼结构由'不规则三角形'向理想的'等腰三角型'结构转化一直是我国刑事司法改革的重要命题"[2]。从现实的司法状况而言,我国似乎并不具备有效辩护权发展的结构基础,但任何事物都是变化发展着的,我国的刑事诉讼结构也不例外,随着法官、检察官员额制改革、人财物统归省管改革以及监察委员会制度改革的推进,审判中立性将逐步增强且已经成为势不可当的趋向,而被转移了职务侦查职能的检察院也将进一步趋向当事人化;况且随着司法信息的公开、司法责任的倒逼,诉讼结构将会不断迈向"等腰三角型"结构,为有效辩护权的实现提供必要的结构基础。

3.我国具备发展有效辩护权的政策基础

尽管无效辩护制度现在难以在我国生存,但无效辩护制度思维已经在我国得到播种,以程序制裁理论保障被告人获得律师帮助的政策已崭露头

---

[1] [日]田口守一:《刑事诉讼的目的》,张凌、于秀峰译,中国政法大学出版社2011年版,第13页。

[2] 吴进娥:《国家监察委员会制度效应简析——基于刑事诉讼结构视角》,《湖南农业大学学报(社会科学版)》2017年第3期。

角。根据《办法》规定，第二审人民法院发现第一审人民法院未履行通知辩护职责，导致被告人在审判期间未获得律师辩护的，应当认定符合《中华人民共和国刑事诉讼法》(以下简《刑事诉讼法》)第 227 条第 3 项规定的情形，裁定撤销原判，发回原审人民法院重新审判。这一改革政策开创了以程序制裁模式保障律师辩护的新路径。而律师辩护是有效辩护的第一层次，为下一步保障律师辩护的有效性路径打开了思路。

(二)发展有效辩护权应以律师辩护全覆盖为前提

有效辩护权的发展是以律师辩护覆盖为前提的，我国要发展有效辩护权，首先要确保所有的刑事被告人都能获得律师的帮助，无论被告人是否认罪。目前我国虽然实现了被告人不认罪案件的律师辩护全覆盖，但对于认罪案件却执行值班律师制度，而值班律师在职能定位上与辩护律师存在较大的差别，一般值班律师只负责为被告人提供法律咨询、程序选择建议、申请变更强制措施等法律帮助，显然难以达到有效辩护的标准。因此，未来我国有效辩护权的发展还应该逐步实现认罪案件的律师辩护全覆盖，确保认罪认罚的被告人能够获得同否罪案件的被告人同等的律师帮助。

律师辩护全覆盖除了确保所有刑事被告人都能获得辩护律师以外，还应该确保被告人在所有的诉讼阶段都能获得辩护律师。尽管我国《刑事诉讼法》规定，侦查期间，辩护律师可以为犯罪嫌疑人提供法律帮助，代理申诉、控告，申请变更强制措施，向侦查机关了解罪名及案件的有关情况并提出意见，但律师在此阶段能否享有调查取证权依然是一个存在争议的问题，导致律师在侦查阶段所起到的作用非常有限，况且在职务犯罪案件转隶至监察委员会调查以后，职务犯罪案件在审查起诉以前更是难以获得律师的帮助。因此，除了保障所有被告人都能获得律师帮助以外，律师介入案件的时间也应该进一步向前推移，尤其是侦查阶段，律师辩护权应该进一步强化。

(三)发展有效辩护权应构建多元的保障机制

从美国经验来看，有效辩护权的发展离不开律师权利保障机制、辩护质量评估机制，以及无效辩护的制裁机制。未来我国有效辩护权的发展，应该结合我国的政治体制、法律体系构建符合我国国情的有效辩护权保障机制。

1.律师权利保障机制

保障律师权利是律师行使有效辩护的基本前提,虽然我国法律规定了较为详尽的律师权利体系,但如果没有合理的权利保障机制,法律上的权利终将是一纸空文。根据《刑事诉讼法》第49条的规定,辩护人认为公安机关、人民检察院、人民法院及其工作人员阻碍其依法行使诉讼权利的,有权向同级或者上一级人民检察院申诉或者控告。可见,与美国律师权利保障依托司法机关不同,我国律师的权利保障主要依托与其存在对抗关系的检察机关,尽管与之对抗的是公诉部门,但检察院内部的一体化管理注定各部门之间存在共同的利益链接,律师权利保障显然有违"自然公平",未来我国律师权利的保障至少应该遵循"不做自己的法官"的规则。对于公安机关、检察机关、法院及其工作人员妨碍律师行使辩护权的,律师可以向同级或上一级监察委员会申诉、控告,毕竟监察委员会改革以后,公职人员的职务违法行为、职务犯罪行为被统一划归监察委员会管理。

2.律师辩护质量评估机制

律师辩护质量的评估是判断辩护有效性的前提,在美国,无效辩护是由被告人证明,由法官自由裁量,但这样的有效辩护审查机制并不适合我国,因为成文法国家的裁判说理一般要以法律、法规或规范型文件为依据,我国一直秉承成文法国家的司法传统,司法裁判过程对规范的依赖较大。因此,建立律师辩护质量评估标准对有效辩护权的发展至关重要。

对律师辩护质量的评定应该以辩护行为为基础,"根据律师辩护行为是否得当,可将律师辩护的样态分为合理限度的辩护和不当限度的辩护两种类型。合理限度的辩护是指律师以符合行为规范的方式积极行使权利并履行义务的辩护;不当限度的辩护则是僭越了合理限度的辩护"[1]。不当限度的辩护又可分为当为而不为的辩护和不当为而为的辩护,前者表现了律师怠于行使职责的行为,后者主要是律师违反禁止性规定的辩护行为。合理限度的辩护是符合辩护质量标准的辩护,而不当限度的辩护一定是不符合辩护质量标准的辩护,因此,律师辩护质量评估标准应该以现行的法律、法规和律师职业道德规范为基础所建立的规范性文件。

3.不当限度辩护的制裁机制

不当限度的辩护是没有达到律师辩护质量评估标准的辩护,但与美国

---

[1] 吴进娥:《计划行为理论视阈下律师辩护的限度》,《湖北社会科学》2018年第7期。

的"无效辩护"还不是一个等同的概念,无效辩护会导致案件发回重审的后果,而不当限度的辩护所产生的不利后果可能有多种形式。一般情况下,不当限度的辩护会导致司法行政制裁,包括司法行政部门给予律师的警告、停职、吊销执照等,还包括人民法院对律师发出的警告,责令退出法庭等;但如果不当限度的辩护让程序的公正受到合理性怀疑,则应该给予程序性制裁机制。在我国,程序性制裁主要针对"侦查人员、检察人员和法官违反诉讼程序的行为所实施的法律惩戒",[1]而不是针对律师的不当辩护行为。尽管《办法》第21条首次将程序性制裁与律师辩护联系在一起,但是该规定的出发点依然是法官的失职行为,而不是律师的失职行为。虽然我国不宜全盘引入无效辩护制度,但该制度背后所渗透的程序性制裁机制却可以为我国发展有效辩护权提供重要的参考价值,未来我国刑事辩护制度的发展应该同程序性制裁相结合,对于律师严重不当限度的辩护影响案件程序公正,难以通过二审予以补正的情况应该探索发回重审的制裁机制,以使被告人能够在有效的律师帮助下获得公正的裁判。

结　　语

有效辩护权是对抗式诉讼的必然产物,其产生于与我国司法制度差别巨大的美国,但就其价值而言却远远突破了国界的限制。因此,虽然我国与美国的司法制度和历史文化存在较大的差异,但随着刑事诉讼制度的发展,刑事诉讼目的和刑事诉讼的模式越发趋同,我们不得不反思我国辩护权制度的发展路径。从辩护制度的发展趋势上看,我国实现从自行辩护到律师辩护再到律师有效辩护的发展历程是刑事诉讼制度发展的必然选择。随着《办法》的试点,我国离刑事案件律师辩护全覆盖的目标已经越来越近,只是在此过程中还应该更加注重对刑事辩护人身份要求的提高以及认罪案件律师辩护全覆盖的实现。只有全面实现律师辩护,才能有基础谈及有效辩护问题。因此,全面实现刑事案件的律师辩护方略是实现有效辩护的前提和基础。

在全面实现律师辩护以后,有效辩护权问题将成为辩护制度要考虑的下一个问题。美国通过违宪审查制度、司法令状制度、陪审团制度和无效辩

---

[1] 陈瑞华:《程序性制裁理论》,中国法制出版社2017年版,第101页。

护制度的相互配合的多元化有效辩护权保障机制对我国辩护权的保障具有重要的参考价值和借鉴意义。我国虽然不能直接移植美国的保障制度,但要保障有效辩护权的实现也不能单单寄希望于某一制度设计,而是应该建立一个相对完善的、有机统一的保障体系。

疫情防控域外法律文献

编者按:新冠肺炎病毒将世界各国拖入一场灾难。疫情防控本质上是应对突发公共卫生事件的社会治理活动,依法防控是有效应对疫情的关键。尽管我国本次疫情防控的成效有目共睹,但仍暴露不少"制度短板",突发事件应对法、传染病防治法等法律急需完善。为此,我们设置"疫情防控域外法律文献"专栏,组织力量对英国、美国等国家的相关法律进行翻译,突出其与疫情防控高度关联、最有特色的部分内容,以期为法学研究及立法提供参考。

2004年英国民事紧急状态法案

(第2部分·紧急权力)

魏 薇 编译*

翻译说明:本法案主要内容是英国在紧急状态下的合作共享信息、进行风险评估、制订发布应急计划、事件预警、公众提醒、职责范围及边界划分。编译时选取法案的第2部分:紧急权力。

1."紧急"的含义
(1)在本部分中,"紧急情况"是指:
(a)在联合王国内或组成部分或地区威胁严重损害人类福祉的事件或

---

* 魏薇,上海师范大学硕士研究生。

情况;

(b)可能严重损害联合王国内或组成部分或地区的环境的事件或情况,或

(c)战争或恐怖主义,严重威胁联合王国的安全。

(2)就第(1)款(a)项而言,某事件或情况仅在涉及、引起或可能引起以下情况时,才构成对人类福祉损害的威胁:

(a)失去生命;

(b)患病、负伤;

(c)无家可归;

(d)财产损失;

(e)资金、食物、水、能源或燃料的供应中断;

(f)通信系统的中断;

(g)运输设施中断,或

(h)与卫生有关的服务中断。

(3)就第(1)款(b)项而言,某事件或情况仅在涉及、引起或可能引起以下情况时,才构成对环境破坏的威胁——

(a)伴随着生物性、化学性或是放射性问题的土地污染、水污染或是空气污染;

(b)动植物的破坏或是毁灭。

(4)国务卿可通过发布命令修订第(2)款,以便就涉及或导致特定供应、系统、设施或服务中断的事件或情况作出规定:

(a)它应被视为威胁到人类福祉,或

(b)它不再被视为对人类福祉的威胁。

(5)根据第(4)款作出的命令——

(a)可以相应地修改本部分,并且

(b)除非事先已提出草案,并经两院决议通过,否则不得制定。

(6)第(1)款所述的事件或情况可能发生在英国境内,也可能发生在英国境外。

2.订立紧急情况规定的权力

(1)如果满足第21条的条件,女王陛下可以在议会下令制定紧急条例。

(2)如果满足以下条件,则内阁高级官员可以制定紧急规章:

(a)如果第21条条件已满足,及

(b)在没有严重拖延的情况下,不能根据第(1)款在地方议会中下达命令。

(3)在本部分中,"内阁高级官员"是指—

(a)财政部第一任总理;

(b)女王陛下的主要国务卿,以及

(c)女王陛下的财政部专员们。

(4)在本部分中,"严重延迟"是指可能会导致以下情况的延迟:

(a)造成严重损害,或

(b)严重阻碍重度损害的预防、控制或缓解。

(5)本节中的规章必须以规章制定者的声明为开头—

(a)指明制定法规所涉及的紧急情况的性质,以及

(b)宣布制定该规章的人:

(i)满足第21条的条件;

(ii)满足该规章只包括恰当的条文,以防止、控制或减轻与规章有关的紧急情况的某方面或影响;

(iii)满足法规的效力与紧急情况的相应方面或效力是成比例的;

(iv)满足该规定与《公约》权利相符[《1998年人权法》(第42章)第1节所指],并且

(v)如果属于根据第(2)款订立的规章,则必须满足第(2)款(b)项特别规定。

3.制定紧急法规的情况

(1)本条所指的情况是指第20条中提到的情况。

(2)第一个情况是紧急事件已经发生,正在发生或将要发生。

(3)第二个情况是,有必要为预防、控制或减轻紧急情况的方面或影响做出准备。

(4)第三个情况是第(3)款所指的制定法规的迫切性。

(5)就第(3)款而言,如属下列情况,与法律("现行法律")相同的条文是有必要的:

(a)没有严重拖延的风险,就不能依靠现有的立法;

(b)没有严重拖延的风险就不可能确定是否可以依靠现有立法,或者

(c)现有的立法可能不够有效。

(6)为了第(3)款的目的,特别是在以下情况下,有必要根据第20条

(《现行法律》)以外的法规制定条款:

(a)在没有严重拖延的风险的情况下,无法根据现有法律作出规定;

(b)有严重拖延的风险,就不可能确定是否可以根据现行法律作出规定,或者

(c)如果根据现行法律作出规定,该规定可能效力不足。

4.应急条例范围

(1)应急条例可以规定满足制定规章的人的任何用于预防、控制或减轻制定该规章所涉及的紧急情况的方面或影响的规定。

(2)特别是,应急条例可以规定制定者作出规定须满足适当的目的:

(a)保护人类生命、健康或安全;

(b)治疗人类疾病或伤害;

(c)保护或恢复财产;

(d)保护或恢复金钱、食物、水、能源或燃料的供应;

(e)保护或恢复通信系统;

(f)保护或恢复运输设施;

(g)保护或恢复与卫生有关的服务的提供;

(h)保护或恢复银行或其他金融机构的活动;

(i)防止、遏制或减少土地、水或空气的污染;

(j)预防、减少或减轻对植物或动物生命的破坏或毁灭的影响;

(k)保护或恢复议会、苏格兰议会、北爱尔兰议会或威尔士国民议会的活动,或

(l)保护或恢复履行公共职能。

(3)应急条例可以规定《国会法》或行使"王室特权"可以作出任何规定;特别是,条例可以——

(a)授予内阁大臣、苏格兰部长、威尔士国民议会、北爱尔兰部门根据第24条任命的协调员或任何其他指定人员同等的职能,包括:

(i)行使自由裁量权的权力或职责;

(ii)发出指示或命令的权力,不论是书面的还是口头的。

(b)规定或实现对财产的征用或没收(有偿或无偿)。

(c)提供或促成财产、动物生命或植物生命的破坏(有偿或无偿)。

(d)禁止或允许禁止进出指定地点。

(e)要求或允许要求往返或离开指定地点。

(f)在指定地点或指定时间禁止或允许禁止指定种类的集会。

(g)禁止或使禁止在指定时间旅行成为可能。

(h)禁止或允许禁止其他特定活动。

(i)犯以下罪行—

(i)未能遵守本条例的任何规定；

(ii)没有根据条例发出或作出指示或命令；

(iii)妨碍他人根据或凭借本条例执行职务。

(j)废除或修改根据法规或凭借法规制定的法规或规定。

(k)要求个人或机关为履行职能而行事(该职能是否由法规赋予,以及法规是否也规定了报酬或补偿)。

(l)使国防委员会能够授权部署女王陛下的武装部队。

(m)制定条款(其中可能包括与财产有关的授予权力),以增强女王陛下武装部队的任何部署。

(n)赋予法院或法庭管辖权(包括由法规所可能规定的法庭)。

(o)规定对以下事项或与该事项有关的事宜具有效力—

(i)领海地区；

(ii)英国渔业范围内的区域,或

(iii)大陆架的区域。

(p)作出一般或仅在特定情况或特定目的中适用的规定。

(q)为不同情况或不同类别人士作出不同规定。

(4)在第(3)款中,"指定"是指由法规指定或根据法规指定而作出的。

(5)制定应急条例的人必须考虑确保议会、高等法院和最高法院能够就以下各项进行诉讼的重要性：

(a)规定,或

(b)根据规定采取的行动。

5.应急条例的限制

(1)紧急规章只有在满足规章制定者的情况下并在以下范围内可以作出规定：

(a)该规定适用于防止、控制或减轻与制定规则有关的紧急情况的方面或影响,并且

(b)该规定的效力与紧急情况的该方面或效力是成比例的。

(2)应急条例必须规定与该规章有关的英国部分地区。

(3)应急条例可能不会—

(a)要求某人或使某人被要求服兵役成为可能,或

(b)禁止或允许禁止参加罢工或其他工业行动或与之有关的任何活动。

(4)应急条例不能—

(a)规定第 22 条第(3)款第(i)项所述的罪行以外的罪行;

(b)根据简易程序,裁定仅在治安法院或在苏格兰的治安官方可审理的罪行以外的其他罪行;

(c)制定可予惩处的罪行:

(i)入狱超过三个月,或

(ii)罚款超过标准等级 5 级。

(d)更改与刑事诉讼有关的程序。

(5)应急条例可能不会修改—

(a)该法令的本部分,或

(b)《1998 年人权法》(第 42 章)。

6.区域和紧急情况协调员

(1)应急条例必须要求内阁高级官员任命—

(a)对于该条例对其生效的英国除英格兰以外的每个地区,应任命该地区的紧急情况协调员,并且

(b)对于与该条例有关的每个区域,应任命该区域的区域制定协调员。

(2)根据第(1)款作出的规定,尤其可以包括有关协调员的规定—

(a)任命条款;

(b)服务条件(包括薪酬),以及

(c)职责。

(3)任命的主要目的应是根据应急条例促进活动的协调(无论是在作出任命或是作出部分任命的联合王国组成部分或是地区)。

(4)协调员在行使职责时应—

(a)遵守内阁高级官员的指示,并且

(b)已经关注了内阁高级官员发布的指导。

(5)协调员不得被视为国王的仆人或代理人,或享有国王有关的任何地位、豁免权或特权。

7.法庭的构建

(1)除非高级内阁官员已咨询行政司法部门和法庭委员会,否则不得制

定设立法庭的紧急法规。

(2)但—

(a)如有需要,内阁高级官员可在必要时废除第(1)款;

(b)如果行政司法部门和法庭委员会同意成立法庭,则第(1)款不适用,并且

(c)不符合第(1)款的规定,不影响法规的有效性。

(3)凡内阁高级官员根据第(1)款向行政司法部门和法庭委员会征求意见:

(a)议会应向部长报告,并

(b)部长在收到议会报告之前,不得制定与咨询有关的应急条例。

(4)但—

(a)如有必要,内阁高级官员可根据需要取消第(3)款第(b)项,并且

(b)没有遵从第(3)款的规定,并不使条例的取消无效。

(5)凡内阁高级官员根据第(3)款第(a)项收到报告,他应在制定与报告有关的条例后,在合理可行的范围内尽快向议会提出以下要求:

(a)该项报告的副本一份;

(b)法规在多大程度上对报告中的任意建议生效的说明,并且

(c)对报告中任何建议的偏离的解释。

(6)如果内阁高级官员在没有咨询行政司法部门和法庭委员会的情况下制定紧急条例[依据第(2)款第(a)项]:

(a)他应在规章制定后在合理可行的范围内尽快向议会咨询;

(b)议会应向部长报告,并

(c)根据第(5)款适用(如有必要,可以变通适用)。

8.有效期

(1)应急条例应失效—

(a)从制定之日起30天内结束,或

(b)在本条例规定的尽可能早的时间。

(2)第(1)款—

(a)不得阻止制定新规定,并且

(b)在规定失效之前,不得影响根据规定所做的任何事情。

9.议会审查

(1)应急条例的制定—

(a)内阁大臣应在合理可行的范围内,尽快将条例提交议会,并

(b)该规定应自生效之日起七日后失效,除非在此期间议会两院均通过了批准这些规定的决议。

(2)如果每个国会众议院通过关于应急条例应停止生效决议,则该条例应停止生效—

(a)在决议通过的这段时间内,可以详细说明,或

(b)如果决议中未指定时间,则在决议通过后的第二天开始(或者,如果决议在不同天通过,则在第二项决议通过后的第二天开始)。

(3)如果每个议会两院通过的决议,规定应急条例应经特定修订后生效,该条例应具有经修订的效力,其生效日期如下:

(a)在决议通过的这段时间内,可以详细说明,或

(b)如果在决议中未指定时间,则通过决议后的一天的开始时间(如果在不同的日子通过,则通过第二项决议后的一天的开始时间)。

(4)本条并无规定—

(a)应防止制定新规定,或

(b)应通过该条例失效、停止生效或根据本条作出修订前影响该条例的效力。

10.议会审查:表决和休会

(1)如果根据第2条制定了应急条例,则国会应保留至从该日期起算的五天期限结束后的第二天法规制定后,女王陛下将根据《1797年议会会议法》(第127章)的规定,宣布议会在该期间的指定日期里开会。

(2)如果根据第2条制定了应急条例,下议院休会至从制定法规之日起的五天期限结束后的第二天,则议长下议院应安排众议院在此期间的某一天开会。

(3)如果根据第2条制定了应急条例,则上议院休会至该法规制定之日起五天期限结束后的第二天,上议院议长应安排众议院在此期间的某一天开会。

(4)在第(2)款和第(3)款中,对众议院议长或上议院议长的提述包括对经众议院或众议院议事规则授权的人的提述。关于上议院在休会期间的罢免,将代之以下议院议长或上议院议长。

11.与权力下放的行政部门协商

(1)除非内阁高级官员与苏格兰部长磋商,否则不得制定与苏格兰全部

或部分有关的应急条例。

(2)除非内阁高级官员已征求首席部长和副首席部长的意见,否则不得制定与北爱尔兰完全或部分相关的应急条例。

(3)除非内阁高级官员已咨询威尔士国民议会,否则不得制定与威尔士全部或部分有关的应急条例。

(4)但—

(a)如果内阁高级官员出于紧急原因认为有必要,可以不要求进行协商,并且

(b)不满足咨询要求的,不影响法规的效力。

12.步骤

(1)应急条例应通过法定文件制定(无论是否通过议会命令制定)。

(2)出于《1998年人权法》(c.42)的目的,应将应急条例视为从属立法,而不是主要立法(无论是否修改了主要立法)。

13.解释

(1)在本部分中—

"英国渔业限制"具有《1976年渔业限制法》(c.86)所赋予的含义。

"大陆架"是指议会根据1964年大陆架法案(c.29)第1条第(7)款指定的任何区域。

"紧急情况"具有本文第1条所赋予的含义。

"法令"包括—

(a)苏格兰议会的一项法案;

(b)北爱尔兰立法,以及

(c)根据苏格兰议会法案或北爱尔兰立法制定的文书(以及根据该法案制定的文书)。

"职能"是指任何权力或职责,无论是通过制定或以其他方式。

与英国相关的"部分"具有第(2)款中给出的含义。

"公共职能"是指:

(a)由成文法赋予或施加的职能;

(b)内阁大臣(或内阁部门)的职能;

(c)王室官员的职能;

(d)苏格兰部长的职能;

(e)北爱尔兰部长或北爱尔兰部门的职能,以及

(f)威尔士国民议会的职能,"地区"具有第(2)款的含义。

"内阁大臣"具有第 2 条(3)款的含义,"严重延迟"具有第 2 条第(4)款的含义。

"领海"是指根据 1987 年《领海法》(第 49 条)第 1 款解释为与联合王国相邻或毗邻的任何领海。

"恐怖主义"具有《2000 年恐怖主义法》(c.11)第 1 节所赋予的含义,并且战争包括武装冲突。

(2)在本部分中—

(a)关于英国的部分是:

(i)英格兰;

(ii)北爱尔兰;

(iii)苏格兰和

(iv)威尔士。

(b)"区域"是指根据 1998 年《区域发展机构法》(第 45 章)的目的而形成的区域,以及

(c)提述英国的部分或地区,包括提述—

(i)与该部分或地区相邻的领海的任何部分;

(ii)英国渔业限制范围内与该部分或地区相邻的任何部分,以及

(iii)大陆架与该部分或地区相邻的任何部分。

(3)现为第(2)款的施行指明以下罪行—

(a)根据《1998 年苏格兰法令》(第 46 章)第 126 节第(2)条提出的行政命令(海域的分配);

(b)根据《1998 年北爱尔兰法令》(第 47 章)第 98 节第(8)条(海域的分配)在议会中发出的命令,以及

(c)根据《1998 年威尔士政府法》(第 38 章)第 155 节第(2)条作出的命令(海域分配)。

但仅当或仅在其被表述为适用于任何这些法令的一般或其他目的或为了本节的目的时。

美国公共卫生服务法(2019)(节译)

张硕[*]译 谭玉婷[**]校

G 部分——检疫与检查

传染性疾病的控制

第 361 条(《美国法典》第 264 条)(a)经卫生部长批准,卫生局长有权制定和实施其认为必要的条例,以防止外国传染性疾病传入、传播、扩散至美国国内或其属地,或从一个州或属地传入、传播、扩散至其他州或属地。为了执行和实施这些条例,卫生局长可规定针对已被发现感染或污染而对人类构成危险传染源的动物或物品进行检查、熏蒸、消毒、卫生处理、除虫、销毁及其他必要的措施。

(b)根据本条规定,不得作出拘捕、羁留或有条件释放个人的规定,但为了防止传入、传播、扩散基于卫生部长建议及与卫生局长的协商而在总统行政令中指明的传染性疾病除外。

(c)除第(d)款另有规定外,根据本条规定的对个人进行拘捕、羁留、检查或有条件释放的范围,应仅适用于从外国或其属地进入美国国内或属地的个人。

(d)(a1)根据本条规定,对在合理阶段被合理认为感染传染性疾病的人,以及(ⅰ)正在或即将从一个州转移到另一个州;或(ⅱ)对于可能在某

---

[*]张硕,上海师范大学诉讼法学硕士研究生。
[**]谭玉婷,上海师范大学法律硕士研究生(诉讼法方向)。

个合理阶段感染该疾病而可能成为传染源且将从一个州转移到另一个州的任何个人,可进行拘捕和检查。根据此规定,如经检查发现任何此类个人被感染,可基于合理的必要在合理时间内以合理的方式对其进行拘留。就本款而言,"州"一词除包括几个州外,还包括哥伦比亚特区。

(b)根据本款目的,就传染病而言,"合理阶段"一词是指该疾病—

(ⅰ)处于可传染阶段;或者

(ⅱ)处于传染前阶段,如果该疾病传播至其他人则可能导致公共卫生突发事件。

(ⅲ)本条或第363条的任何内容,或根据这些条款颁布的规定,均不可解释为取代州法律中的任何规定(包括条例、国家政治分支机构制定的规定),除非该规定与本条或第363条规定的联邦权力的行使存在条款冲突。

暂停从指定地点入境和进口

第362条(《美国法典》第264条)无论何时,当确认由于外国存在任何类型的传染性疾病,而导致该传染性疾病传入美国的风险极高,并且这类风险将由于国外人员或财物的入境而增加,以至于有必要出于公共卫生利益的需要而要求中止此类人员和财物入境时,卫生局长可根据总统批准的条例,基于降低传染的风险,在其认为必要的时间段内禁止从其指定的国家或地区引进全部或部分人员和财物。

战时的特别权力

第363条[1](《美国法典》第266条)为保护美国的军事和海军部队以及战时工作者在战时免受第361条第(b)款所规定的行政命令所明确规定的任何传染性疾病的侵害,经与卫生局长协商,卫生部长有权制定条例,规定在战时逮捕和检查任何被合理认为(1)已感染该类传染性疾病,且(2)可能成为美国武装部队成员或从事为武装部队生产或运输武器、弹药、轮船、食物、衣物或其他物资的人员的潜在传染源的个人。此类条例可规定,如经检查,发现任何此类个人被感染,可基于合理必要以合理的方式、在合理的期限内对其进行拘留。

---

[1] 根据第80届国会第239号公法第3条的规定,依据此条款目的,1947年7月25日被认为是"国会迄今宣布的任何战争状态"的终止日期。

检疫站

第364条(《美国法典》第267条)(a)除经修正的1917年6月15日法案第2卷(美国法典,1940年版,第50卷,第191～194条)作出的规定外,[1]卫生局长应对美国所有的检疫站、检疫场地和泊地实施控制、指挥和管理,指定检疫地边界,并指定检疫官员负责各检疫地工作。经总统批准,卫生局长应在其认为必要时,随时在美国国内和属地选择合适地点,建立额外的检疫站、检疫场地和泊地,以防止将传染性疾病传入美国国内和属地。

(b)卫生局长应确定在每个检疫站进行检疫服务的时间,并基于任何利益相关方的申请,在他认为需要这种延长服务的检疫站提供一天24小时或任意时间段的检疫服务。如认为对到港水上运输工具的检查在夜间不能按标准开展,则卫生局长可将对到港水上运输工具的检疫工作限制在白天。夜间不得要求到港水上运输工具接受检疫,除非该检疫站的检疫人员认为出于保护公共健康的目的应立即进行检疫。美国各港口实施检疫的时间无须统一。

(c)卫生局长应为美国公共卫生服务、外国检疫部门雇员(以下简称"公共卫生服务从业人员")的加班服务确定合理的额外补偿标准,这些加班服务包括管理到港水上运输工具,以及与通过陆运、水运或空运到达美国或其管辖范围内任何地方的人员(乘客和船员)、运输工具或货物的检疫或隔离相关的工作(以下简称"公共卫生服务从业人员")。如要求上述公共卫生服务从业人员在当日下午6点至次日上午6点之间(或者,在声明工作日为当日下午7点至次日上午7点之间的情况下,在当日下午7点至次日上午7点之间)值班,或者在星期日或节假日值班,则这种加班服务补偿标准固定为:加班时间超过下午6点(或视情况而定为下午7点)的,超过以后的加班时间每小时的补偿标准为基本时薪的两倍;星期日或节假日加班,则每小时的补偿标准为基本时薪的两倍,以代替任何其他法律条款中规定的补偿规定。在本款中,"基本时薪"一词是指此类公共卫生服务从业人员在其定期例行工作中执行工作的常规基本工资。

(d)(a)上述额外补偿应由提出申请并接受本款规定的服务(以下简称"加班服务")的运输工具的所有人、代理人、收货人、经营人、船长或负责运

---

[1] 现编入《美国法典》第50卷第191条、第192条、第194条和第195条。

输的其他人员支付给美国政府。如果政府已安排雇员上班,且雇员已上班报到,但由于雇员无法控制的情况而导致其无法提供服务,则服务接受方在以下情形中仍须支付上述额外补偿费用,即从雇员接收到加班服务的命令并报到后,至其被通知不需要提供加班服务的期间,加班服务已经实际履行,并且在任何情况下,其服务持续的时间不少于一小时。经卫生、教育和福利部长批准,卫生局长可以制定条例,要求已接受加班服务的运输工具的所有人、代理人、收货人、经营人或船长或其他人提交记载相应金额、支付条件以及保证条款的保证书,或者缴纳相应补偿金额或提供债务承诺以替代保证书。上述保证方式在于确保本款提及的补偿金额得以缴付,相关的保证书及缴款可覆盖指定时期内的一项交易、多项交易或所有交易。同时规定,与检疫相关的以下服务不收取费用:(ⅰ)通过国际公路、渡轮、桥梁、隧道或其他运输工具到达的个人到达其目的地,或(ⅱ)通过飞机或铁路火车到达的个人,检疫程序已按发布的时间表操作或在其到达的船舶上操作,或(ⅲ)个人所乘坐的水上运输工具在加拿大港口和普吉特海湾港口之间运行或在大湖地区运行并持续在水路上运行,检疫程序已按发布的时间表操作或在其到达的水上运输工具上操作。

(b)根据本款收取的款项,须存入美国财政部,记入服务开支拨款的经费,该类经费须用于上述雇员因提供加班服务而获得的补偿。

领事和其他官员的职责

第365条(《美国法典》第268条)(a)由卫生部长为检疫目的而指定的任何美国领事或卫生官员,应按照卫生部长规定的形式和时间间隔要求,向卫生局长报告所负责的检疫港口或地点的健康状况。

(b)海关官员和海岸警卫队官员有责任协助实施检疫规则条例;但除实际产生和必要的差旅费外,海关官员和海岸警卫队官员不因提供上述检疫服务而享有任何额外补偿。

船舶检疫证书

第366条(《美国法典》第269条)(a)除条例另有规定外,任何从外国港口或地方清关或离港前往美国国内或属地的任何水上运输工具,均应在离港港口或地点,从美国的领事官员、公共卫生服务官员处或由卫生局长指定的美国卫生官员处,获得以卫生局长规定的形式颁发的一式两份的船舶检疫证书。总统应不时地指定为此目的派驻卫生官员的港口。船舶检疫证书应载明水上运输工具的卫生检疫历史和状况，并应说明其在所有方面均已遵守第(c)款的规定。在签发这种一式两份的船舶检疫证书之前，该领事或卫生官员必须确信证书所载事项属实。领事官员有权要求和收取检疫证书的费用，收取费用的细则应由条例作出规定。

(b)船舶检验证书的正本应在入境口岸处交付海关官员。船舶检验证书的副本应在检疫港口进行检疫检查时交付检疫官员。本法规定的船舶检验证书应视为船舶证明文件的一部分，经美国专门的领事或其他官员核对并正式签名和盖章后，可作为在美国任何法院中证明所载陈述的证据。

(c)卫生局长应不时地制定适用于本条第(a)款所指水上运输工具的条例，以通过确保此类水上运输工具及其货物、乘客和船员的卫生状况处于最佳状态，以防止任何传染病传入美国或其属地。此类水上运输工具在出发前、航行过程中以及到达美国任何检疫站时的检查、消毒或其他隔离程序均应遵守这些条例。

(d)本条第(a)款和第(b)款的规定不适用于条约规定的在美国边境上或邻近美国边境的外国港口与美国港口之间运输的水上运输工具。

(e)除非经由检疫官员证明，此类官员、水上运输工具及其雇主已在各方面遵守第(c)款的规定；否则，任何水上运输工具进入美国国内或属地的任何港口以卸货或让乘客上岸均属违法。水上运输工具的所有者均应将这种证明以及船舶检疫证书正本和其他文件一并交付入境口岸的海关总署。在水上运输工具到达检疫站并经检查合格后，可在该检疫站的任何检疫服务时间向检疫人员获取检疫官员证明。

民用航空导航和民用航空器

第367条（《美国法典》第270条）卫生局长有权在其认为维护公共健康的必要程度和条件下，制定条例将第364条、第365条和第366条中的任何条款及规定（包括违反此类条款和规定的处罚和没收）适用于空中导航和航空器。

罚则

第368条（《美国法典》第271条）(a)任何人若违反第361条、第362条或第363条，或第366条及相关规定，或无视检疫规则和条例、未经检疫主管官员许可,进入或离开任何检疫站、检疫场所或泊地,应处以 1000 美元以下的罚款或 1 年以下的监禁,或两者并罚。

(b)任何水上运输工具违反第 366 条、第 364 条或根据第 364 条、第 366 条制定的任何规定,或无视检疫规则和条例、未经主管官员许可进入或离开检疫站、检疫场所或泊地的,应向美国缴纳 5000 美元以下的罚款,具体数额由法院裁定,且水上运输工具将被留置,须通过向拥有管辖权的美国地区法院提起诉讼以取回水上运输工具。在所有此类程序中,联邦检察官应代表美国出庭;并且所有此类诉讼均应根据违反美国税收收入法而进行临时扣押水上运输工具案件的相关法律法规进行。

经卫生部长批准,卫生局长可依申请,免除或减轻本条第(b)款规定的任何没收处罚,并有权依申请查明事实。

宣誓管理

第 369 条(《美国法典》第 272 条)美国卫生官员在美国境内的任何港口或地方担任检疫官员时,有权就与美国检疫法律条例管理的有关事项作出声明并宣誓。

(本中文译本所依据的英文法律文本原文,来源于美国众议院立法顾问办公室网站。)

美国突发公共卫生事件的应急准备法案

袁景玉* 译

一、公共卫生和医疗准备及应对职能

1.一般情况。卫生与公众服务部长应领导所有联邦公共卫生和医疗部门应对突发公共卫生事件,包括根据 2002 年《国土安全法》第 502(6)节或任何后续计划而制订的国家应对方案中的突发公共卫生事件。

2.跨部门的协作方案。部长与退伍军人事务部长、交通部长、国防部长、国土安全部长和任何其他相关的联邦机构的负责人合作,应达成一个跨部门的协作方案。该协作方案要与国家应对方案或任何后继计划相符。根据该协作方案,在发生突发公共卫生事件时,若有必要,卫生与公众服务部长取得应急公共卫生和医疗资产的操作控制权,但武装部队成员和国防部的任何相关资产仍由国防部长指挥和控制。

二、国家卫生安全战略

1.一般情况

(1)对突发公共卫生事件的准备和应对。从 2018 年开始,以及此后每四年,部长应准备并向国会有关委员会提交一份协调战略(所谓的国家卫生安全战略)及其任何修订版,以及一份附随的准备和应对突发公共卫生事件

---

* 袁景玉,上海师范大学硕士研究生。本译文原文由上海师范大学硕士研究生魏薇帮助查找提供,特此感谢!

的实施计划。国家卫生安全战略应描述潜在的紧急卫生安全威胁,并明晰实现第 2 条中所述的防范目标的过程,以便为识别和应对此类威胁做好准备。国家卫生安全战略也应符合国家防范目标[详见 2002 年《国土安全法》第 504(a)(19)节]、国家事件管理系统[定义见该法案第 501(7)节],以及符合根据该法案第 504 节制订的国家应对方案,或任何后续计划。

(2)进度评估。国家卫生安全战略应包括对联邦、州、地方和当地社区所取得的进展的评估,这些评估是以第 319C−1(g)节[《美国法典》第 42 编 §247d−3a(g)]所确定的衡量防范水平的循证基准和客观标准为基础的。这些评估应包括汇总的和以各州为单位细分的用于重要类别(这些类别由部长定义)的资金,这些资金用来资助根据第 319C−1 节和第 319C−2 节[《美国法典》第 42 编 §§247d−3a 和 247d−3b]所确定的活动。这些评估还包括对第 319C−1 节和第 319C−2 节中的循证基准和客观标准的任何变化的分析。

(3)公共卫生人力资源。2022 年,国家卫生安全战略应包括高效和有准备的公共卫生人力资源,明确这些人力的作用、能力和差距(包括环境卫生和动物卫生在人力资源方面的差距),摸清这些人力的现状,确定招募和保留人力的策略,并在突发公共卫生事件期间,保护这些人员,避免其工作场所接触到病毒而被感染,并明确当前的能力可以满足第三部分(《美国法典》第 42 编 §300hh−2)的要求。

2.防范目标

国家卫生安全战略应包括促进下列各项的规定:

(1)一体化。整合公共卫生和私人医疗资源与其他急救系统,包括通过—

(a)演习和训练定期评估联邦、州、地方和社区的准备和应急能力,包括通过演习和训练来保证在未通知的情况下的医疗应急能力;和

(b)整合公共和私营部门的公共卫生和医疗捐赠以及志愿者。

(2)公共卫生。发展和维持联邦、州、地方和社区必要的公共卫生安全能力,包括以下方面:

(a)国内外疾病态势感知,包括检测、确认、调查和相关信息技术活动。

(b)疾病控制,包括隔离、检疫、社会隔离、净化、有关医疗卫生服务和补给、运输和处置医疗废物的能力。

(c)通报风险和公众准备。

(d)快速部署和执行医疗对策。

(e)对环境危害作出响应。

(3)医疗方面。提高医院、其他医疗中心(包括药房、精神卫生中心和流动护理场所,其中可能包括牙科医疗场所)、创伤护理、重症监护和紧急医疗服务系统对突发公共卫生事件(包括相关的可获性、可用性和协调性)的准备、应对和应急能力,其中应包括为下列事项制订计划:

(a)在突发公共卫生事件中,强化医疗和损伤处理及治疗能力。

(b)致死率管理。

(c)根据病人的医疗需求,并考虑到区域化的医疗系统,协调患者分诊并且将患者疏散安排进合适的医疗机构。

(d)快速部署和执行医疗对策。

(e)有效利用任何可用的公共和私人可移动的医疗资产(可能包括牙科医疗资产)以及整合其他联邦资产。

(f)在突发公共卫生事件期间,保护医疗工作者和医疗急救人员,避免其在工作场所受到感染,或者被已感染的病人传染从而导致一场突发公共卫生事件。

(g)最优化一个协调和灵活的方案来改善医院、其他医疗场所、重症监护、创伤护理(可能包括创伤中心)和紧急医疗系统的应急响应和医疗应急能力。

(4)高危人群

(a)在突发公共卫生事件中,要考虑到高危人群的公共卫生和医疗需求,包括残疾人的特殊需求和顾虑。

(b)就本法而言(《美国法典》第42编§§201及之后),"高危人群"指在突发公共卫生事件中,儿童、孕妇、老者及其他有实际需要的人士(由部长决定)。

(5)协调。尽量减少重复,并确保联邦、州、地方和社区之间的规划、准备和响应活动(包括州紧急管理援助契约和其他适用契约)的协调。此类规划应与国家应对计划或任何后续计划、国家事件管理系统和国家防范目标相一致。

(6)运作的连续性。在突发公共卫生事件中,维持重要的公共卫生和医疗服务,以便联邦、州、地方和社区进行最佳运作。

(7)应对措施

(a)促进战略举措的实施,以诊断、减轻、预防或治疗由任何生物因素或毒素、化学因素、放射性因素或核的因素产生的危害,无论这些危害是自然发生的、无意的还是蓄意的。

(b)就本段而言,"应对措施"一词的含义与第319F－1节(《美国法典》第42编§247d－6a)中的"合格应对措施"、第319F－2节(《美国法典》第42编§247d－6b)中的"安全应对措施"的含义相同,与采购第319F－3节(《美国法典》第42编§247d－6d)中的"大流行性疾病和流行病的合格产品"的应对措施的含义相同。

(8)医疗和公共卫生方面的社区恢复能力。加强国家、地方社区在突发公共卫生事件(无论是自然发生的、无意的还是蓄意的)中的准备、应对和恢复能力。

(a)将医疗和公共卫生的准备和应对计划以及开展日常活动的能力结合起来,使其最优化;以及

(b)熟悉当地医疗和公共卫生系统。

(9)人畜共患病,食品和农业。提高联邦、州、地方、当地社区和其余领地之间的协调性(包括通过与农业部长磋商),以预防、发现和应对动植物疾病(包括人畜共患疾病)的爆发。考虑到动物健康、人类健康以及与公共卫生应急准备和响应能力直接相关的动物和人类共享的环境之间的相互作用,这些疾病的爆发可能因蓄意攻击、自然发生的威胁、故意掺假的食品或其他公共卫生威胁而发生,进而危及国家安全。

(10)全球卫生安全。评估当前或潜在的来自国外的卫生安全威胁,以影响国内公共卫生准备和应对能力。

三、提高医疗应急能力

1.关于提高医疗应急能力的研究。作为第2812(b)节[《美国法典》第42编§300hh－11(b)]所述的联合审查的一部分,部长应评估提高卫生和公众服务部在突发公共卫生事件中向当地社区提供额外医疗应急能力的成效和可行性。此类研究应包括通过以下方式,对提高应急能力的必要性和可行性进行评估。

(1)在突发公共卫生事件中,由部长负责购置和控制流动医疗资产,以便在紧急情况下部署到社区;

(2)将远程医疗实践纳入全国灾难医疗系统;和

(3)由部长确定其他适当提高能力的战略。

2.有权购置和控制流动医疗资产。考虑到根据第1条进行的评估,部长可以购得、部署和控制移动医疗资产及其他权利。购置、部署和控制资产等行为是有用和可行的,可以提高卫生和公众服务部的能力,以便在突发公共卫生事件中向当地社区提供更多的医疗应急。

3.利用联邦设施提升医疗应急能力

(1)分析。部长应进行一项分析,以确定在突发公共卫生事件中,是否有联邦设施可以实际被用作医疗设施。

(2)协议。根据第(1)款进行的分析,部长确定在突发公共卫生事件中,有可以用作医疗的联邦设施。部长应与运营该设施的部门或机构负责人签订协议,可以在突发公共卫生事件中使用该医疗设施。

四、突发危害公共卫生事件中准备和应急的协调

1.一般情况。在卫生和公众服务部内设立了负责备灾和应急事务的助理部长的职位。经参议院的建议和同意,总统应任命一人担任该职位。该助理部长应向部长报告。

2.职责。根据部长的授权,负责备灾和应急事务的助理部长应利用与突发公共卫生事件的准备和应对、生物防御、医疗对策和其他相关主题有关的经验,履行以下职能:

(1)领导。担任部长的首席顾问,负责与联邦公共卫生和突发公共卫生事件的医疗准备和应对有关的所有事务。

(2)人员。登记、认证、组织、培训、配备并有权在部长的授权下部署联邦公共卫生和医疗人员,包括全国灾难医疗系统人员,并协调医疗后备队人员和应急系统中提前登记的卫生专家志愿者。

(3)应对措施。监督合格应对措施(定义见第319F-1节)(《美国法典》第42编§247d-6a)、安全应对措施(定义见第319F-2节)(《美国法典》第42编§247d-6b)的高级研究、开发,以及大流行性疾病和流行病的合格产品(定义见第319F-3节)(《美国法典》第42编§247d-6d)的采购。

(4)协调

(a)联邦一体化。与相关联邦官员协调,确保在突发公共卫生事件中联

邦的应急准备活动的一体化。

(b)州、地方和社区的一体化。与州、地方和社区公共卫生官员、紧急管理援助契约、医疗系统和紧急医疗服务系统进行协调,以确保在突发公共卫生事件期间有效整合联邦公共卫生和医疗资产。

(c)紧急医疗服务。促进完善的紧急医疗服务的医疗方向、医疗系统整合、相关研究,以及改善与突发公共卫生事件有关的数据收集、治疗方案和政策的一致性。

(d)政策协调和战略方向。在突发公共卫生事件发生之前、期间和之后,对与联邦公共卫生和医疗准备有关的所有事项,提供综合政策协调和战略指导,以及执行和部署2002年《国土安全法》第504(a)(6)节所述的国家应急计划或任何后续计划中所涵盖有关突发公共卫生事件的联邦应对措施;对突发公共卫生事件或与威胁网络安全相关的、对国家卫生安全构成威胁的事件,执行和部署根据2002年《国土安全法》第228(c)节制订的国家网络安全事件应对计划中所涵盖之此类联邦应对措施。

(e)提高效率。查明并尽量减少医疗和公共卫生准备和应对活动中的差距、重复和其他低效之处,并采取必要行动克服这些障碍。

(f)拨款和协议的协调。在与国土安全部长协商的情况下,尽可能调整和协调适用于本法案批准的准备和响应活动的医疗和公共卫生拨款和合作协议,包括计划要求、时间线和可测的目标。

(ⅰ)优化和提高医疗和公共卫生准备和响应能力以及当地社区应对突发公共卫生事件的能力;以及

(ⅱ)适当时,搜集和宣传对于联邦政府的拨款以及联邦政府合作协议所提供的资金或物品的最佳使用方法。

(g)培训和操作训练。在必要和适当的情况下,与国土安全部、国防部、退伍军人事务部和其他合适的联邦部门和机构协商,进行培训和操作训练,以发现、了解和处理与所有危害的医疗和公共卫生准备和应对有关的政策缺漏,包括基于以下情况的训练——

(ⅰ)确认哪些是有应对措施的威胁,哪些是没有应对措施的威胁。

(ⅱ)没有应对措施的未知威胁。

(h)国家安全优先事项。在合适的情况下,定期与负责国家安全事务的总统助理协商,根据本法案(《美国法典》第42编§§201及之后)和《联邦食品、药品和化妆品法案》,提供医疗和公共卫生准备和响应活动的最新

情况并进行讨论,包括医疗对策的制订、通过、审批和许可的进展。

(ⅰ)威胁意识。与疾病控制与预防中心主任、国家情报总监、国土安全部长、负责国家安全事务的总统助理、国防部长以及其他相关联邦官员,如农业部长,保持对国家安全威胁的现状评估,并根据可能导致突发公共卫生事件发生的威胁范围,了解防范和应对能力。

(5)后勤。与退伍军人事务部长、国土安全部长、总务管理局和其他公私实体相协调,在联邦应对突发公共卫生事件的医疗和公共卫生方面提供后勤支持。这种后勤支持应包括与其他相关的联邦、州、地方、社区和地区公共卫生官员、私营部门及其他能够协助、应对和减轻突发公共卫生事件影响的主体合作,确定医疗和公共卫生部门正常运作所需的关键基础设施资产、系统和网络,在任何紧急情况或灾难中都需要维持这些资产、系统和网络。这些紧急情况包括部长根据第319(a)节[《美国法典》第42编247d(a)]确定的突发公共卫生事件,或总统根据《罗伯特斯塔福德救灾和紧急援助法》或《国家紧急状态法》宣布的紧急情况或重大灾难。后勤支持还包括建立关键信息交换的方法,并递送所需产品以保护或维持生命、健康或安全,以及分享专业知识。

(6)领导地位。在处理公共卫生和医疗应急准备和响应的国际项目、倡议和政策中发挥领导作用。

(7)应对措施的预算计划。不迟于每年3月15日,根据第4条所述的医疗对策优先事项,制订并更新一份协调的5年预算计划,包括可能对国家构成威胁的化学的、生物的、放射性的和核的因素,包括新发传染病的病原体,以及合格应对措施(定义见第319F—1节)《美国法典》第42编§247d—6a)、安全应对措施(定义见第319F—2节)《美国法典》第42编§247d—6b),以及针对每种此类威胁的合格的大流行性疾病和流行病产品(定义见第319F—3节)《美国法典》第42编§247d—6d)。每个此类计划应——

(a)包括对全部医疗对策规划的考虑,包括——

(ⅰ)基础研究和高级研究和开发;

(ⅱ)产品的通过、审批、许可和授权使用;

(ⅲ)国家战略储备中所有产品的采购、储存、维护和定期补充(包括生产能力);

(ⅳ)利用技术可有助于先进的对策研究和制订,以及有机会使用这些

技术来加快找到对于对策研究和制订特有的挑战的解决方法；和

（V）医疗对策的潜在部署、执行和利用，制订临床指导和急诊使用说明书，以执行医疗对策，以及（如适用）与医疗对策有关的潜在部署后活动。

(b)了解资源的优先顺序，并包括可衡量的产出和结果，以便跟踪在确定优先顺序方面取得的进展。

(c)根据第319F－2节(《美国法典》第42编§247d－6b)，确定疗程的全部费用，以了解医疗企业内的规划、预算和预期需求。

(d)确定与研究和开发、采购和储备有关的预期疗程全部需求，包括对检测、给药和管理技术的潜在需求，以及其他适用和适当的对策需求。

(e)不迟于每年3月15日，均应提交参议院拨款委员会、健康、教育、劳工和养老金委员会，众议院拨款委员会和能源与商业委员会；以及

(f)不迟于每年3月15日，以不危及国家安全的方式向公众开放。

3.功能。负责备灾和应急事务的助理部长应—

(1)在卫生和公众服务部内负责应急准备和应对的政策协调和战略方向。

(2)有权并负责—

(a)根据第2812节(《美国法典》第42编§300hh－11)建立的国家灾害医疗系统；

(b)第319C－2节(《美国法典》第42编§247d－3b)规定的医院备灾合作计划；

(c)根据第319L节(《美国法典》第42编§247d－7e)建立的生物医学高级研究和发展管理局；

(d)第2813节(《美国法典》第42编§300hh－15)规定的医疗后备队；

(e)根据第319I节(《美国法典》第42编§247d－7b)的规定，卫生专家志愿者预先登记的应急系统；以及

(f)根据《美国法典》第12编A—C部分的规定，管理与创伤治疗有关的拨款和相关权力(《美国法典》第42编§§300d及之后，300d－11及之后，300d－31及之后)，此类权力将由部长从卫生资源和服务管理局长移交给此助理部长。

(3)行使部长在协调以下方面的职责和权力—

(a)根据第319C－1节(《美国法典》第42编§247d－3a)制订的公共卫生应急准备合作计划；

(b)根据第319F-2节(《美国法典》第42编§247d-6b)建立的国家战略储备;和

(c)城市准备计划。

(4)承担部长确定的其他适当的职责。

4.公共卫生应急医疗企业战略与实施方案

(1)一般情况。不迟于2020年3月15日,此后每两年,负责备灾和应急事务的助理部长应制订并向国会有关委员会提交一份处理化学、生物、辐射和核威胁的医疗对策的协调战略和相应的实施计划。在制订这一计划时,负责备灾和应急事务的助理部长应咨询根据第2811-1节(《美国法典》第42编§300hh-10a)建立的公共卫生应急医疗企业。该战略和计划被称为"公共卫生应急医疗企业战略和实施计划"。

(2)要求。第(1)款下的计划应——

(a)摸清可能对国家构成威胁的化学的、生物的、放射性的和核的因素,以及针对每种威胁作出合格应对措施(定义见第319F-1节)(《美国法典》第42编§247d-7a)、安全应对措施(定义见第319F-2节)(《美国法典》第42编§247d-6b)或合格的大流行性疾病和流行病产品(定义见第319F-3节)(《美国法典》第42编§247d-6d)的相应努力。

(b)评估与这些对策或产品有关的所有活动的进展情况,包括研究、高级研究、开发、采购、储存、部署、执行和利用。

(c)确定并优先考虑有关此类对策或产品以及辅助医疗用品的近期、中期和长期需求,以协助利用此类对策或产品,来应对一种或多种化学的、生物的、放射性的和核的威胁。

(d)针对每一类威胁,确定包括高级研究与开发和采购在内的所有(拨款)裁定额和合同条款的概要,其中包括——

(ⅰ)从发出初步征求意见或征求建议书至裁定的时间(如拨款、拒绝拨款或征求终止);和

(ⅱ)确定第(c)项中每个医疗对策优先事项的预计时间线、拨款预期、基本水平和重要阶段,包括关于补充国家战略储备的预计需求。

(e)根据第319M节(《美国法典》第42编§247d-7f)的规定,了解国家生物防御科学委员会的建议。

(f)评估在第(d)项(ⅱ)中规定的时间线、拨款、基本水平和重要阶段方面取得的进展。

（g）关于第319F－2(h)节[《美国法典》第42编§247d－7b(h)]所界定的特别储备基金可用于采购的资金数额的报告，以及该资金满足第319F－2条(《美国法典》第42编§247d－7b)的要求的作用。

（h）吸收联邦、州、地方和社区利益相关者的资金或者相关物品的投入。

（i）确定在2802(b)(4)(B)中[《美国法典》第42编§300hh－1(b)(4)(B)][适用于第(c)项下]的高危人群医疗对策优先事项方面取得的进展，包括关于国家战略储备的相关储备和补充的预计需求，包括通过满足儿科人群对国家战略储备中此类对策和产品的需求，包括：

（i）为满足儿科人群的需要而采取的应对措施和产品清单；

（ii）为最大限度地向儿科人群提供此类对策和产品的标签、剂量和配方，说明与食品药品监督管理局儿科治疗办公室协调所采取的措施；

（iii）说明国家战略储备中存在的差距，并制订此类对策和开发产品，以满足儿科人群的需求；以及

（iv）评价在处理第(c)项中确定的优先事项方面取得的进展。

（j）根据该法案[《美国法典》第42编§§247d－7a(b)(1)－(3)、(c)－(e)、247d－7b(c)(7)(C)(iii)-(Ⅴ)]的319F－1(b)(1)、319F1(b)(2)、319F－1(b)(3)、319F－1(c)、319F－1(d)、319F－1(e)、319F－2(c)(7)(C)(iii)、319F－2(c)(7)(C)(ⅳ)、319F－2(c)(7)(C)(Ⅴ)等条款，以及根据《联邦食品、药品和化妆品法》的(a)(1)、(b)(1)和564(e)等条款，通过总结以下方面，确定权力的使用和活动的开展。

（i）在指定的当局下采取的具体行动，包括在合适情况下，确认威胁因素、紧急情况或当局采取的生物医学对策；

（ii）决定使用这种权力的理由，包括在合适情况下考虑和拒绝使用这种权力的选择；

（iii）根据使用权限获得拨款、订立合作协议或合同的个人和实体的数量、性质和其他信息，以及被考虑并拒绝获得拨款、订立合作协议或合同的个人和实体的数量、性质和其他信息，但报告无须披露任何此类个人或实体的身份；

（iv）对于总统根据第319F－2(c)(6)节[《美国法典》第42编§247d－7b(c)(6)]批准的每一项采购，是否在总统批准后一年内签订了合同。

（Ⅴ）关于第319F－1(d)节[《美国法典》第42编§247d－7a(d)]，在提交报告的2年内，获得总金额为十万或十万以上美金的人数以及获得总金

额五万至十万美金的人数。

(k)向公众公布。

(3)政府问责局的报告

(a)一般情况。在向国会提交第一个突发公共卫生事件医疗企业战略和实施计划之日起1年内,美国总审计长应就该战略和实施计划进行独立评估,并向国会有关委员会提交报告。

(b)内容。第(a)项所述的报告应审查和评估——

(ⅰ)根据第(2)款第(c)项,联邦政府的短期、中期和长期医疗对策需求和确定的优先事项;

(ⅱ)卫生与公众服务部根据第319L节《美国法典》第42编§247d—7e)在高级研究和开发方面的活动;和

(ⅲ)本款下突发公共卫生事件医疗企业战略对策和实施计划中确定的时间线、拨款、基本水平和重要阶段的实现进展情况。

5.保护国家安全。在执行第2条第(7)款和第4条时,部长应确保不披露可能危及国家安全、包含商业秘密信息或包含专有信息的消息和项目。

6.保护国家安全免受威胁

(1)一般情况。在执行第2条第(3)款时,负责备灾和应急事务的助理部长应实施战略新方案或活动来应对威胁,威胁包括大流行性流感,其中可能包括化学的、生物的、放射性的或核的威胁(包括任何有很大可能会发展成流行病的威胁),基于该种威胁的特点,这种威胁会对公众健康和国家安全构成重大风险,这些新方案应包括以下活动——

(a)加快和支持先进研究、开发、制造能力、采购和储备措施,包括第319L(c)(4)(F)节[《美国法典》第42编§247d—7e(c)(4)(F)]中的措施;

(b)支持毒种、临床试验批次和新型病毒株储备的开发和培养;和

(c)维持或完善防范活动,包括应对大流行性流感的防范活动。

(2)拨款授权

(a)一般情况。为执行本款,在2019—2023年的每个财政年度授权拨出2.5亿美元。

(b)补充,而不是替代。根据本款拨出的款项,应作为根据第319L(d)节和第319F—2(g)节[《美国法典》第42编§§247d—7e(d)和247—6b(g)]提供的资金的补充而非替代。

(c)所需文件。根据第2条第(7)款,负责备灾和应急事务的助理部长

应记录为执行本款而支出的金额,包括 2018 年的《综合拨款法案》H 部分第二章中"部长办事处"标题下"公共卫生和社会服务应急基金"中的拨款金额,以及分配用于执行第 319L(c)(4)(F)节[《美国法典》第 42 编 § 247d—7e(c)(4)(F)]的金额。

五、灾害期间的健康和安全保护

1.定义。在本节中:
(1)经过认证的监测计划。"认证监测计划"系指医疗监测计划。
(a)应急响应方参与该计划,是应急响应方工作的条件之一;和
(b)卫生和公众服务部长所认证的足够的基础医疗筛查。
(2)灾区。"灾区"一词是指总统宣布发生重大灾害的地区(该词的定义见《罗伯特斯塔福德救灾和紧急援助法案》第 102 条)。
(3)高风险接触。"高风险接触"一词是指在如此长时间或如此大的范围内,根据人类监测或环境的或其他适当指标,由总统通过卫生和公共服务部长确定的,接触到存在着潜藏风险的物质后对人类健康产生不利影响的风险。
(4)人员。"人员"一词包括—
(a)对波及美国任何交通方式或扰乱美国交通系统的自然或人为灾难作出响应的工作人员或志愿者,包括—
(ⅰ)警察;
(ⅱ)消防员;
(ⅲ)急救医务人员;
(ⅳ)城市搜救队的任何参与成员;以及
(ⅴ)总统通过卫生和公众服务部长确定的任何其他合适的救援人员或志愿者。
(b)对波及美国任何交通方式或扰乱美国交通系统的自然或人为灾害,通过协助清理或修复灾区内及周围的关键基础设施来救灾的工作人员。
(c)由波及美国的任何交通方式或扰乱美国的交通系统的自然或人为灾害造成的,居住地址位于灾区的人。
(d)由波及美国的任何交通方式或扰乱美国的交通系统的自然或人为灾害造成的,在灾区内的学校、托儿所、成人日托所上班和上学的人员。

(e)总统通过卫生和公共服务部长确定的其他适当人员。

(5)参与响应者。"参与响应者"一词是指第(4)款第(a)项所述的个人。

(6)计划。"计划"系指第2条中所述的针对灾区进行的计划。

(7)应关注的物质。由总统通过卫生和公共服务部长确定,并与有毒物质和疾病登记处、环境保护局、疾病控制和预防中心、国家卫生研究院、联邦应急管理署、职业健康和安全管理局以及其他机构进行协调。"应关注的物质"一词是指与潜在的急性或慢性人类健康有关的化学物质或其他物质,接触这些物质有发展成灾害的风险。

2.计划

(1)一般情况。如果总统通过卫生与公众服务部长确定了一种及以上的存在着潜藏风险的物质正在或已经在灾区流行,并扰乱了美国的运输系统,总统可通过卫生与公众服务部长开展一项计划,协调、保护、评估、监测和研究高风险接触的个人健康和安全,以确保——

(a)及时向个人充分告知并保护其健康免受任何存在潜藏风险的物质的影响。

(b)在一段时间内监测和研究这些人,包括通过基础和后续临床健康检查,以了解:

(ⅰ)存在潜藏风险的物质对健康的短期和长期影响;和

(ⅱ)对精神健康的任何影响。

(c)个人在需要和适当的情况下接受医疗转诊;和

(d)任何此类监测和研究产生的信息用于预防或保护未来灾害造成的类似健康影响。

(2)活动。第(1)款下的计划可包括下列活动——

(a)收集和分析环境接触的数据;

(b)制作和传播信息与教育资料;

(c)进行基础和后续的临床健康和精神健康检查,并采集生物样本;

(d)建立并维护一个接触登记处;

(e)通过流行病学和其他健康研究,研究任何感染对人类健康的短期和长期影响;和

(f)向个人提供援助,确认获得医疗保险的资格和适当的医疗服务。

(3)时机。在切实可行的范围内,根据第(1)款进行的任何计划(包括基础健康检查)下的活动应及时展开,以确保最高水平的公共卫生保护和有效

的监测。

(4)参与登记和研究。

(a)一般情况。根据第(1)款进行的计划的任何登记或研究均为自愿参与。

(b)保护隐私。总统应通过卫生与公众服务部采取适当措施,保护第(a)项所述的参与登记或研究的人员的隐私。

(c)优先事项

(ⅰ)一般情况。除(ⅱ)中另有规定外,总统应通过卫生与公众服务部长,在第(a)项所述的任何登记或研究中,优先保护、监测和研究接触潜藏风险的物质程度最高的人员的健康和安全。

(ⅱ)修改。尽管有(ⅰ)中的规定,但如果总统通过卫生与公众服务部长确定该修改是适当的,则总统可通过卫生与公众服务部长对第(a)项所述的登记或研究的优先事项进行修改。

(5)合作协议。

(a)一般情况。总统可通过卫生与公众服务部长,通过与包括当地卫生部门在内的医疗机构或医疗机构联合体的合作协议,开展第(1)款规定的计划。

(b)选择标准。在切实可行的最大范围内,总统应通过卫生和公共服务部长,选择以下医疗机构或医疗机构联合体,执行第(1)款规定的计划。

(ⅰ)靠近下列情形:

(Ⅰ)实施计划的灾区;和

(Ⅱ)为救灾而工作或志愿服务的人群居住的任何其他地区。

(ⅱ)在环境或职业健康、毒理学和安全领域有适当的经验,包括:

(Ⅰ)制订临床方案和进行临床健康检查,包括精神健康评估;

(Ⅱ)进行长期的健康监测和流行病学研究;

(Ⅲ)进行长期的精神健康研究;和

(Ⅳ)建立和维护医疗监控项目和环境接触或疾病登记。

(6)参与。

(a)一般情况。在执行第(1)款项下的计划时,总统应通过卫生与公众服务部长采取行动,使有关各方和受影响方参与,包括以下主体的代表们——

(ⅰ)联邦、州和地方政府机构;

(ⅱ)在灾区工作或志愿参加救灾的个人团体;

(ⅲ)当地居民、企业、学校(包括家长和教师);

(ⅳ)医疗服务提供者;

(ⅴ)宗教组织;以及

(ⅵ)其他组织和人员。

(b)委员会。第(a)项下的参与主体可通过设立咨询或监督委员会或理事会来参加。

(7)隐私。总统应通过卫生与公众服务部长,按照1996年《健康保险可携性与责任法案》第264(c)节颁布的有关隐私的规定,执行第(1)款下的每一项计划。

(8)现有的程序。在执行第(1)款下的计划时,总统通过卫生与公众服务部长,可以—

(a)对参与响应者进行认证监测计划(方案)下的基础临床健康检查;和

(b)用认证监测计划下对应急响应者的基础临床健康检查代替第(1)款中的基础临床健康检查。

3.报告

在第2条第(1)款下的计划订立一年后,以及之后每隔5年,总统通过卫生和公众服务部长或医疗机构或机构联合体,根据第2条第(5)款,签订合作协议,可以向国土安全部长提交一份报告,劳工部长、环境保护局长和适当的国会委员会来描述根据该计划开展的项目和研究。

4.国家科学院关于灾区卫生和环境保护与监测的报告

(1)一般情况。卫生与公众服务部长、国土安全部长、环境保护局长应当与国家科学院共同签订合同,对灾区卫生与环境保护监测情况进行研究,并编写报告。

(2)参与的专家。根据第(1)款编写的报告应由在以下方面有专门知识的个人参加—

(a)环境卫生、安全和医药;

(b)职业健康、安全和医学;

(c)临床医学,包括儿科;

(d)环境毒理学;

(e)流行病学;

(f)精神卫生;

(g)医疗监测;

(h)环境监测;

(i)环境和工业卫生;

(j)应急计划和准备;

(k)公众宣传和教育;

(l)州和地方卫生部门;

(m)国家和地方环境保护部门;

(n)救灾工作人员的职能,包括急救人员;

(o)公共卫生;和

(p)家庭服务,如向家庭提供的咨询和其他与灾害有关的服务。

(3)内容。根据第(1)款提出的报告应就保护和监测个人的健康和安全提供咨询意见和建议,这些人可能因灾害而接触任何可能对人类健康产生急性或慢性影响的化学或其他物质,包括关于以下方面的咨询意见和建议——

(a)制订监测和应对灾区化学品或有潜藏风险的物质扩散的议定书,以保护公众健康和安全,包括——

(i)在发生包括恐怖袭击在内的灾难时,应收集化学品或其他物质的样本。

(ii)特定的化学或物质的取样方法,包括取样方法和地点。

(iii)特定的化学或物质的样品分析方法。

(iv)在个别化学品或其他物质超过阈值时,应使用基于健康的阈值水平并采取应对措施。

(v)向以下主体提供监测结果的程序——

(Ⅰ)合适的联邦、州和地方政府机构;

(Ⅱ)合适的响应人员;和

(Ⅲ)公众。

(Ⅳ)联邦、州和地方机构的责任是——

(Ⅰ)收集和分析样本;

(Ⅱ)报告结果;以及

(Ⅲ)采取适当的响应措施;以及

(Ⅳ)联邦政府在发生灾难(包括恐怖袭击)时进行适当环境监测和响应的能力。

(b)卫生与公众服务部长、国土安全部长和环境保护局长指定的其他事项。

(4)拨款授权。授权拨付为执行本款所必需的款项。

域外司法文献

美国算法责任法案

段祎婧* 编译

翻译说明：本译本为美国算法责任法案（草案）的汇编，该法案（草案）汇编旨在反映美国人工智能算法应用规则、法律责任的最新立法动态。

第一部分 美国联邦算法责任法案（草案）

（本法案）指导联邦贸易委员会所要求的使用、存储或共享个人信息的实体进行自动决策系统、数据保护的法律评估，并由美利坚合众国参众两院在国会全体会议上通过。

1.标题

本法案称为《2019年算法责任法案》

2.定义

在本法案中：

(1)自动决策系统。术语"自动决策系统"系指一个计算过程，包括从机器学习、统计或其他数据处理或人工智能技术中衍生出来的计算过程，该计算过程可以作出决策或促进人为决策并对用户产生影响。

(2)自动决策系统的影响评估。术语"自动决策系统的影响评估"系指对自动决策系统和自动决策系统的开发过程（包括自动决策系统的设计和

---

* 段祎婧，上海师范大学诉讼法专业硕士研究生。

培训数据)进行的研究,以评估其对准确性、公平性、偏差、歧视、隐秘性和安全性的影响,其中至少应包括:

(A)对自动决策系统及其设计、培训、数据及用途的详细说明。

(B)根据自动决策系统的目的对其相对效益和成本进行评估(同时考虑相关因素),包括:

(ⅰ)数据最小化;

(ⅱ)个人信息和自动决策系统处理结果的存储期限;

(ⅲ)用户可以获得关于自动决策系统的信息的范围;

(ⅳ)用户可以查阅自动决策系统处理结果并对其提出更正或反对的范围和程度;

(ⅴ)自动决策系统处理结果的接收者。

(C)评估自动决策系统对用户个人信息的隐秘性或安全性构成的风险,以及自动决策系统可能导致或促成对用户不准确、不公平、有偏见或歧视性决策的风险。

(D)适用实体为尽量减少第(C)项所述风险而采取的措施,包括技术和物质保障措施。

(3)委员会。术语"委员会"系指联邦贸易委员会。

(4)用户。术语"用户"系指个人。

(5)适用实体。术语"适用实体"系指委员会根据《联邦贸易委员会法》[15 U.S.C. 45(a)(2)]第5节第(a)(2)款的规定,对其享有管辖权的任何个人、合伙企业或公司,并同时符合下列条件之一:

(A)根据1986年《国内税收法典》第448(C)节第(2)款和第(3)款之规定,在最近一个财政年度之前的3个纳税年度的年平均收入毛额超过50000000美元。

(B)拥有或控制个人信息的数量:

(ⅰ)超过1000000名用户;或

(ⅱ)超过1000000台用户设备。

(C)实质上由符合第(A)项或第(B)项要求的个人、合伙企业或公司拥有、经营或控制;或

(D)数据代理商或其他商业实体,并且作为其业务的重要组成部分,收集、汇集或维护非该实体的客户或雇员的个人信息,以便销售或交易信息,或提供对信息的第三方访问。

(6)数据保护影响的评估。术语"数据保护影响的评估"系指对信息系统在多大程度上就所处理的个人信息的隐秘性和安全性保护的评估。

(7)高风险自动决策系统。术语"高风险自动决策系统"系指一种自动决策系统,该自动决策系统:

(A)考虑到其所使用技术的新颖性以及自动决策系统的性质、范围、背景和目的,在以下方面存在重大风险:

(ⅰ)用户个人信息的隐秘性或安全性;

(ⅱ)导致或促成对用户的不准确、不公平、有偏见或歧视性的决定。

(B)在对用户进行系统和广泛评估的基础上作出决策或促进人的决策,包括试图分析或预测用户生活中的敏感方面,如工作表现、经济状况、健康状况、个人偏好、兴趣、行为、地点或移动,并以此:

(ⅰ)改变了用户的合法权利;

(ⅱ)或在其他方面对用户有重大影响。

(C)涉及大量用户的个人信息,包括种族、肤色、国籍、政治观点、宗教、工会会员资格、基因数据、生物特征数据、健康状况、性别、性别身份、性行为、性取向、犯罪记录或逮捕记录。

(D)系统地监视一个大型的、公共可访问的物理场所。

(E)或者符合委员会根据第3节第(b)(1)款颁布的规例中所确定的任何其他准则。

(8)高风险信息系统。术语"高风险信息系统"系指一种信息系统,该信息系统:

(A)考虑到其所采用技术的新颖性以及信息系统的性质、范围、使用环境和用途,对用户个人信息的隐秘性或安全性构成重大风险;

(B)涉及包括种族、肤色、国籍、政治观点、宗教、工会会员资格、基因数据、生物特征数据、健康状况、性别、性别身份、性行为、性取向、犯罪记录或逮捕记录在内的大量用户个人信息;

(C)系统地监视一个大型的、公共可访问的物理场所;

(D)或者符合委员会根据第3节第(b)(1)款颁布的规例所确立的任何其他准则。

(9)信息系统。术语"信息系统"系指:

(A)表示涉及个人信息的一种过程(无论是否自动化),如收集、记录、组织、结构、存储、更改、检索、咨询、使用、分享、披露、传播、组合、限制、删除或销毁个人信息；

(B)不包括自动决策系统。

(10)个人信息。术语"个人信息"系指不限于收集、推断或获得信息的手段，可以合理地链接到特定用户或用户设备的任何信息。

(11)存储。术语"存储"系指：

(A)个人、合伙企业或公司为保留信息而采取的行为；

(B)包括存储、收集、汇集、拥有、控制或维护信息的操作。

(12)使用。术语"使用"系指个人、合伙企业或公司在使用信息时的行为，包括使用、处理或访问信息。

3.数据保护权

(a)禁止行为。任何适用实体从事下列行为均属非法行为：

(1)违反根据第(b)款颁布的规例；

(2)在知情的情况下故意向违反第(b)款的个人、合伙企业或公司提供实质性的援助。

(b)相关规定

(1)一般情形。本节颁布之日后2年内，委员会应根据《美国法典》第5编第553节颁布法规，该法规是：

(A)要求各适用实体进行自动决策系统影响评估；

（ⅰ)对于现有的高风险自动决策系统，应当以委员会所确定的频度进行评估；

（ⅱ)未投入使用的新的高风险自动决策系统应当进行评估，但已评估呈现出类似风险的自动决策系统无须重复评估。

(B)要求各适用实体进行数据保护影响评估：

（ⅰ)以委员会所确定的频度，对现有高风险信息系统进行评估；

（ⅱ)未投入使用的新的高风险自动决策系统应当进行评估，但已评估呈现出类似风险的自动决策系统无须重复评估。

(C)要求各适用实体在合理且可能的情况下，与包括独立审计师和独立技术专家在内的外部第三方协商进行第(A)项和第(B)项下的影响评估；以及

(D)要求每个适用实体合理及时地处理第(A)项和第(B)项下评估的结果。

(2)选择性公布评估结果。适用实体可自行决定公开第(A)项和第(B)

项下的评估结果。

(c)优先于私人合同。无论适用实体或用户之间是否达成特定协议,进行第(a)款禁止的行为均属违法。

(d)委员会的执行范围

(1)不公平或欺骗性的行为和做法。违反第(a)款的行为应被视为违反《联邦贸易委员会法》第 18 节(a)(1)(B)款中所界定的不公平或欺骗性行为或做法的规定。

(2)委员会的权力

(A)一般情形。如同《联邦贸易委员会法》(《美国法典》第 15 章第 41 节及以下)的所有适用条款和规定均纳入本节并成为本节的一部分一样,委员会应以同样的方式、同样的手段、同样的管辖权、权力和职责执行本节。

(B)特权和豁免。任何违反第(a)款的人均应受到处罚,并有权享有《联邦贸易委员会法》(《美国法典》第 15 章第 41 节及以下)规定的特权和豁免。

(C)保留条款。本条任何内容不得解释为限制委员会根据任何其他法律条文规定所享有的权力。

(e)州政府的执行

(1)一般情形。如果一个州的总检察长有理由相信该州居民的利益因违反第(a)款的行为已经或正在受到威胁或不利影响时,州总检察长可作为政府监护,代表该州居民向美国适当的地区法院提起民事诉讼,以获得适当的救济。

(2)委员会的权利

(A)通知委员会

(ⅰ)一般情形。除第(ⅲ)款规定外,州总检察长在根据第(1)款的规定提起民事诉讼之前,应向委员会提供书面通知,以说明总检察长准备提起此类民事诉讼。

(ⅱ)内容。第(ⅰ)款要求的通知应包括提起民事诉讼的起诉状副本。

(ⅲ)例外。如果州总检察长在根据第(1)款的规定提起民事诉讼前无法提供第(ⅰ)款所规定的通知,应在提起民事诉讼后立即通知委员会。

(B)委员会的干预。委员会有权:

(ⅰ)干预州总检察长根据第(1)款提起的任何民事诉讼;以及

(ⅱ)在进行干预时:(Ⅰ)对民事诉讼中产生的所有事项进行听证;和

(Ⅱ)对民事诉讼的决定提起上诉。

(3)调查权。本款任何内容均不得解释为阻止州总检察长行使州法律授予其进行调查、宣誓或确认、强迫证人出庭、出示文件或其他证据的权力。

(4)审判地点、送达程序。

(A)审判地点。根据第(1)款提起的任何诉讼均可在以下法院提起：

(ⅰ)符合《美国法典》第28编第1391节中关于审判地点的适用要求的美国地区法院；

(ⅱ)有管辖权的其他法院。

(B)诉讼程序文书送达。在根据第(1)款提起的诉讼中,可以在以下地区进行诉讼送达：

(ⅰ)被告居住地、被发现地或被告从事商业活动的任何地区；

(ⅱ)根据《美国法典》第28编第1391节所规定的适当地点。

(5)其他州政府官员的行动。

(A)一般情形。除总检察长根据第(1)款提起的民事诉讼外,州政府授权的任何其他官员均可根据第(1)款提起民事诉讼,但须符合适用于总检察长根据本款提起的民事诉讼的相同要求和限制。

(B)保留条款。本小节中的任何规定均不得解释为禁止某个州的授权官员对于因违反该州的任何民法或刑法行为而在该州的法院启动或继续进行任何诉讼。

4.无优先效力

本法的任何内容均不得解释为优先于任何州法律。

第二部分　纽约市算法责任法案

本法案与各机构使用的自动决策系统有关

如获立法会通过,详情如下：

1.本地方法律的立法目的

(1)机构。"机构"一词系指《纽约市行政法典》第1条至第112条所界定的由市长任命的机构。

(2)自动化决策系统。"自动化决策系统"一词是指计算机化的算法的实现,包括那些源自机器学习或其他数据处理或人工智能技术的算法,这些算法用于制作或协助制作决策。

(3)机构自动决策系统。"机构自动决策系统"是指机构用于制定或协助制定影响公众的规则、政策或行动的自动决策系统。

(4)慈善法人。"慈善法人"一词具有以下含义:符合《非营利性公司法》第102条规定的此类条款。

2.立法内容

(1)在本法生效之日后的120天内,市长或其指定人员应召集一个自动决策系统工作组。

(2)该工作组及其主席由市长或其指定人员任命,包括但不限于在与自动决策系统相关的公平、问责和透明度领域具有专长的人员,以及代表受机构自动决策系统影响的本市人民的慈善团体附属人员,但本协议不禁止市长、其指定人或主席有限制地参与或出席此类工作组的会议,因为这些会议内容涉及的一些信息若被披露,会违反当地、州或联邦法律,干扰执法调查或行动,危及公共健康或安全,或导致专有信息泄露。

(3)该特别工作组在不迟于成立后的18个月内,以电子方式向市长和理事会议长提交一份报告,该报告至少应包括以下方面的建议:

(A)确定应遵守该特别工作组根据本款建议的一项或多项程序标准的机构自动决策系统的范围;

(B)制定和实施一项程序,使受有关城市实施的规则、政策或行动的决定影响的人,在该决定是由机构自动决策系统作出或在机构自动决策系统协助下作出的情况下,可以要求和接受对该决定及其依据的解释;

(C)制定和实施一项可用于城市的程序,以确认机构自动决策系统是否会依据年龄、种族、信仰、肤色、宗教、国籍、性别、残疾、婚姻状况、伴侣关系状况、照顾者状况、性取向、异族或公民身份的情况而对人们产生不成比例的影响;

(D)制定和实施一项程序,如果发现机构自动决策系统根据第(C)项所述的类别对人造成了不成比例的影响,处理该系统对人造成损害的情况;

(E)制定和实施一项信息公开流程,让公众能够有意义地评估每个机构自动决策系统的功能以及被城市使用的状况,包括在适当情况下公开该系统的技术信息;

(F)制定和实施机构自动决策系统存档程序的可行性,用于确定此类系统数据之间的预测关系的数据,以及输入数据,但无须包括在本地方法律生效日期之前已停止使用的机构自动决策系统。

(4)该特别工作组在提交第(3)款所要求的报告后 60 天内解散。

(5)市长应在收到第(3)款所要求的报告后 10 天内通过本市网站将该报告在网上公布。

(6)在披露信息会违反地方、州或联邦法律,干扰执法调查或操作,危害公共卫生或安全,或将导致专有信息的泄露的情况下,此处的任何内容均不要求遵守工作组的建议或披露任何信息。

3.此项地方性法规即刻生效。

第三部分　新泽西州算法责任法案(草案)

1.该法案称为"新泽西算法责任法案"

2.在本法中:

(1)"自动决策系统"是指一种计算过程,包括从机器学习、统计或其他数据处理或人工智能技术中衍生出来的计算过程,该过程可以作出决策或促进人为决策并对用户产生影响。

(2)"自动决策系统的影响评估"是指对自动决策系统及其开发过程(包括自动决策系统的设计和培训数据)进行的研究,以评估其对准确性、公平性、偏差、歧视、隐秘性和安全性的影响,包括但不限于:

(A)对自动化决策系统及其设计、培训、数据及用途的详细说明。

(B)根据其目的,结合相关因素对自动决策系统进行成本效益分析,包括:

(ⅰ)数据最小化实践;

(ⅱ)个人信息和自动决策系统结果的存储期限;

(ⅲ)用户可以获得关于自动决策系统的信息的范围;

(ⅳ)用户可以访问自动决策系统结果并对其提出更正或反对的范围和程度;以及

(ⅴ)决策结果的接受者。

(C)评估自动决策系统对用户个人身份信息的隐秘性或安全性构成的风险,以及自动决策系统可能导致或促成对用户不准确、不公平、有偏见或歧视性决策的风险。

(D)适用实体为最大限度地降低风险而采用的措施,包括技术和物理保障。

(3)"用户"是指在本州内,有意识或无意识地向适用实体提供个人身份信息的个人。

(4)"适用实体"是指法人、合伙企业、公司、企业、特许专营、协会、信托、独资企业、工会、政治组织或除州机构或其任何政治分支机构、联邦机构或任何承包商以外的其他法人实体,或由在该州开展业务的州机构,其政治部门或联邦机构雇用的分包商,并且符合以下条件:

(A)根据《国内税收法典》第 26 节第 448(C)第(2)段和第(3)段的规定,在最近一财政年度之前的三个可征税年度的平均年收入毛额超过 5000 万美元;

(B)拥有或控制的个人可识别信息超过 1000000 用户,或 1000000 台用户计算机或移动电信服务设备;

(C)或数据代理商。

(5)"数据代理商"是指作为其业务的重要组成部分,收集、组装或维护非该实体的客户或雇员的个人身份信息,以便销售或交易该信息或提供对该信息的第三方访问的商业实体。

(6)"数据最小化"是指将个人身份信息的收集和存储限制在与实现特定目的相关和必要的范围内。

(7)"数据保护的影响评估"是指对评估信息系统在多大程度上保护系统处理的个人身份信息的隐私和安全的研究。

(8)"部长"是指法律及公共安全部的消费者事务部长。

(9)"部门"是指法律和公共安全部的消费者事务部门。

(10)"高风险自动决策系统"是指一种自动决策系统,该自动决策系统:

(A)考虑到其所使用的技术的新颖性以及自动决策系统的性质、范围、背景和目的,在以下方面构成重大风险:

(ⅰ)用户个人信息的隐秘性或安全性;或

(ⅱ)导致或促成影响用户的不准确的、不公平的、有偏见或歧视性的决策。

(B)在对用户进行系统和广泛评估的基础上作出决策或促进人的决策,包括试图分析或预测用户生活中的敏感方面,如他们的工作表现、经济状况、健康状况、个人偏好、兴趣、行为、地点或移动,而这些:

(ⅰ)改变了用户的合法权利;或

(ⅱ)在其他方面对用户有着重大影响。

(C)涉及包括种族、肤色、国籍、政治观点、宗教、工会成员资格、基因数据、生物特征数据、健康状况、性别、性别身份、性行为、犯罪记录或逮捕记录在内的大量用户个人信息。

(D)系统地监视一个大型的、公共可访问的物理场所;或

(E)符合该部门根据本法第7条颁布的法规制定的任何其他标准。

(11)"高风险信息系统"是指一种信息系统,该信息系统:

(A)考虑到所采用技术的新颖性,以及信息系统的性质、范围、内容和用途,对用户个人信息的隐秘性或安全性构成重大风险;

(B)涉及包括种族、肤色、国籍、政治观点、宗教、工会成员、基因数据、生物特征数据、健康、性别、性别身份、性取向、犯罪记录或逮捕记录在内的大量用户的个人信息;

(C)系统地监视一个大型的、公共可访问的物理场所;或

(D)符合该部门根据本法第7条颁布的法规制定的任何其他标准。

(12)"信息系统"是指涉及个人身份信息的自动或手动过程,如个人身份信息的收集、记录、组织、结构、存储、更改、检索、咨询、使用、共享、披露、传播、组合、限制、删除或销毁,但不包括自动决策系统。

(13)"个人身份信息"是指不限收集、推断或获得的手段,均可链接或有合理的可能性去链接到特定的消费者或其计算机、移动电信服务设备以及任何其他联网设备的信息。

(14)"存储"是指适用实体为保存个人身份信息而采取的行为,包括存储、收集、组装、拥有、控制或维护信息。

(15)"使用"是指个人、合伙企业或公司在使用信息时的行为,包括使用、处理或访问信息。

3.a.本法颁布后一年内,法律及公共安全部门消费者事务部部长须要求适用实体:

(1)对自动决策系统的影响进行评估:

(A)以部长认为有必要的频度,对现有的高风险自动决策系统进行评估;

(B)自先前的自动决策系统的影响评估以来,适用实体还未实施的高风险自动决策系统。

(2)对数据保护的影响进行评估:

(A)以部长认为有必要的频度,对现有的高风险信息系统进行评估;

(B)自先前的数据保护的影响评估以来,适用实体还未实施的高风险信息系统。

(3)根据本节第a项第(1)款及第(2)款的规定,在有合理可能的情况下,由部长决定,与外部第三方(包括独立审计员及独立技术专家)协商进行影响评估。

(4)记录根据第a项第(1)款及第(2)款要求进行的影响评估中发现的任何关于种族偏见或其他偏见的迹象或对用户个人可识别信息安全的任何威胁,包括适用实体为补救这些问题而采取的任何措施。

b.适用实体可在单一评估中评估与第a小节第(1)款和第(2)款所评估的高风险自动决策系统和高风险信息系统相似的高风险自动决策系统和高风险信息系统,以进行比较。

c.本节所要求的评估结果和资料应在完成时提交部长,并由适用实体自行决定公布。

4.废除本法生效日后签订的不符合本法第3节规定的适用实体与用户之间的协议,此类协议无效且不可执行。

5.如部长在审阅根据本法第3节提交的评估结果及资料后,认定该州居民的利益已经或正在受到违反《公民权利法》第3条的行为的威胁或不利影响时,州总检察长可代表该州居民在美国适当的地区法院提起民事诉讼,以获得适当的救济。

6.适用实体违反本法第3节或第4节或在知情的情况下故意向任何违反本法第3节或第4节的个人、合伙企业或公司提供实质性帮助都属于对《消费者欺诈法》的违法和侵犯。

7.依据《行政程序法》的规定,部长应采用可实现本法目的所必需的任何规则和条例。

8.本法即刻生效。

域外司法文献

美国检举人保护法

戴雅妮* 张 硕** 编译 谭玉婷***校

翻译说明：本译本以美国1989年《检举人保护法》(Whistleblower Protection Act of 1989)及2012年《检举人保护强化法》(Whistleblower Protection Enhancement Act of 2012)为依据，对照《美国法典》(United States Code)中经修订的现行有效条文，节选其中有关立法目的、监管机构、雇员权利等重要条文予以翻译。Whistleblower的字面意思虽为"吹哨人"，但考虑到中文用语和专业表达的规范要求，译为"检举人"较为符合法学原意。美国检举人保护法律相关条文中的检举人身份范围限定于联邦雇员，因此检举人是指联邦雇员中的告发者、信息披露人员。为保证译本结构完整，本文小标题及其序号为自主添加内容，以楷体为准，宋体部分为法条原文翻译。

第一部分 1989年《检举人保护法》

一、立法目的

《检举人保护法(1989)》第2节 调查结果及立法目的
(a)调查结果——国会经调查发现——
(1)根据《美国法典》第五编第2303(b)(8)节的规定而作出披露的联邦

---

* 戴雅妮，上海师范大学诉讼法专业硕士研究生。
** 张硕，上海师范大学诉讼法专业硕士研究生。
*** 谭玉婷，上海师范大学法律硕士研究生（诉讼法方向）。

雇员,是通过帮助消除欺诈、挥霍、滥用和不必要的政府支出行为来为公共利益服务的;

(2)保护披露政府违法、挥霍和腐败行为的雇员是迈向更有效的公务员制度的重要一步;

(3)在通过1978年《文官制度改革法》时,国会设立了特别检察官办公室以保护检举人[第2302(b)(8)节所述披露的人员]免受报复。

(b)立法目的——本法案是为加强和改善对联邦雇员权利的保护以防止雇员遭受报复,并通过以下方式帮助消除政府内部的不法行为——

(1)下令雇员不得因禁止性人事行为而承担不利后果;以及

(2)建立以下原则——

(A)特别检察官办公室的主要职责是保护雇员免受禁止性人事行为的侵害,尤其是保护检举人;

(B)特别检察官办公室应基于向特别检察官办公室寻求帮助的雇员的利益而行事;以及

(C)虽然惩戒违反禁止性人事行为之人可能是有助于实现该目的的一种方式,但保护禁止性人事行为所针对的个人仍是首要考虑。

二、机构设立

1.功绩制保护委员会

§1201.任命功绩制保护委员会的成员

功绩制保护委员会是经参议院建议和同意,由总统任命的3名成员组成,且这3名成员中来自同一政党的拥护者不得超过2人。委员会的成员应是基于已被证明的能力、背景、培训或经验而特别能够胜任委员会职位的个人。除法律另有规定或经总统指示,委员会成员不得在美国政府中担任其他职务或出任其他职位。委员会应拥有一枚经司法认证的公章。委员会应将总部设在哥伦比亚特区,并可在其他合适的地点设立总部外办事处。

§1204.功绩制保护委员会的权力和职能

(a)功绩制保护委员会应当——

(1)对本编、第三十八编第四十三章或其他法律、法规、条例规定的职权范围内的所有事项进行听证、裁决或者就听证、裁决作出相关规定,以及在其他可适用的法律条款的限制范围内,对任何此类事项采取最终行动;

(2)命令任何联邦政府机关或雇员遵守委员会根据本分节第(1)段所授

予的权限而签发的任何命令或决定,并强制该联邦政府机关或雇员执行该命令;

(3)定期进行与公务员制度或行政部门内的其他功绩制度相关的特殊研究,并向总统和国会报告,在不受禁止性人事行为约束的公务员制度中公共利益是否得到充分保护;以及

(4)根据第(f)分节的规定,审查人事管理局的规则和条例。

(b)(1)功绩制保护委员会的任何成员、委员会根据本编第3105节任命的任何行政法官以及委员会指定的任何委员会雇员均可组织宣誓,询问证人,录取证言和接收证据。

(2)委员会的任何成员、委员会根据第3105节任命的任何行政法官以及委员会指定的任何委员会雇员,有权限对任何个人——

(A)签发传票,要求任何该个人出庭作证,并要求美国任何地方、任何领土或属地以及波多黎各联邦或哥伦比亚特区提供书面证据或其他证据;以及

(B)命令任何该个人配合录取证言并对书面讯问进行答复。

(3)证人(无论自愿还是应传唤出庭)应获得与在美国法院传唤的证人相同的费用和以里程计算的差旅费津贴。

(c)如果拒绝出庭应诉或违反根据第(b)(2)(A)分节或第1214(b)节发出的传票,经委员会申请后,对于传票已寄至居住地或已送达的个人,美国地方法院可签发命令,要求该个人在任何指定地点出庭作证,或出示书面证据或其他证据。任何不服从法院命令的行为均可被法院视为藐视法庭而对相应的行为人进行处罚。

(d)对于在美国任何法院的领土管辖范围以外的个人,可以按照《联邦民事诉讼规则》规定的传票送达方式将第(b)(2)(A)分节所述的传票送达国外。在美国法院可以对该个人主张管辖权的范围内,美国哥伦比亚特区地方法院应具有相同的管辖权,以采取任何行动要求该个人遵守本分节的规定,前提是当该个人实际处于该法院管辖范围时,该法院原本便具有这样的管辖权。

(e)(1)(A)在根据第(a)(1)分节规定而进行的任何诉讼程序中,委员会的任何成员均可申请人事管理局长提供咨询意见,以解释有关人事管理局颁布的任何规则、条例或其他政策指令。

(B)(i)功绩制保护委员会可在特别检察官办公室进行调查的期间或

委员会处理的任何诉讼程序的未决期间,签发命令以保护证人或其他个人免于骚扰,行政机关(除特别检察官办公室之外)不得在特别检察官办公室调查案件的过程中要求委员会签发与特别检察官办公室所调查案件相关的上述命令。

(ⅱ)根据本项签发的命令可以按照第(2)段对根据第(a)(2)分节签发的任何命令所规定的相同方式执行。

(2)(A)在强制执行第(a)(2)分节规定的任何命令时,委员会可责令负责执行该命令的任何雇员在命令执行期间不得收取作为雇员的服务费,总统根据参议院的建议和同意任命的雇员除外。委员会应向美国总审计长证明已发出该命令,并且对于该命令中指定的任何服务,均不得从美国财政部拨款。

(B)委员会应制定条例,规定如有雇员对其他员工被认定为未能遵守委员会命令而感到不平,该雇员可以向委员会提出申请,以行使第(A)分段规定享有的权利。

(3)在根据第(a)(3)分节进行任何研究时,委员会应进行必要的询问,除非法律另外禁止,否则委员会应有权查询人事管理局收集的人事记录或信息,并可根据需要要求提供其他行政机关的其他报告。

(f)(1)在人事管理局局长根据第1103节履行职责时发布的任何规则或条例的生效日期之后的任何时间,委员会对该规则或条例的任何规定进行审查应——

(A)基于自身动议;

(B)基于委员会对任何利益相关人员所提交的该类申请的考虑,自主决定同意审查该申请;或者

(C)基于特别检察官办公室提交书面投诉并要求进行审查。

(2)委员会根据本分节审查任何规则或条例的任何规定时,应宣布该规定——

(A)表面上无效,前提是委员会确定该规定,且如果是由任何行政机关实施的规定,表面上会要求任何雇员违反第2302(b)节;或者

(B)由任何行政机关无效地实施,前提是委员会确认该规定要求雇员违反第2302(b)节的规定,且该行政机关通过采取人事行为而实施了该规定,或是采纳了任何与该规定一致的政策。

(3)人事管理局长,以及正在实施根据本分条规定受到审查的任何规则

或条例的任何行政机关负责人,有权参与这种审查。

(4)功绩制保护委员会应要求任何行政机关—

(A)停止遵守委员会根据本分节宣布表面无效的任何规则或条例;以及

(B)纠正行政机关执行委员会根据本分节宣布行政机关无效实施的任何规则或条例的任何无效实施行为。

(g)委员会可将其根据本编所具有的任何行政职能授权给委员会的任何雇员。

(h)委员会有权制定对于履行职能有必要的法规,委员会不得发布咨询意见,委员会的所有条例均应在《联邦登记》中发行。

(i)除与最高法院的诉讼有关的第二十八编第518节的规定外,由委员会委员长指定的律师可以出席并代表委员会参与委员会根据此编或其他法律授权执行职能有关的任何民事诉讼。

(j)委员会委员长可以任命执行委员会职能所需的人员。根据本分节作出的任何任命均应遵守本编的规定,该任命不应受到人事管理局或总统执行办公室的批准或监督的除外(除第3324节或第三十三章第八分章规定的所需的批准)。

(k)委员会应准备年度预算和与委员会有关的其他项目,并提交给总统以及国会的相应委员会。根据第三十一编第1105节的规定,与委员会有关的其他项目修订后应当作为预算中的单独项目移送给国会。

(l)委员会应向委员会委员长以及国会众议院提交根据本编规定的与其职权相关的任何立法建议。

(m)(1)除本分节第(2)段另有规定外,委员会、行政法官或其他受委员会指定对基于第1215节产生的案件进行听证的其他雇员,可以要求案件发生时已录用胜诉方或胜诉方已向之提出应聘申请的行政机关支付该雇员或求职者因案件而产生的合理律师费用,前提是该雇员或求职者是胜诉方,且委员会、行政法官或其他雇员(视情况而定)确认该行政机关应基于公平正义承担上述费用,包括行政机关进行禁止性人事行为的任何案件,或采取显然毫无根据的行动的任何案件。

(2)如果雇员或求职者是基于第1215节产生的案件的胜诉方,且该裁决结果是根据本编第2302(b)(1)节关于禁止歧视的结论作出的,则律师费应按1964年《民权法案》第706(k)节规定的标准收取。

(n)委员会可以接受和使用赠予物、捐赠的财产和服务来履行委员会的职责。

2.特别检察官办公室

§1211.成立

(a)设立的特别检察官办公室应由特别检察官领导,办公室应拥有一枚经司法认证的公章。该办公室应将总部设在哥伦比亚特区,并在其他适当地域设立总部外办事处。

(b)特别检察官应在参议院的建议和同意下由总统任命,任期五年。任期届满后,特别检察官可继续任职,直至下一届特别检察官被任命正式享有特别检察官资格,但不得在本分节规定的任期届满后继续服务超过一年。特别检察官应是通过已被证明的能力、背景、培训或经验而特别胜任该职位职能的律师。被任命填补前任特别检察官任期结束前出现的特别检察官办公室空缺职位的特别检察官,应在前任特别检察官的剩余期限内任职。总统只能因低效、玩忽职守或渎职而罢免特别检察官。除法律另有规定或经总统指示,特别检察官不得在美国政府中担任其他职务或职位。

§1212.特别检察官办公室的权力和职能

(a)特别检察官办公室应——

(1)根据第1214(a)节和本分节的其他适用规定,保护雇员、前雇员和求职者免受禁止性人事行为的侵犯。

(2)接收和调查有关禁止性人事行为的指控,并在适当的情况下——

(A)根据第1214节提出中止人事行为的请愿和申请纠正措施的请愿;以及

(B)根据第1215节投诉或建议采取纪律处分。

(3)接收、审查对违反任何法律、法规或条例,以及对严重管理不善、资金严重浪费、滥用职权或对公共健康安全造成实质性的具体危险行为的披露,以及在适当情况下根据第1213节将上述披露移交司法部长或行政机关负责人审查。

(4)审查人事管理局长根据第1103节的规定所颁布的规则和条例,并在特别检察官认为任何此类规则或条例从表面上或在实际执行上均规定需委托才可实施禁止性人事行为的情况下,书面向委员会提出投诉。

(5)在特别检察官办公室的管辖范围内,对违反其他法律的行为进行调查并酌情提起诉讼(如第1216节所述)。

(b)(1)特别检察官和受特别检察官指定的特别检察官办公室的任何雇员均可组织宣誓、讯问证人、录取证言和接收证据。

(2)特别检察官可以——

(A)签发传票;以及

(B)下令录取证言和答复书面讯问,以与第 1204 节规定的相同方式进行。

(3)(A)如果拒绝出庭应诉或不遵守根据第(2)(A)段签发的传票,特别检察官可以根据第 1204(c)节的规定,向功绩制保护委员会申请在法庭上强制执行传票。

(B)对于在美国任何法院的领土管辖范围之外的任何个人,可以按照第 1204(d)节规定的传票送达方式将第(2)(A)分节所述的传票送达国外,并且美国哥伦比亚特区的地方法院可强制该个人遵守该分节的规定。

(4)证人(无论自愿还是应传唤出庭)应获得与在美国法院传唤的证人相同的费用和按里程计算的差旅费津贴。

(5)(A)除第(B)分段另有规定外,特别检察官在执行本分节时有权——

(ⅰ)及时获取相关行政机关可获得的调查、审查或查询有关的所有记录、数据、报告、审计、审查、文书、文件、建议或其他材料,上述文件或材料是相关行政机关根据以下规定获取的——

(Ⅰ)本编第 1213、1214、1215 节或第 1216 节;或者

(Ⅱ)第三十八编第 4324(a)节。

(ⅱ)要求任何行政机关为特别检察官履行本章职责提供必要的信息或协助。

(ⅲ)要求正在接受调查、审查或询问的行政机关向特别检察官提供任何相关记录或其他信息,前提是该调查、审查或询问是基于——

(Ⅰ)本编第 1213、1214、1215 节或第 1216 节;或者

(Ⅱ)第三十八编第 4324(a)节。

(B)(ⅰ)根据 1947 年《国家安全法》《美国法典》第五十编第 3003 节第 3 节的规定,根据第(A)分段获得的特别检察官授权不适用于任何属于情报界的机关,除非特别检察官正在调查或以其他方式开展关于强制执行第七十三章第三分章的相关活动。

(ⅱ)如果监察长确认材料包含情报活动的衍生信息或与情报活动有关的信息,则监察长可拒绝公开第(A)分段规定的特别检察官有权获取的相

关材料信息。

（ⅲ）在以下情况下，司法部长或监察长可拒绝公开第（A）分段规定的特别检察官有权获取的相关材料信息——

（Ⅰ）(aa)可以合理地预期，从特别检察官提交材料申请之日起，披露材料可能会干扰正在进行的刑事调查或诉讼；或者

(bb)材料——

(AA)根据法院命令不得被披露；或者

(BB)已根据第三十一编第3730节密封提交。

（Ⅱ）如果适用的情况下，司法部长或监察长向特别检察官提交书面报告，并在报告中陈述——

(aa)被拒绝公开的材料；以及

(bb)材料被拒绝公开的原因。

(C)（ⅰ）行政机关、行政机关的官员或雇员要求享有普通法特权，不应妨碍特别检察官获取第（A）（ⅰ）分段所述的与行政机关有关的任何材料。

（ⅱ）行政机关向特别检察官提供第（A）（ⅰ）分段所述的材料，不得视为该行政机关在任何其他程序中放弃针对非联邦组织或个人的特权。

（ⅲ）特别检察官若披露行政机关根据第（A）分段提供给特别检察官的任何记录或其他信息，只能基于促成本条提供特别检察官以任何授权的目的。

(6)特别检察官应向参议院的国土安全和政府事务委员会、众议院的监督和政府改革委员会以及对相关行政机关具有管理权的每个国会委员会提交报告，该报告应包括有关拒绝出庭应诉或未能遵从特别检察官根据第(5)(A)段提交的请求的任何案件。

(c)(1)除第(2)段另有规定外，特别检察官有权介入或参加由功绩制保护委员会处理的任何诉讼程序，除非特别检察官应当遵守委员会的规则。

(2)未经本人同意，特别检察官不得干预该人员根据第1221节提起的诉讼，也不得干预其根据第7701节提出的上诉。

(d)(1)特别检察官可以任命执行特别检察官职能所需的法务、行政和辅助人员。

(2)任何基于本分节的任命均应按照本编的规定进行，除非该任命无须人事管理局或总统执行办公室的批准或监督（根据第3324节或第三十三章第八分章的规定需要批准的情况除外）。

(e)特别检察官可以规定执行特别检察官职能所需的相关条例,并应在《联邦登记》中发行。

(f)特别检察官不得就任何法律、规则或条例发表任何咨询意见(关于第十五章或第七十三章第三分章的咨询意见除外)。

(g)(1)除非根据《美国法典》第五编第552a节的规定,或根据任何其他相关联邦法律的要求,否则特别检察官不得回应任何讯问,不得披露来自或关于任何指控人的任何信息。

(2)尽管有第(1)段的例外情况,特别检察官不得对任何有关评估工作表现、能力、才能、基本资格、性格、忠诚度或第(1)段所述人员的任何个人行为是否适合的询问作出回应—

(A)除非事先获得与该信息有关的个人的同意;或者

(B)除非经行政机关要求提供此类信息,以决定该个人是否有权获取该未经授权披露的信息,前提是该未授权披露可能会给国家安全造成极大的严重损害。

(h)(1)特别检察官有权在美国法院关于第2302(b)(8)节或第(9)节规定的任何诉讼中以法院之友的身份出庭,或以其他方式获得法律的授权。在任何此类诉讼中,特别检察官有权根据第2302(b)(8)节或第(9)节作为特别检察官发表意见,并提出法院判决将对此类法律条款的执行产生影响的观点。

(2)出于第(a)分节所述的目的,美国法院应准许特别检察官出庭参加任何此类诉讼。

(i)特别检察官应与某行政机关的监察长达成至少一项协议,根据该协议—

(1)监察长应—

(A)接收、审查和调查特别检察官办公室的雇员提出的针对禁止性人事行为或违法行为的指控;和

(B)为特别检察官办公室的雇员制定与监察长直接沟通的方法。

(2)特别检察官—

(A)在根据协议直接联系监察长之前,不得向特别检察官办公室的雇员寻求授权或批准;以及

(B)可对监察长根据该协议提供的服务作出补偿。

三、雇员个人享有的权利

§1221. 在特定报复案件中个人诉讼的权利

(a)根据本节中第(b)分节和第1214(a)(3)分节的规定,雇员、前雇员或求职者可以就任何针对其采取或将要采取的人事行为,且该行为根据第2302(b)(8)节或第2302(b)(9)(A)(ⅰ)、(B)、(C)或(D)节规定为禁止性人事行为,向功绩制保护委员会申请纠正措施。

(b)本节不得解释为禁止任何雇员、前雇员或求职者在向特别检察官申请纠正措施前先向功绩制保护委员会申请纠正措施,但前提是该雇员、前雇员或求职者根据法律、法规或条例规定有权直接向委员会申请。

(c)(1)任何雇员、前雇员或求职者根据第(a)分节规定申请纠正措施时可以向委员会提出中止相关人事行为的请求。

(2)如果委员会认为第(1)段所述的任何中止是合理的,则应在请求提出之日起的10个工作日内(不包括周六、周日和法定节假日)许可中止相关人事行为。

(3)(A)委员会应允许根据本分节规定而采取中止措施的行政机关针对委员会的中止命令提出意见。

(B)除第(C)分段另有规定,本分节许可的中止应在委员会认为合理的期间内持续生效。

(C)如果认为改变或终止是合理的,那么委员会可以随时根据本分节规定改变或终止该中止措施。

(d)(1)关于雇员、前雇员或求职者根据第(a)分节规定申请纠正措施的请求,如果委员会发现该请求所要求的证词或证物并不会产生不合理的负担而且似乎经合理预测能发现可采纳的证据,则委员会应签发传票要求任何人出庭作证,提供书面证物或其他证据。

(2)本分节所述的传票可以根据第1204节规定的相同方式签发和执行。

(e)(1)除第(2)段另有规定,在任何基于第2302(b)(8)节或第2302(b)(9)(A)(ⅰ)、(B)、(C)或(D)节的规定指控禁止性人事行为的案件中,如果雇员、前雇员或求职者证明了其根据第2302(b)(8)节或第2302(b)(9)(A)(ⅰ)、(B)、(C)或(D)节的规定作出的披露或受保护的活动正是针对该雇员、前雇员或求职者采取或将要采取的人事行为的一个促成因素,则委员会应下令采取其认为恰当的纠正措施。雇员可以通过间接证据来证明其披露或受保护的活动是人事行为的一个促成因素,这些间接证据包括——

(A)采取人事行为的官员知道该披露或受保护的活动;以及

(B)人事行为是在一定期间内发生的,而一个理性的人在该期间内足以得出该披露或受保护的活动是人事行为的一个促成因素的结论。

(2)在认定受保护的披露是一个促成因素后,如果该行政机关以清楚且令人信服的证据证明在没有该披露的情况下仍将采取相同的人事行为,则可以不下令实施第(1)段所述的纠正措施。

(f)(1)一旦本节中的诉讼程序开始后,委员会应尽快作出最终指令或判决。

(2)本节中的任何诉讼或其他程序可以不再考虑根据第二分章已作出的终止调查决定。

(3)如果功绩制保护委员会根据本节提供的证据证实有理由相信现任雇员可能犯下禁止性人事行为,则委员会应将此事交给特别检察官调查并根据第1215节[1]采取适当措施。

(g)(1)(A)如果委员会依本节规定下令采取纠正措施,则该类纠正措施可以包括以下内容——

(ⅰ)尽可能将该人员安排在禁止性人事行为发生前与其职位相近的职位;和

(ⅱ)偿还欠薪和相关福利、已产生的医疗费用、差旅费,任何其他合理并可预见的间接损失以及补偿性赔偿(包括利息、合理的专家证人费和花销)。

(B)纠正措施应包括第(2)段和第(3)段规定的律师费及开支。

(2)如果雇员、前雇员或求职者在功绩制保护委员会的诉讼中为胜诉方,且该判决是基于对禁止性人事行为调查的结果,则相关行政机关应对该雇员、前雇员或求职者承担合理的律师费和所产生的任何其他合理费用。

(3)如果雇员、前雇员或求职者在功绩制保护委员会的上诉审判中为胜诉方,则不论该判决基于何种原因作出,相关行政机关均应对该雇员、前雇员或求职者承担合理的律师费和所产生的任何其他合理费用。

---

[1] 详细参见《美国法典》第五编第十二章1215节(5 USCA § 2302)有关纪律处分(disciplinary action)的规定。

(4)根据本节规定采取的禁止性人事行为的纠正指令可涵盖因对雇员进行机关调查而产生的费用、花销或损害赔偿的补偿,前提是该调查是由于引发纠正措施的、针对报复披露或受保护的活动而着手、展开或衍生的。

(h)(1)根据本节受委员会最终指令或判决不利影响或侵害的雇员、前雇员或求职者,可以就该指令或判决申请司法审查。

(2)本分节规定的司法审查请求应当根据第7703(b)节的规定在相应期限内提交至相应的法庭。

(i)第(a)分节至第(h)分节应适用于任何依照第7513(d)节所提起的诉讼,或在某种程度上,适用于基于第2302(b)(8)节或第2302(b)(9)(A)(i)、(B)、(C)或(D)节所述的禁止性人事行为提起的指控。

(j)在确定任何涉及个人根据本节提起指控的案件是否可上诉时,既不应考虑联邦立法制定的退休制度下个人的身份,也不应考虑该个人根据上述制度规定参与的选举活动。

(k)如果委员会根据第(c)分节的规定准予采取中止措施,且受人事行为影响的雇员尚处于试用期,则录用该雇员的行政机关负责人应当优先考虑该雇员提交的调任申请。

第二部分 2012年《检举人保护强化法》

一、对披露、人事行为和禁止性人事行为、雇员知晓权的规定

§2302.禁止性人事行为

(a)(1)就本编而言,"禁止性人事行为"是指第(b)分节所述的任何行为。

(2)就本节而言——

(A)"人事行为"是指——

(i)任命;

(ii)晋升;

(iii)本编第七十五章所述行为或其他纪律处分或纠正措施;

(iv)选派、调任或重新分配;

(v)复职;

(vi)复位;

(ⅶ)重新录用;

(ⅷ)本编第四十三章或第三十八编所述的绩效评估;

(ⅸ)有关薪酬、福利或奖励的决定,或有关教育或培训的决定,且如果能合理期待通过该教育培训能够获得任命、晋升、绩效评估,或本节所述其他行为的决定;

(ⅹ)进行心理测试或检查的决定;

(ⅺ)任何保密政策、格式文件或协议的实施或执行;以及

(ⅻ)职责、责任或工作条件的任何其他重大变化。

上述职位是针对某行政机关所涵盖职位的雇员、求职者,根据第(b)(8)分节所述禁止性人事行为,以及根据第三十一编第9101节的规定在国企任职的雇员或求职者而言的。

(B)"涵盖职位"是指,有关任何人事活动、任何竞争性的公务职位、高级行政人员中由专业人员任命的职位或非竞争性的公务职位,但不包括有采取人事行为之前的以下任何职位——

(ⅰ)由于具有保密性、政策决定性、决策性或倡导性而被排除在竞争性公务之外的职位;或

(ⅱ)总统认为良好的行政管理条件是必要和必须的,并由此决定排除在本节范围之外的职位。

(C)"行政机关"是指执行机关和政府出版局,但不包括——

(ⅰ)国企,涉及根据第(b)(8)分节或第2302(b)(9)(A)(ⅰ)、(B)、(C)或(D)节所述的禁止性人事行为的国企除外。

(ⅱ)(Ⅰ)联邦调查局、中央情报局、国防情报局、国家地理空间情报局、国家安全局、国家情报主任办公室和国家侦查局;以及

(Ⅱ)由总统决定的、主要职能是进行外国情报或反情报活动的任何执行机关或其单位,前提是总统的该决定须在人事行为之前作出。

(ⅲ)政府问责局。

(D)"披露"是指正式或非正式的沟通或传播,但不包括与合法行使自由裁量权的政策决定有关的沟通,除非提供披露信息的雇员或求职者合理地认为该披露信息证明了以下事实——

(ⅰ)任何违反法律、法规或条例的行为;或

(ⅱ)严重管理不善、资金的严重浪费、滥用职权或者对公共健康安全造成实质性的具体危险的行为。

(b)任何有权采取、指示他人采取、建议或批准任何人事行动的雇员不得就该授权——

(1)歧视或针对雇员或求职者——

(A)根据1964年《民权法案》第717节的规定,不得基于种族、肤色、宗教、性别或国家地区歧视或针对雇员或求职者;

(B)根据1967年《就业年龄歧视法》第12节和第15节的规定,不得基于年龄歧视或针对雇员或求职者;

(C)根据1938年《公平劳动标准法》第6(d)节的规定,不得基于性别歧视或针对雇员或求职者;

(D)根据1937年《康复法》第501节的规定,不得基于残障条件歧视或针对任何雇员或求职者;或

(E)根据任何法律、法规或条例的规定,不得基于婚姻状态或政治立场歧视或针对任何雇员或求职者。

(2)征集或考量关于任何要求或正被考虑采取任何人事行为的个人提供的口头或书面建议或声明,除非该建议或声明是基于提供该建议或声明的人员的个人知识或履历而形成的,且该建议或声明包括——

(A)对该人员工作表现、能力、态度、综合素质的评估;或

(B)对该人员性格、忠诚度或职业匹配度的评估。

(3)强迫任何人进行政治活动(包括提供任何政治贡献或服务),或者因任何雇员或求职者拒绝参与强迫他人进行政治活动而对该雇员或求职者采取任何报复行动。

(4)就该人员的竞争就业权而欺骗或故意妨碍该人员。

(5)干涉他人使其退出任何职位的竞争,以改善或损害其他人的就业前景。

(6)在法律、法规或条例未授权的情况下授予任何雇员或求职者以优先权或利益(包括规定竞争范围、方式或职位要求),以改善或损害任何特定个人的就业前景。

(7)任命、雇用、晋升、提拔,或主张任命、雇用、晋升、提拔任何是该雇员亲属的个人[根据本编第3110(a)(3)节规定]至某公务员岗位,前提是该雇员在行政机关中担任政府官员[根据本编第3110(a)(2)节规定]或以上职位,且该雇员能够以官员身份行使管理权或控制权;

(8)对任何雇员或求职者采取、未采取、受威胁采取或未采取人事行为

是由于——

(A)该雇员或求职者有理由相信其披露的信息证明了——

(ⅰ)任何违反法律、法规或条例的行为;或

(ⅱ)严重管理不善、资金的严重浪费、滥用职权或者对公共健康安全有实质性和具体危险的行为。

前提是该披露并非法律明确禁止的,且该信息并非行政命令明确要求的为国防和外交事务之利益而保密的信息。

(B)任何向特别检察官、行政机关的监察长或由行政机关负责人指定接收该披露的其他个人作出的披露,该雇员或求职者有理由相信其披露的信息证明了——

(ⅰ)任何违反法律、法规或规定(违反本节规定除外)的行为;或

(ⅱ)严重管理不善、资金的严重浪费、滥用职权或者对公共健康安全有实质性具体危险的行为。

(C)任何行政机关雇员或行政机关的求职者向国会(包括国会的任何委员会)披露的信息,根据第(B)分段规定,是——

(ⅰ)非保密信息;或

(ⅱ)保密信息,但前提是——

(Ⅰ)属非情报界机关负责人保密的信息(根据1947年《国土安全法》第3节规定);和

(Ⅱ)并未揭露情报来源和途径。

(9)对任何雇员或求职者采取、未采取或受威胁采取或未采取任何人事行为是由于——

(A)任何申诉、意见或者批评的行为由任何法律、法规或条例直接授权,这些法律、法规或条例是指——

(ⅰ)对于违反第(8)段的补救;或

(ⅱ)对违反第(8)段的行为进行补救的除外。

(B)通过佐证或其他方式合法协助任何人行使第(A)(ⅰ)或(ⅱ)分段所指的任何权利。

(C)根据相应的法律规定,与行政机关的监察长(或任何其他负责内部调查或审查的成员)或特别检察官合作或向其披露信息。

(D)拒绝服从要求个人违反法律、法规或条例的命令。

(10)以并未对雇员、求职者或他人的表现造成不利影响的行为来歧视

或针对任何雇员或求职者,除非本段中的任何规定都不得禁止行政机关根据任何州、哥伦比亚特区或美国法律规定的罪行考量对于雇员或求职者的定罪是否合适或正当。

(11)(A)故意采取、建议或批准任何人事行为,前提是采取该行为会违反退伍军人的优先要求;或者

(B)故意不采取、不建议或不批准任何人事行为,前提是不采取该行为会违反退伍军人的优先要求。

(12)采取或不采取任何其他人事行为,前提是采取或不采取该行为会违反法律、法规或条例的实施,或直接关系本编第2301节所述的功绩制原则。

(13)实施或执行任何保密政策、格式文件或协议,前提是该政策、格式文件或协议未包含以下声明"这些规定与现行法律或行政命令规定的关于(1)机密信息,(2)与国会的通信,(3)告知监察长违反任何法律、法规、条例的行为或者管理不善、资金的严重浪费、滥用职权或者对公共健康安全有实质性和具体危险的报告,或(4)任何其他的检举人保护的规定所涉及的雇员义务、权利或责任一致,并且不会取代、产生冲突或以其他方式改变该义务、权利或责任。该协议应当包含由强制性行政命令和法律条文规定的定义、要求、义务、权利、制裁和责任,并且是强制性要求"。

(14)获取其他雇员或求职者的病历来作为第(1)段至第(13)段所述行为的一部分支持文件甚至促成因素。

本分节不得解释为授权向国会隐瞒信息或针对向国会披露信息的任何人采取人事行动。就第(8)段而言,(ⅰ)雇员履行职责的行为同时构成第(a)(2)(D)分节所述的披露行为,则关于该行为的任何推定都可以被实质性的证据驳回,以及(ⅱ)关于认定雇员或申请人是否有理由认为其披露的信息能够证明违反法律、法规、条例,严重管理不善、资金的严重浪费、滥用职权或者对公共健康安全有实质性具体危险的行为,取决于了解必要已知事实,且是该雇员或申请人容易确定的公正旁观者是否能够合理推定政府的行为被证明违法、管理不善、浪费、滥用或具有危险性。

(c)(1)在本分节中—

(A)"新雇员"是指以下人员—

(ⅰ)在本节颁布之日或之后被任命为公务员;且

(ⅱ)此前并不属于公务员。

(B)"检举人保护"是指针对第(b)分节第(8)段或第(9)段(A)(ⅰ)、(B)、(C)或(D)分段规定的对禁止性人事行为的保护或救济。

(2)各行政机关负责人应对以下事项负责——

(A)防止禁止性人事行为发生。

(B)遵守并执行适用的公务员法律、法规和条例以及人员管理的其他规定。

(C)与特别检察官和行政机关监察长进行协商,确保行政机关雇员知晓本章及第十二章规定其所享有的权利及救济措施,包括——

(ⅰ)新雇员在试用期可获得的检举人保护的相关信息。

(ⅱ)特别检察官办公室、功绩制保护委员会在检举人保护方面能起到的作用。

(ⅲ)为国防或外交事务的利益而由法律或行政命令另作保密要求的信息,雇员合法披露信息的途径是将信息披露给——

(Ⅰ)特别检察官;

(Ⅱ)行政机关监察长;

(Ⅲ)国会(包括向国会的任何委员会披露有关非保密信息,或如果是保密信息,则属非情报界机关负责人保密的信息且并未揭露情报来源和途径);

(Ⅳ)行政机关中其他任何指定接收该类披露的雇员。

(3)各行政机关负责人应确保在新雇员被任用之日起180天内将第(2)段所述信息告知行政机关的每一位新雇员。

(4)在行政机关有门户网站的前提下,各行政机关负责人应在行政机关公共网站和专为机关雇员提供的线上平台中告知机关雇员所适用的检举人保护的相关信息。

(5)受行政机关负责人授权在任何方面进行人事管理的雇员应在委托范围内对第(2)段所述的行为负责。

(d)根据以下规定,本节不得解释为消除或减轻通过平权行动以实现平等就业机会的任何成果,也不得解释为消除或减轻在公务员系统中任何雇员、求职者可行使的权利或救济措施——

(1)1964年《民权法案》第717节,禁止基于种族、肤色、宗教、性别或国家地区的歧视;

(2)1967年《就业年龄歧视法》第12节和第15节,禁止基于年龄的

歧视；

(3)1938年《公平劳动标准法》第6(d)节,禁止基于性别的歧视；

(4)1937年《康复法》第501节,禁止基于残障条件的歧视；或

(5)任何法律、法规或条例所规定的,禁止基于婚姻状态或政治立场的歧视。

(e)(1)就本节而言,"退伍军人优先要求"是指以下法律规定：(略)[1]

(f)(1)披露不应被排除在第(b)(8)分节之外的原因如下——

(A)披露是向监管者或某项行动的参与者作出的,且该行动的雇员或申请人被合理地认为在第(b)(8)(A)(ⅰ)和(ⅱ)分节的涵盖职位中；

(B)所披露的信息此前已被披露过；

(C)雇员或申请人进行披露的动机；

(D)披露为非书面形式；

(E)雇员在非工作时间所作的披露；

(F)披露是在该个人被任命或申请任命某职位之前作出的；或

(G)自本披露中所述事件发生以来所经过的期间。

(2)如果一项披露是由雇员在正常工作过程中作出的,且该雇员的主要工作任务是定期调查和披露不当行为(本段中称作"披露雇员"),则该披露不应被第(b)(8)分节排除在外,前提是披露雇员证明了以下事实：有权采取、指示他人采取、建议或批准任何与披露雇员有关的人事行为的雇员,采取、未采取、受威胁采取或未采取与披露雇员有关的人事行为是为对该披露雇员的披露行为进行报复。

二、救济措施

1.纠正措施

§1214.禁止性人事行为的调查、纠正措施

(a)(1)(A)特别检察官应当接收有关禁止性人事行为的任何指控,并且应当在必要的限度内对指控进行调查,以确认禁止性人事行为的发生、存在或采取是否有合理根据。

(B)根据第(1)段,在接收到有关禁止性人事行为指控之日起15天内,

---

[1] 因篇幅原因,"退伍军人优先要求"部分不予展开,详细可参见《美国法典》第五编第二十三章2302节(5 USCA § 2302)(e)分节内容。

特别检察官应当书面告知指控人——

（ⅰ）特别检察官已经收到指控；和

（ⅱ）特别检察官办公室中负责与该指控人联络的雇员的姓名。

(C)除非根据第(2)段规定调查终止,否则特别检察官应当——

（ⅰ）根据第(B)分段规定在告知之日起90天内,通知指控人调查情况以及自提出指控以来特别检察官办公室采取的任何行动；

（ⅱ）自前一次通知之后,根据条款（ⅰ）发出通知后至少每60天通知该指控人调查的情况以及特别检察官办公室采取的任何行动；

（ⅲ）通知指控人调查情况以及特别检察官根据情况采取的任何适当行动。

(D)在特别检察官终止对禁止性人事行为的任何调查10天之后,特别检察官应当向指控人提供有关指控事实调查结果和法律条款的书面情况报告。指控人可以就特别检察官的报告提交书面评价。在指控人根据本分段提交了书面评价之后,特别检察官无须再根据本项针对该书面评价提供事后的书面情况报告。

(2)(A)如果特别检察官根据第(1)段的规定终止任何调查后,特别检察官应当准备并向发起调查的指控人书面传达以下内容——

（ⅰ）调查的终结；

（ⅱ）特别检察官查明的相关事实摘要,包括支持与不支持该人员指控的事实；

（ⅲ）终止调查的原因；以及

（ⅳ）对根据第(1)(D)段规定提交的任何评价的回应。

(B)根据第(A)分段,在未经声明之接收人同意的情况下,第(A)分段所述的书面声明不可在任何司法或行政程序中作为证据被接受。

(3)除非经法律、法规或条例规定可直接向功绩制保护委员会申诉,否则任何雇员、前雇员或求职者应当在向委员会寻求之前先向特别检察官申请纠正措施。雇员、前雇员或求职者可根据第1221节的规定向委员会申请纠正措施,前提是该雇员、前雇员或求职者是基于第2302(b)(8)节或者第2302(b)(9)(A)(ⅰ)、(B)、(C)或(D)节规定的禁止性人事行为而向特别检察官申请救济措施,且——

(A)(ⅰ)特别检察官告知该雇员、前雇员或求职者其调查已经终止；以及

(ⅱ)自向该雇员、前雇员或求职者发出调查已终止通知之日起仍未超过60天。

(B)向特别检察官申请纠正措施满120天后,该雇员、前雇员或求职者仍未收到特别检察官关于代为申请纠正措施的通知。

(4)如果雇员、前雇员或求职者根据第1221节规定向委员会申请纠正措施,依照第(3)(B)段规定,特别检察官可以在征得该雇员、前雇员或求职者同意的情况下继续申请针对个人的纠正措施。

(5)除第(1)段授权外,在没有指控的情况下,特别检察官可以进行调查,以确定是否有合理根据相信禁止性人事行为(或类似禁止性人事行为)已经发生、存在或被采取。

(6)(A)除本节另有规定,根据第(1)段所述收到禁止性人事行为指控之日起的30天内,特别检察官可以在确定以下事实的情况下不经进一步调查即终止调查——

(ⅰ)基于相同事实和情况的同一指控,此前已经—

(Ⅰ)(aa)由相同个人作出;并且

(bb)已由特别检察官进行调查的。

(Ⅱ)由个人向功绩制保护委员会提交。

(ⅱ)特别检察官无权对该指控进行调查;或者

(ⅲ)指控人在特别检察官收到指控之日的三年前就知道或应当知道该指控的禁止性人事行为。

(B)根据第(A)分段所述终止调查之日起的30天内,特别检察官应当向指控有关禁止性人事行为的个人提供书面告知,以声明特别检察官终止调查的依据。

(b)(1)(A)(ⅰ)特别检察官可以向功绩制保护委员会的任何成员提出中止任何人事行为45天的要求,前提是特别检察官认为有合理依据相信该人事行为是作为禁止性人事行为的结果而被采取或将要被采取的。

(ⅱ)根据条款(ⅰ),任何被特别检察官要求下令中止的委员会成员应当下令中止,除非该成员认为基于当前的事实和情况采取中止措施是不恰当的。

(ⅲ)除被条款(ⅱ)否决,本分段中的任何中止措施应在申请中止之日起三个自然日(包括周六、周日及法定节假日)内由特别检察官批准。

(B)(ⅰ)委员会可将根据第(A)分段批准的任何中止期限延长至其认

为适当的任何期限。

（ⅱ）如果委员会的人数不足第1201节规定的法定人数,则委员会的其余任何成员均可应特别检察官的要求延长第（A）分段批准的任何中止期限。

（C）委员会应准许任何作为中止对象的行政机关就第（B）分段中提出的任何延期向委员会发表意见。

（D）委员会可以在任何情况下结束中止措施,但不应结束的中止措施包括—

（ⅰ）基于自身动议或行政机关动议的中止,除非事先告知特别检察官或被采取中止命令的个人,并且提供其口头或书面意见的机会；

（ⅱ）基于特别检察官的动议,除非事先告知采取中止命令的个人,并且提供其口头或书面意见的机会。

（E）如果委员会根据第（A）分段批准了中止措施,则录用该雇员的行政机关负责人负责中止措施,其应当优先考虑雇员提出的调动请求。

（2）（A）（ⅰ）除条款（ⅱ）另有规定,特别检察官在收到有关第（1）段所述禁止性人事行为指控之日起的240天内应当决定是否有合理根据相信禁止性人事行为已经发生、存在或被采取。

（ⅱ）如果特别检察官无法根据条款（ⅰ）规定在240天内作出必要的决定,且禁止性人事行为的指控人同意延长期限,则该决定应在特别检察官与指控人商定的其他期限内作出。

（B）经调查,如果特别检察官确认有合理根据认为禁止性人事行为已经发生、存在或被采取,因而需要实施纠正措施,则特别检察官应当向委员会、相关行政机关、人事管理局报告该认定以及所有调查结果和其建议,并向总统报告该决定、结果及建议。特别检察官可在报告中建议采取纠正措施。

（C）经过合理期间,如果行政机关没有纠正该禁止性人事行为,则特别检察官可以向委员会申请采取纠正措施。

（D）如果特别检察官经过与被采取禁止性人事行为的人员磋商,发现行政机关已采取措施纠正禁止性人事行为,则特别检察官应当将该调查结果连同该人员可能提供的任何书面评论一起提交委员会。

（E）在未征得禁止性人事行为的指控人同意的情况下,特别检察官依本段作出的决定不得根据本段规定的任何程序或基于其他任何目的而在行

政或司法程序中引用或提及。

（3）无论特别检察官何时向委员会申请纠正措施，委员会都应当提供以下机会——

（A）特别检察官、相关行政机关以及人事管理局口头或书面评价的机会；

（B）任何声称被采取禁止性人事行为的人员书面评价的机会。

（4）（A）如果委员会确认特别检察官已证明了第2302（b）（8）节或第2302（b）（9）（A）（ⅰ）、（B）、（C）或（D）节所述的禁止性人事行为已发生、出现或被采取，委员会应下令采取其认为恰当的纠正措施。

（B）（ⅰ）除条款（ⅱ）另有规定，在任何基于第2302（b）（8）节或第2302（b）（9）（A）（ⅰ）、（B）、（C）或（D）节的规定指控禁止性人事行为的案件中，如果特别检察官证明了根据第2302（b）（8）节或第2302（b）（9）（A）（ⅰ）、（B）、（C）或（D）节的规定作出的披露或受保护的行动正是针对该雇员、前雇员或求职者采取或将要采取的人事行为的一个促成因素，则委员会应下令对该个人采取其认为恰当的纠正措施。

（ⅱ）在发现受保护的披露是一个促成因素之后，如果行政机关以可信的证据清楚地证明了在没有该披露的情况下仍会采取相同人事行为，则不得根据条款（ⅰ）下令采取纠正措施。

（c）（1）受本指令或决定不利影响的任何雇员、前雇员或求职者均可以对委员会就本节作出的任何最终命令或决定进行司法审查。

（2）根据第7703（b）节规定，基于本分节提出的复审请求应在相应期限内向法院提出。

（d）（1）就本分章的任何调查，如果特别检察官确认有合理依据相信刑事违法行为已经发生，特别检察官应将决定报告给司法部长和行政机关负责人，并应向人事管理局局长和管理预算办公室主任提交报告副本。

（2）在任何情况下，如果特别检察官确认有合理依据相信禁止性人事行为已经发生、出现或被采取，特别检察官应继续任何调查或诉讼，除非——

（A）被指控的违法行为已经向司法部长报告；和

（B）若司法部长正在进行调查，特别检察官在与司法部长磋商后，有权决定是否继续的案子。

（e）就本分章的任何调查，如果特别检察官确定有合理理由相信除第（b）分节或第（d）分节规定外，有违反法律、法规或条例的行为发生，则特别检察官应当向相关行政机关负责人报告该违法行为。特别检察官应在相关行政机关收到报告后的30天内要求行政机关负责人提供一份认证文件以证明以下内容—

(1)行政机关负责人亲自审查了该报告;及

(2)已经采取或将要采取何种措施,以及何时完成该措施。

(f)在根据本分章规定发起的任何调查期间,未经特别检察官许可,不得因调查中有任何涉嫌违禁活动或任何相关活动而对任何雇员采取任何纪律处分。

(g)如果委员会下令采取纠正措施,该纠正措施应包括—

(1)将该人员尽可能安排在禁止性人事行为发生前其所处职位的相近职位;和

(2)偿还律师费、欠薪和相关福利、已产生的医疗费用、差旅费,任何其他合理并可预见的间接损失以及补偿性赔偿(包括利息、合理的专家证人费和花销)。

(h)根据本节规定纠正禁止性人事行为的纠正指令可涵盖因对雇员进行机关调查而产生的费用、花销或损害赔偿的补偿,前提是该调查由于引发纠正措施的、针对受保护的披露或活动的报复而着手、展开或衍生的。

(ⅰ)特别检察官可以向委员会申请下令纠正措施,申请对由于行政机关对雇员的调查而使雇员合理产生的费用、花销或损害赔偿进行补偿,前提是根据第2302(b)(8)节或第2302(b)(9)节(A)(ⅰ)、(B)、(C)或(D)分段规定,该调查由于引发纠正措施的、针对受保护的披露或活动的报复而着手、展开或衍生的,且不论是否根据第2302(a)(2)(A)节规定而采取了人事行为。

2.司法审查

§7703.有关功绩制保护委员会决定的司法审查

(a)(1)任何雇员或求职者因功绩制保护委员会的最终指令、决定而受到不利影响或侵害时,均可就该指令、决定申请司法审查。

(2)委员会应在基于本分节提出的任何诉讼中被指定为被告,除非该雇员或求职者要求对基本人事行为功绩或对律师费请求的最终命令或决定进行审查,则采取人事行为的行政机关是被告。

(b)(1)(A)除本分节第(B)分段和第(2)段另有规定外,应向美国联邦巡回上诉法院提交针对审查委员会最终裁定或最终决定的复审申请书。除法律另有规定,任何复审申请书均应在委员会宣告最终裁定或判决告知后的 60 天内提交。

(B)关于审查委员会最终裁定或最终判决的复审申请书,如并非对委员会根据第 2302(b)节规定作出的最终裁定提出申诉,而是对委员会根据第 2302(b)(8)节,第 2302(b)(9)(A)(i)、(B)、(C)或(D)节作出的禁止性人事行为的处理提出申诉,则该复审申请书应向美国联邦巡回上诉法院或任何具有管辖权的上诉法院提交。除法律另有规定外,任何复审申请均应在委员会宣告最终裁定或判决告知后的 60 天内提交。

(2)本编第 7702 节规定下的歧视案件应根据 1964 年《民权法案》第 717(c)节、1967 年《就业年龄歧视法》第 15(c)节、1938 年《公平劳动标准法案》第 16(b)节修改并适用的规定提起诉讼。除法律另有规定,根据本节规定起诉的任何该类案件必须在立案人收到第 7702 节规定的司法审查措施通知之日起 30 天内提起诉讼。

(c)向美国联邦巡回上诉法院提起诉讼的任何案件,法院应当审查记录,并裁定非法及驳回行政机关任何被认定为有以下情形的诉讼、裁决或判决——

(1)专断的、反复无常的、滥用裁量权或其他不符合法律规定的情形;

(2)未经法律、法规或条例要求的程序而作出的;或

(3)无实质性证据支持的。

除本节第(b)(2)分节所述的歧视案件外,雇员或求职者应有权要求复审法院重新审理相关事实。

(d)(1)除第(2)段另有规定以外,本段应适用于联邦人事管理局长进行的任何人事审查。如确信委员会对公务员相关法律、法规、条例或政策指导错误解读从而影响了人事管理,且委员会的裁定将对公务员相关法律、法规、条例产生实质性影响,则人事管理局长可在其自由裁量范围内,于委员会宣告最终裁定或判决告知后的 60 天内,向美国联邦巡回上诉法院提出复审申请。如果人事管理局长没有事先向委员会提出复议申请,则不能根据本节规定提出对委员会裁定的复审申请,除非局长已事先向委员会申请复议并被驳回。除指定答辩人外,委员会以及其他所有出席委员会审理的诉讼当事人均有权出席上诉法院的复审。上诉法院应酌情决定是否批准复审。

(2)本段应适用于联邦人事管理局长进行的任何人事审查,前提是该审

查并非对委员会根据第 2302(b)节规定作出的最终裁定提出申诉,而是对委员会根据第 2302(b)(8)节,第 2302(b)(9)(A)(ⅰ)、(B)、(C)或(D)节作出的禁止性人事行为的处理提出申诉。如确信委员会因对公务员相关法律、法规、条例或政策指导错误解读从而影响了人事管理,且其裁定将对公务员相关法律、法规、条例产生实质性影响,人事管理局长可在其自由裁量范围内,于委员会宣告最终裁定或判决告知后的 60 天内,向美国联邦巡回上诉法院提出复审申请。如果人事管理局长没有事先向委员会提出复议申请,则不能根据本条规定提出对委员会裁定的复审申请,除非局长已事先向委员会申请复议并被驳回。除指定答辩人外,委员会以及其他所有出席委员会审理的诉讼当事人均有权出席上诉法院的复审。上诉法院应酌情决定是否批准复审。

三、程序性规定

1.保密政策

《检举人保护强化法(2012)》第 115 节　保密政策、格式文件和协议

(a)总体而言—

(1)构成要件—每份以政府 312 号和 4414 号标准格式呈现的协议和任何其他政府相关保密政策、格式文件或协议应包含以下声明:"这些规定与现行法律或行政命令规定的关于(1)机密信息,(2)与国会的通信,(3)告知监察长违反任何法律、法规、条例或者管理不善、资金的严重浪费、滥用职权或者对公共健康安全有实质性和具体危险的报告,或(4)任何其他检举人保护的规定所涉及的雇员义务、权利或责任一致,且不会取代、冲突或以其他方式改变该义务、权利或责任。该协议应当包含由强制性行政命令和法律条文规定的定义、要求、义务、权利、制裁和责任,并且是强制性的。"

(2)机关网站—使用任何保密政策、格式文件或协议的机关也应在机关网站上发布根据第(1)段所要求的声明,并同时公布强制性行政命令和法律条文的具体清单。

(3)强制执行—

(A)总体而言—如果第一段所述的任何保密政策、格式文件或协议中不包含第(1)段所要求的声明,在条款要求的声明不一致的范围内,不得实施或强制执行该保密政策、格式文件或协议。

(B)生效日期之前已实施的保密政策、格式文件或协议—有关实施或

执行本法案生效之前就已实施,但并不包括具体实施和执行第(1)段所要求声明的保密政策、格式文件或协议——

（ⅰ）如果行政机关向在职雇员发出了该声明,则对该雇员执行该政策、格式文件或协议的行为不得视为禁止性人事行为;并且

（ⅱ）如果行政机关遵守了本分节中第(2)段的规定,则对前雇员在该法案生效日期之后执行该政策、格式文件或协议不得被视为禁止性人事行为。

(b)政府雇员以外的人员——尽管有第(a)分节的规定,由与情报或与情报相关活动有关的个人(美国政府雇员或高级官员除外)执行的保密政策、格式文件或协议可能包含对适用此类文件之特定活动的特定规则。至少,该政策、格式文件或协议应声明,除非得到美国政府的特别授权,否则执行人不得披露在执行此类活动过程中接收的任何机密信息。该保密政策、格式文件或协议还应明确规定,此类文件不得禁止对实质性违法行为向国会、执行机关授权的官员或司法部作出符合来源和方法的必要披露。

2.报告

《检举人保护强化法(2012)》第 116 节　报告要求

(a)政府问责局——

(1)报告——自本法颁布之日起不迟于 4 年内,总审计长应当向参议院的国土安全与政府事务委员会、众议院的监察和政府改革委员会呈报关于本编的落实。

(2)内容——根据本节撰写的报告应包括——

(A)自本法案生效之日起向功绩制保护委员会提交关于指控违反《美国法典》第五编第 2302(b)(8)节的案件数量上的变化分析;

(B)根据第(A)分段所述案件的结果,包括功绩制保护委员会、美国联邦巡回上诉法院或其他任何法院是否认定该指控是无意或有意的,以及国会是否应根据第(A)分段的规定授权功绩制保护委员会即决判决权的建议;

(C)有关国会是否应授权美国地方法院管辖权以审理根据第(A)分段规定认定的部分案件,以及对功绩制保护委员会和联邦法院系统的影响评估;以及

(D)任何其他应由总审计长决定的事项。

(b)功绩制保护委员会——

(1)总体而言——功绩制保护委员会根据《美国法典》第三十一编第 1116

节规定提交的每份年度报告,应在附录载明报告所涉期间的内容:

(A)功绩制保护委员会在该报告所涉期间裁定的、被指控违反《美国法典》第五编第 2302(b)(8)或(9)(A)(ⅰ)、(B)(ⅰ)、(C)或(D)节的案件结果相关信息。

(B)在报告所涉期间向地区或外地办事处提起的该类诉讼的案件数量、提起复审申请的案件数量,以及任何在此期间裁定(不论何时归档)的该类案件的诉讼或复审结果。

(2)首次报告——在本法案生效之日后提交的根据第(1)段所述的首次报告应当包括该段所要求的附录,且附录须涵盖自本法生效之日起至本法生效之日所在财政年度结束的期间。

四、保护监察专员

《检举人保护强化法(2012)》第 117 节　检举人保护监察专员

(a)总体而言——《监察长法(1978)》(《美国法典》附录第五编)修订为删除第(d)分节并添加以下内容:

"(d)(1)每个监察长应当依照适用法律、法规来管理公务员——

(A)任命一名监察长审计助理,负责监督有关的项目和管理审计活动的执行情况。

(B)任命一名监察长调查助理,负责监督有关该项目和管理调查活动的执行情况。

(C)指派一名检举人保护监察专员以培训行政机关雇员——

(ⅰ)关于对受保护信息进行打击报复的禁止规定;以及

(ⅱ)保护已作出或打算作出披露的雇员不受打击报复的权利和补救措施。

(2)检举人保护监察专员不得由担任雇员或前雇员的法定代表人、代理人或辩护人出任。

(3)就本节而言,依据第(1)(C)段的规定指派检举人保护监察专员的要求不适用于——

(A)任何属于情报界的机关根据《国家安全法(1947)》[《美国法典》第五十编第 401a(4)节、第 3(4)节的定义];或者

(B)由总统决定的、主要职能是从事外国情报或反情报活动的任何执行机关或单位。"

附录[1]

《检举人保护法(1989)》目录概览

SEC. 1. SHORT TITLE. << 5 USCA § 1201 NOTE >>

第一节 简称

SEC. 2. FINDINGS AND PURPOSE.<< 5 USCA § 1201 NOTE >>

第二节 调查结果及立法目的

SEC. 3. MERIT SYSTEMS PROTECTION BOARD; OFFICE OF SPECIAL COUNSEL; INDIVIDUAL RIGHT OF ACTION.<< 5 USCA Ch. 12 >>

第三节 功绩制保护委员会、特别检察官办公室、个人诉讼权利

SEC. 4. REPRISALS.<< 5 USCA § 2302 >>

第四节 报复行为

SEC. 5. PREFERENCE IN TRANSFERS FOR WHISTLEBLOWERS.<< 5 USCA § 3352 >>

第五节 检举人职位调动优先权

SEC. 6. INTERIM RELIEF.<< 5 USCA § 7701 >>

第六节 临时救济

SEC. 7.SAVINGS PROVISIONS. << 22 USCA § 4139 nt >>

第七节 保留条款

SEC. 8. AUTHORIZATION OF APPROPRIATIONS; RESTRICTION RELATING TO APPROPRIATIONS UNDER THE CIVIL SERVICE REFORM ACT OF 1978; TRANSFER OF FUNDS. << 5 USCA § 5509 NOTE >><< 5 USCA § 1211 NOTE >>

第八节 拨款授权、关于根据1978年《文官制度改革法》进行拨款的限制、款项划拨

SEC. 9. TECHNICAL AND CONFORMING AMENDMENTS.<< 5

---

[1] 附录为《检举人保护法(1989)》和《检举人保护强化法(2012)》两部法案目录的中英对照内容,英文目录后书名号中内容为《美国法典》中的条目索引,例:<< 5 USCA § 2302 >>,为《美国法典》第五编第2302节内容。

USCA § 2303 >><< 5 USCA § § 7502, 7512, 7521, 7542 >><< 22 USCA § 4139 >><< 5 USCA § 3393 >>

第九节 技术合规性修订

SEC. 10.BOARD RESPONDENT. << 5 USCA § 7703 >>

第十节 委员会被告

SEC. 11. EFFECTIVE DATE.<< 22 USCA § 4139 NOTE >>

第十一节 生效日期

《检举人保护强化法(2012)》目录概览

SECTION 1. SHORT TITLE. << 5 USCA § 101 NOTE >>

第一节 简称

TITLE I—PROTECTION OF CERTAIN DISCLOSURES OF INFORMATION BY FEDERAL EMPLOYEES

第一编 联邦雇员正当披露信息的保护

SEC. 101. CLARIFICATION OF DISCLOSURES COVERED.<< 5 USCA § 2302 >><< 5 USCA § 1214 >><< 5 USCA § 1221 >>

第101节 对披露内容的说明

SEC. 102.DEFINITIONAL AMENDMENTS. << 5 USCA § 2302 >>

第102节 最终修订

SEC. 103. REBUTTABLE PRESUMPTION.<< 5 USCA § 2302 >>

第103节 可予驳回的推定

SEC. 104. PERSONNEL ACTIONS AND PROHIBITED PERSONNEL PRACTICES.<< 5 USCA § 2302 >><< 5 USCA § 2302 NOTE >><< 5 USCA § 1214 >><< 5 USCA § 1221 >>

第104节 人事行为和禁止性人事行为

SEC. 105. EXCLUSION OF AGENCIES BY THE PRESIDENT.<< 5 USCA § 2302 >>

第105节 由总统排除的机关

SEC. 106. DISCIPLINARY ACTION.<< 5 USCA § 1215 >>

第106节 纪律处分

SEC. 107. REMEDIES.<< 5 USCA § 1204 >><< 5 USCA §

1214 >><< 5 USCA § 1221 >>

第 107 节 救济措施

SEC. 108. JUDICIAL REVIEW.<< 5 USCA § 7703 >>

第 108 节 司法审查

SEC. 109. PROHIBITED PERSONNEL PRACTICES AFFECTING THE TRANSPORTATION SECURITY ADMINISTRATION.<< 5 USCA § 2304 >><< 5 USCA § 2305 >><< 5 USCA § 2306 >>

第 109 节 影响运输安全管理局的禁止性人事行为

SEC. 110. DISCLOSURE OF CENSORSHIP RELATED TO RESEARCH, ANALYSIS, OR TECHNICAL INFORMATION.<< 5 USCA § 2302 NOTE >>

第 110 节 有关调查、分析或技术信息的审查披露

SEC. 111. CLARIFICATION OF WHISTLEBLOWER RIGHTS FOR CRITICAL INFRASTRUCTURE INFORMATION.<< 6 USCA § 133 >>

第 111 节 有关关键基础设施信息的检举人权利之阐明

SEC. 112. ADVISING EMPLOYEES OF RIGHTS.<< 5 USCA § 2302 >>

第 112 节 告知雇员权利

SEC. 113. SPECIAL COUNSEL AMICUS CURIAE APPEARANCE.<< 5 USCA § 1212 >>

第 113 节 特别检察官"法庭之友"出庭

SEC. 114. SCOPE OF DUE PROCESS.<< 5 USCA § 1214 >><< 5 USCA § 1221 >>

第 114 节 正当程序的范围

SEC. 115. NONDISCLOSURE POLICIES, FORMS, AND AGREEMENTS.<< 5 USCA § 2302 NOTE >>

第 115 节 保密政策、格式文件和协议

SEC. 116. REPORTING REQUIREMENTS.<< 31 USCA § 1116 NOTE >>

第 116 节 报告要求

SEC. 117. WHISTLEBLOWER PROTECTION OMBUDSMAN.<<

5 USCA App. 3 >>

第 117 节　检举人保护监察专员

TITLE II—SAVINGS CLAUSE; EFFECTIVE DATE

第二编　保留条款、生效日期

SEC. 201. SAVINGS CLAUSE.<< 5 USCA § 2302 NOTE >>

第 201 节　保留条款

SEC. 202. EFFECTIVE DATE.<< 5 USCA § 1204 NOTE >>

第 202 节　生效日期

美国司法行为与司法失能规则

陈春月* 译

序 言

本规则由美国司法会议(Judicial Conference of the United States)根据《美国法典》(United States Code)第 28 章§§331 和 358 制定,经公议后发布,旨在根据《司法行为和司法失能法》(Judicial Conduct and Disability Act)第 28 章§§351—364,为投诉人提交投诉或首席法官认定投诉建立标准及程序。

一、一般规定

1.适用范围及调整对象

(a)适用范围。本规则调整依据《司法行为和司法失能法》第 28 章§§351—364,认定法官构成以下情形的程序:有害于司法事务的有效开展和高效运作或因精神或身体的障碍难以履行职责。

(b)调整的法官范围。本规则调整的法官,仅限于美国联邦上诉法院的法官、美国地区法院的法官、美国破产法院的法官、美国联邦司法官和《美国法典》第 28 章§363 规定的法官。

2.结构与效力

---

* 陈春月,上海师范大学硕士研究生。译稿的词句推敲得到了陈洪杰老师耐心细致的指导和帮助,特此致谢!

(a)一般规定。本规则具有强制性,效力高于任何与本规则存在抵触的司法委员会规则。只要补充规则不与本规则相冲突,司法委员会可颁布补充规则以执行《司法行为和司法失能法》。

(b)例外。本规则不适用于下列情况:在执行《司法行为和司法失能法》授权的职责时,首席法官、特别委员会、司法委员会、司法行为和司法失能监督委员会或司法会议明确发现在特殊情况下适用规则显失公平或者有悖于《司法行为和司法失能法》之立法目的。

3.一般定义

以下的一般定义适用于本规则。关于何谓司法不当与司法失能的界定参见规则4。

(a)首席法官。"首席法官"系指美国联邦上诉法院、美国国际贸易法院或美国联邦索赔法院的首席法官。

(b)巡回法院书记员。"巡回法院书记员"系指美国联邦上诉法院书记员、美国国际贸易法院书记员、美国联邦索赔法院书记员或美国联邦巡回上诉法院的巡回行政官。

(c)投诉。"投诉"是指:

(1)任何自然人、组织或任何人之代表按照规则6的要求提出的文件;或

(2)除前述规定外的任何来源之信息,足以使首席法官有合理理由相信本规则调整范围内之法官存在司法不当行为或司法失能的,不论该信息是否出于诬陷之目的或者是否意在提出针对司法不当、司法失能的指控。

(d)上诉法院、地区法院及地区法院法官。"上诉法院""地区法院"和"地区法院法官"的指称在适当情况下也包括美国联邦索赔法院、美国国际贸易法院及其法官。

(e)司法委员会和巡回区。"司法委员会"和"巡回区"的指称在适当情况下包括《美国法典》第28章§363规定的所有法院。

(f)司法雇员。"司法雇员"包括司法助理、法官助理和其他法院工作雇员,其中包含无薪工作人员,如见习人员、编外实习人员和其他志愿工作雇员。

(g)联邦司法官。"联邦司法官"的指称,在适当情况下包括根据《美国法典》第42章§300aa-12(c)款由联邦索赔法院任命的特别专家。

(h)当事法官。"当事法官"系指规则1(b)所述的法官,即被投诉的

对象。

二、司法不当和司法失能

4.司法不当行为和司法失能的定义

（a）一般意义上的司法不当行为。可认定为司法不当的行为是有损于司法事务之有效和效率的行为，可认定为司法不当的行为包括但不限于：

（1）违反司法行为的具体标准。可认定为司法不当的行为包括：

（A）利用法官的职权为亲友获得特殊待遇；

（B）收受与司法职权有关的贿赂、馈赠及其他个人利益；

（C）与案件一方当事人或一方律师进行不正当的单方沟通；

（D）从事党派政治活动或发表不适当的党派言论；

（E）为组织机构募集资金；或

（F）违反有关限制外快收入的规则或标准，或故意违反财产披露要求。

（2）虐待或骚扰行为。可认定为司法不当的行为包括：

（A）从事有害的、攻击性的或侮辱性的性行为，包括性骚扰或性侵犯；

（B）以明显恶劣和敌对的方式对待诉讼当事人、律师、司法雇员或其他人员的；或

（C）造成司法雇员处于受敌视的工作环境。

（3）歧视。可认定为司法不当的行为包括基于种族、肤色、生理性别、社会性别、性别认同、怀孕、性取向、宗教、国籍、年龄或残疾的故意歧视。

（4）报复。可认定为司法不当的行为，包括因为投诉人、证人、司法雇员或其他人员参与投诉程序或者报告、披露司法不当及司法失能，而对前述人员实施报复。

（5）干扰或不遵守投诉程序。可认定为司法不当的行为包括在没有充分理由的情况下拒绝配合投诉调查或执行依据本规则所作的决定。

（6）未报告或者未披露。可认定为司法不当的行为包括未能提请有关首席地区法院法官或首席巡回法院法官注意任何可能存在司法不当或司法失能的可靠信息。

法官收到可靠信息的，应当遵守保密要求，但应当向有关的首席地区法院法官或者首席巡回法院法官披露相关信息，后者也应当将该信息视为保密信息。某些可靠信息可能因受法规或规则的限制而不被披露。当可靠的

司法不当或司法失能信息威胁任何人员的安全,或严重威胁司法机关的廉正和正常运作时,法官不受保密条款限制。

在法官履行职责向有关的首席地区法院法官或首席巡回法院法官披露前述信息之初,即应当通知投诉司法不当或司法失能的人员。

有合理理由认为存在首席巡回法院法官构成司法不当或司法失能的可靠信息,应提请次高级别当值巡回法院法官注意。首席地区法院法官的相关信息应向首席巡回法院法官报告。

(7)履行公职之外的行为。可认定为司法不当的行为包括在履行公职之外发生的行为,只要此类行为有可能对司法事务产生不利影响,包括使法院的公信力在一般理性之人中大幅和普遍下降。

(b)不构成可认定为司法不当的行为。

(1)与判决或程序事项裁定的实质判断相关的指控。可认定为司法不当的行为不包含质疑法官裁判正确性的指控,包括不予回避的决定。

如果投诉指控裁判系出于不当动机而作出的,如受贿、单方接触当事人、种族或民族歧视等动机;或作出裁判的过程中存在不适当行为,如法官个人作出与案件无关的贬损言论,但如果该投诉之意图为质疑裁判内容的实质正确性,则该投诉不予认定。

(2)关于延迟裁判的指控。可认定为司法不当的行为不包括关于延迟裁判的指控,但指控法官出于不正当动机延迟特定案件的裁判或大量案件经常存在延迟裁判情况的除外。

(c)司法失能。司法失能是指由于临时或永久性的身体或精神损害,致使法官无法履行特定司法职责的情形。例如滥用药物,于法庭审理程序中无法保持清醒,或认知能力受损导致法官无法有效工作。

三、启动投诉

5.认定投诉

(a)认定。当首席法官认为已知信息构成调查本规则调整范围内之法官是否存在司法不当行为或司法失能的合理理由,即使没有相关投诉,首席法官可以在其认为适当之时,对信息的准确性进行调查。首席法官如有合理理由相信确已存在司法不当或司法失能,可采取其认为理想的非正式解决方案。如果未达成非正式解决方案,或没有可行解决方案,首席法官可以书面命令说明理由并认定投诉,启动规则11规定的审查。如果司法不当的证据明确并且有说服力,而且没有达成非正式解决方案或没有可行的解决方案,首席法官必须认定该投诉。首席法官不得仅因为进行指控之人未根据规则6提出投诉,就拒绝认定投诉。本规则受规则7的约束。

(b)提请的呈词不完全符合规则6。可以根据规则5(a),将事实清楚但并非完全符合规则6的提请的呈词,作为认定投诉的理由。

6.提交投诉材料

(a)表格。投诉人可使用本规则附录中的表格,或提交投诉之巡回区内的司法委员会规则中指定的表格。各上诉法院的网页上均载有投诉表格,或可在巡回法院书记员处及巡回区内任何地区法院、破产法院获取表格。提交投诉并非必须填写前述表格,但投诉必须以书面形式提出,并且必须包括本条规则(6)所述的信息。

(b)简要事实陈述。投诉必须包含简明扼要的陈述,说明构成司法不当或司法失能所依据的具体事实。事实陈述应包括以下内容:

(1)发生了什么;

(2)有关事件发生的事件及地点;

(3)任何有助于调查人员查明真相的信息;

(4)投诉司法失能之时,任何其他有助于认定构成该项指控的事实。

(c)易读性。如果可能的话,投诉应使用打印形式。如果使用非打印形式,必须保证材料易于阅读。如投诉人的投诉书字迹不清,投诉书将会被退回给投诉人,并要求投诉人以清楚易读的形式重新递交投诉书。如重新递交的投诉书仍不清楚,则不予接收该投诉。

(d)投诉人的地址和签名、确认。投诉人必须提供联系地址并在投诉书上签名。在伪证罚则的约束下,投诉人必须就投诉中陈述事实的真实性作出书面保证。如不符合这些要求,该投诉将被接收,但将仅根据规则5(b)对其进行审查。

(e)副本份数、信封标志。投诉人应按照当地的规则提供规定份数的投诉书。每份副本均应装在信封内,在其上注明"投诉司法不当"或"投诉司法失能"。信封上不能标注当事法官的姓名。

7.何处发起投诉

(a)何处提交。除(b)项规定外:

(1)针对美国联邦上诉法院、美国地区法院、美国破产法院或美国联邦司法官提起投诉，必须向当事法官任职的管辖区域内的巡回法院书记员提出。

（2）针对美国国际贸易法院法官或美国联邦索赔法院法官之投诉必须向该法院的相应书记员提出。

（3）对美国联邦巡回上诉法院法官的投诉必须向该法院的巡回行政官提出。

(b) 其他巡回区中的不当行为，移送。如果某投诉指控根据《美国法典》第 28 章§§291－293 和 294(d) 被任命的当事法官于履行公职期间有司法不当行为，则该投诉可以向该巡回区或当事法官所隶属之巡回区内的巡回法院书记员提交，或在前述巡回区内进行认定投诉。投诉程序将在投诉被首次提交或首次认定的巡回区中继续进行。首次接收提交的投诉或首次认定投诉的巡回区之司法委员会可以视情况，将投诉移送至当事法官所隶属的巡回区或被指控的司法不当行为发生地的巡回区进行审查。

8.巡回法院书记员的行为

(a) 接收投诉。在接收根据规则 6 提起的投诉或根据规则 5 认定投诉后，巡回法院书记员必须建立新的档案，按照司法行为和司法失能监督委员会颁布的统一编号方案分配案号，并开具投诉的接收回执。

(b) 送达副本。巡回法院书记员必须及时将根据规则 6 提出的投诉之副本送达首席法官，如果首席法官被取消审查投诉的资格，则将其送交根据规则 25(f) 被授权履行首席法官职责的法官。同时应将副本送达根据规则 6 或规则 5 被投诉的所有当事法官。巡回法院书记员必须保留投诉原件。其他送达应按照当地规则进行。

(c) 对不属于本规则调整范围内人员的投诉。如果巡回法院书记员收到关于未担任本规则 1(b) 规定职务的人员的投诉，根据本规则，书记员不予接收。

(d) 对法官和其他不属于本规则调整范围内人员的投诉。如巡回法院书记员接收的投诉同时针对规则 1(b) 所述法官及非规则 1(b) 所述人员提出，则根据本规则，书记员只能接收关于法官的投诉，并且必须告知投诉人。

9.提交或认定投诉的时间

可以随时提交或认定投诉。如时间的推移导致对投诉难以进行准确和公平的调查，则投诉必须根据规则 11(c)(1)(E) 予以驳回。

10.滥用投诉程序

（a）滥用的投诉。投诉人提起重复的、骚扰性的或莫须有的投诉，或以其他方式滥用投诉程序的，可以限制其再提起投诉。在给予投诉人机会，使其书面陈述其再次提起投诉的权利不应受到限制之理由后，司法委员会可以禁止、限制其提交投诉或施加投诉人利用投诉程序的条件。根据投诉人的书面请求，司法委员会可以修改或撤销先前的任何禁止、限制或施加的条件。

（b）别有用心的投诉。当收到大量来自不同投诉人的基本雷同的投诉，显示可能经人策划，首席法官可建议司法委员会发出书面命令，指示巡回法院书记员只接收一定数量的此类投诉，并拒绝接收更多此类投诉。巡回法院书记员必须将所有此类命令的副本发送给所有未被接收投诉的投诉人。

四、首席法官对投诉的审查

11.首席法官的审查

（a）首席法官的审查目的。当投诉由首席法官认定或由投诉人提出时，首席法官必须对其进行审查，但首席法官根据规则25被取消资格的除外。在此例外情形下，未被取消资格的最高级别当值巡回法院法官将对该投诉进行审查。如投诉含有构成司法不当或司法失能的证据信息，但投诉人并未主张其为司法不当或司法失能的，首席法官必须将该投诉视为指控司法不当或司法失能，并通知当事法官。首席法官审查投诉后，必须决定是否应当：

（1）驳回；

（2）因当事法官已主动采取纠正措施而终止；

（3）因情势变更使得不再有必要对投诉采取措施而终止；

（4）已提交特别委员会的。

（b）首席法官的调查。在决定根据规则11（a）采取何种措施时，首席法官可进行有限调查。首席法官或其指派人员可与投诉人、当事法官和其他任何可能知情的人员进行口头或书面沟通，并可取得审查笔录或其他相关文件。首席法官在进行调查时，不得确定任何存在合理争议的问题。所有此类决定只能由根据规则11（f）任命的特别委员会和对特别委员会报告进行审议的司法委员会作出。

(c)驳回。

(1)允许驳回的理由。如果首席法官认定投诉有以下情形,则可以全部或部分驳回投诉:

(A)指控的行为即使属实,但既无损于司法事务的有效开展和高效运作,也并不意味着会因为精神或身体障碍而导致无法履行司法职责;

(B)与判决或程序事项裁定的实质判断直接相关;

(C)系莫须有的;

(D)基于的指控缺乏足够证据,无法据此认为司法不当行为已经发生或存在司法失能的事实;

(E)指控无法通过调查确定;

(F)根据规则7,向无管辖权的巡回区提交的;或

(G)在其他方面不适合根据《司法行为和司法失能法》评价的。

(2)不允许驳回的理由。如果投诉还载有未被审议过的重要信息,不得仅因为投诉包含已被驳回投诉的重复指控而驳回投诉,而且此情形不构成对当事法官的骚扰。

(d)纠正措施。在以下情况下,首席法官可以全部或部分结束投诉程序:

(1)在投诉根据规则6被提交之前,即根据规则5达成首席法官认为理想的非正式解决方案;

(2)首席法官认定,当事法官已主动采取适当纠正措施,自认并纠正投诉所指的问题。

(e)情势变更。在确定情势变更使得部分或全部指控无实际意义,或不可能再采取补救措施时,首席法官可以全部或部分地终止投诉程序。

(f)任命特别委员会。如果投诉的部分或全部未被驳回或终止,首席法官必须及时任命特别委员会,以调查投诉及其任何有关的部分,并向司法委员会提出建议。在任命特别委员会前,如果未给予当事法官机会,使其在首席法官的有限调查期间作出回应的,则首席法官必须让当事法官以口头或书面形式对投诉作出回应。根据首席法官的裁量,可将多个投诉合并,并指派某个特别委员会处理。同样,对多名法官的单个投诉可被分为多个投诉,并可任命一个以上的特别委员会。

(g)首席法官之行为的通知,申请复审。

(1)首席法官任命特别委员会之时。如果首席法官任命了特别委员会,首席法官必须通知投诉人和当事法官该案已移交特别委员会,并告知投诉人其根据规则16所享有的权利,同时告知其特别委员会的成员名单。任命特别委员会的命令副本必须送交司法行为和司法失能监督委员会。

(2)首席法官在未任命特别委员会的情况下处理投诉。如果首席法官根据规则11(c)、(d)或(e)处理投诉,首席法官必须撰写一份佐证处理理由的备忘录。如果投诉系根据规则5认定的,备忘录必须说明这一点。除《美国法典》第28章§360授权外,该备忘录不得包括投诉人或当事法官的姓名。该命令及其中引用的备忘录,必须及时送交投诉人、当事法官以及司法行为和司法失能监督委员会。

(3)申请复审的权利。如首席法官根据规则11(c)、(d)或(e)处理投诉,则必须通知投诉人和当事法官其有权按照规则18之规定,向司法委员会申请复审。如果投诉根据规则5被认定或由当事法官提出,首席法官必须将该命令及其中引用的备忘录转交司法委员会,以便根据规则19进行复审。在此情况下,当事法官可向司法委员会提出书面意见,但除规则21(b)(1)(B)允许外,无权再申请复审。当司法委员会进行复审时,首席法官必须及时将根据规则11(b)取得的所有与调查有关的材料移送巡回法院书记员,以转交给司法委员会。

(h)首席法官决定的公开。首席法官的决定必须依照规则24规定的范围、时间和方式公开。

五、特别委员会的调查和报告

12.特别委员会的构成

(a)成员。除(e)项另有规定外,根据规则11(f)任命的特别委员会必须由首席法官及同等人数的巡回法院法官和地区法院法官组成,这些法官可以包括高级法官。如投诉系针对地区法院法官、破产法官或联邦司法官的,则在可能的情况下,特别委员会中的地区法院法官成员必须来自当事法官所属地区以外的其他地区。对于《美国法典》第28章§363所述的法院,特别委员会必须从当事法官所属法院的法官中选出。

(b)主席。任命特别委员会时,首席法官可以担任主席,也可以指定委员会成员担任主席。

(c)破产法官或联邦司法官担任顾问。如果当事法官是破产法官或联邦司法官,其可在接到任命特别委员会之通知的14天内,要求首席法官视情况指派一名破产法官或联邦司法官担任委员会顾问。首席法官必须批准该请求,但其对于选任顾问有裁量权。除非该顾问是根据《美国法典》第42章第300aa-12(c)款被任命的联邦索赔法院的特别专家,否则该顾问必须来自当事破产法官或当事联邦司法官所属辖区以外的地区。顾问无权投票,但享有特别委员会成员的其他权限。

(d)提供文件。首席法官必须向特别委员会成员和所有顾问提供足以核实投诉书和事实陈述的全文或有关部分的副本,以及任何的其他有关文件的副本。

(e)特别委员会成员有资格继续任职的情形。即使特别委员会的委员从首席法官、当值巡回法院法官或当值地区法院法官的职位上离任,其仍可视具体情况而继续在委员会中任职,只要该委员系根据《美国宪法》第1章第Ⅲ条或《美国法典》第28章§171之规定情形而继续任职。

(f)特别委员会成员难以完成职务的。如果特别委员会的成员因为死亡、残疾、丧失资格、辞职、退休或其他原因无法履行职责,首席法官必须决定是否任命一位成员代替前者,视需要依据(a)项从巡回法院法官或地区法院法官中选任。根据本规则,特别委员会不能仅有一名委员。只有两人的特别委员会的投票必须一致。

(g)投票。特别委员会的一切行动必须经全体委员过半数通过。

13.特别委员会的调查行为

(a)特别委员会调查的范围和方法。特别委员会应根据投诉中的指控和其进行的初步调查,确定调查的适当范围和方法。特别委员会在调查指控的司法不当或司法失能时,应采取措施确定可能存在的司法不当或司法失能的全部范围,包括是否存在司法不当之行为类型或更广泛的司法失能。调查中可以任用适当的专家或其他专业人员。在调查过程中,如果特别委员会有理由相信,该当事法官可能从事的司法不当或存在的司法失能超出此次未决投诉的指控范围,该委员会必须将超出范围的案件提交首席法官,以决定是否有必要在根据规则5或规则11采取行为前,扩大调查范围以涵盖超出指控范围的案件。

(b)犯罪行为。如果特别委员会调查到的司法不当行为可能构成犯罪,委员会必须在《司法行为和司法失能法》允许的范围内,与相应的检察部

门协商,以避免自身进行任何刑事调查。特别委员会对其调查的时间和范围以及建议内容的拟定拥有最终决定权。

(c)工作人员。特别委员会可安排工作人员协助调查。其可以任用现有的司法人员,也可以通过联邦法院行政管理部主任雇用专门工作人员。

(d)传唤权的授予,藐视法庭。首席法官可授权特别委员会行使传唤权。司法委员会或特别委员会可以根据《美国法典》第28章§332(d),针对任何不遵守传票要求的人启动藐视法庭处理程序。

14.特别委员会举办听证会的行为

(a)听证的目的。特别委员会可以举行听证会,听取证词、获得其他证据、听取双方申辩,或者兼而有之。如果特别委员会同时对多名法官的指控进行调查,可以联合或单独举行听证会。

(b)特别委员会的证据。根据规则15,特别委员会必须以其认为适当的形式取得重要的、不重复的证据。根据特别委员会的裁量,可从委员会成员、司法人员或同时从二者处获得证据。提供言词证据的证人中可以包括投诉人和当事法官。

(c)证人的律师。当事法官有权委托律师。特别委员会有权决定在证人作证时,是否让证人的律师在场。

(d)证人费用。证人费用必须按照《美国法典》第28章§1821的规定支付。

(e)宣誓。在听证会上所作的一切证词都必须经过宣誓或郑重声明。

(f)证据规则。《联邦证据规则》不适用于特别委员会的听证会。

(g)笔录。所有听证会都必须有笔录。

15.当事法官的权利

(a)通知

(1)一般规定。当事法官有权获得下列书面通知:

(A)根据规则11(f)任命特别委员会;

(B)根据规则13(a)扩大调查范围;

(C)根据规则14举行听证会,及听证会的目的、特别委员会传唤的所有证人名单以及证人所作的任何陈述。

(2)提议增加证人。当事法官可向特别委员会提议增加其他证人。

(b)接收特别委员会报告。特别委员会向司法委员会提交报告时,必须将该报告的副本送达当事法官。

(c)举证。在特别委员会根据规则 14 举行的听证会上,当事法官有权提出证据,要求强制证人出庭,并可要求强制出示文件。应当事法官的要求,首席法官或首席法官指派的人员必须指示巡回法院书记员根据《美国法典》第 28 条 §332(d)(1)向证人发出传唤令。必须给予当事法官或由律师交叉询问特别委员会方证人的机会。

(d)申辩。当事法官可向特别委员会提出书面申辩,并在调查的适当阶段有权进行口头申辩。

(e)出席听证会。当事法官有权出席根据规则 14 举行的任何听证会,并有权取得听证会笔录的副本及其中提及的任何文件和投诉人向特别委员会提交的任何书面申辩。

(f)获得律师代理。当事法官可选择由律师代理行使本规则所述的任何权利。按照规则 20(e),美国政府可以承担代理的费用。

16.调查程序中投诉人的权利

(a)通知。必须向投诉人送达规则 11(g)(1)所规定的有关调查的书面通知。当特别委员会向司法委员会提交报告时,必须通知投诉人。司法委员会可以决定向投诉人提供特别委员会报告之副本。

(b)提交证据的机会。如果投诉人知道特别委员会尚未掌握的有关证据,则可以书面形式简要解释该证据的信息和性质。如果特别委员会确定投诉人有委员会尚未掌握并且有助于委员会调查的信息,则委员会必须派一名代表询问投诉人。

(c)申辩。投诉人可向特别委员会提交书面申辩。特别委员会可酌情准许投诉人作口头申辩。

(d)获得律师代理。投诉人可通过律师提出书面申辩,如获准进行口头申辩,亦可通过律师提出。

17.特别委员会的报告

特别委员会必须向司法委员会提交全面的调查报告,包括调查结果和建议司法委员会采取的措施。报告必须附有通过该报告的表决情况、特别委员会成员的所有独立意见书或反对意见书,以及根据规则 14 举行的所有听证会的记录。除根据规则 15(b)送交当事法官外,还必须将该报告的副本以及全部附随的意见书和文件送交司法行为和司法失能监督委员会。

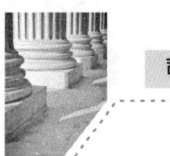

六、司法委员会的审查

18.请求对首席法官根据规则 11(c)(d)(e)作出的处理决定之复审

(a)请求复审。在首席法官根据规则 11(c)、(d)或(e)发布命令后,投诉人或当事法官可向巡回区内的司法委员会申请复审该命令。根据《美国法典》第 28 章§358 所颁布的规则,司法委员会可将根据该条规则提出的复审请求提交给由不少于五名法官组成的合议庭,其中至少两名必须是地区法院法官。

(b)何时提交申请形式,何处提交申请。复审申请必须在首席法官发出命令后 42 天内,向巡回法院书记员提出。复审申请书应放在注明"司法不当复审申请"或"司法失能复审申请"的信封中并提交给巡回法院书记员,不得在信封上标记当事法官的姓名。复审申请书应以打印或以其他清楚易读的方式提出。申请应以"我在此请求司法委员会审查……"为开头,并说明申请应被同意的理由。申请书必须签名。

(c)回执和送达申请书。巡回法院书记员收到依照本规则提出的复审请求,必须:

(1)出具接收回执,并视情况将副本送达投诉人或当事法官;

(2)除根据规则 25 被取消资格的所有成员外,及时向司法委员会或其有关合议庭的每一成员送达下列材料,或按照当地规则规定的方式送达下列材料:

(A)投诉书的副本;

(B)首席法官取得的所有与调查有关的材料;

(C)首席法官作出的处理投诉的命令;

(D)所有可据以佐证首席法官命令的相关备忘录;

(E)请求复审的申请书;

(F)合适的无记名票。

(3)向司法行为与司法失能监督委员会送交复审申请书。除非司法行为及司法失能监督委员会提出要求,否则巡回法院书记员不会向其送交由首席法官取得的材料的副本。

(d)超出时限后提交的申请。巡回法院书记员必须拒绝接收在(b)项所规定时间之后收到的申请书。

(e)及时提出但形式不当的申请书。当巡回书记官在上述规定时间内收到复审申请书,但申请书的形式不当,以至于会加大司法委员会复审的难度,如文件难以认定是否旨在提出复审请求的,巡回法院书记员必须出具接收回执,告知提交人补正,并给予提交人补正的机会,允许其在原来时限内提交申请书或在补正通知送达投诉人之日后21天内提交申请书,按照二者中时长更长的方式计算时限。如该瑕疵在时限内得到补正,巡回法院书记员将按照本条规则的(a)及(c)项之规定处理。如果该瑕疵没有补正,巡回法院书记员应当拒绝接收该复审请求。

19.司法委员会对复审申请的处理

(a)当事法官的权利。投诉人提出复审申请后,当事法官可以随时向巡回法院书记员提交书面回应。巡回法院书记员必须及时将回应的副本送交给司法委员会或有关合议庭的所有成员,但成员根据规则25被取消资格的除外。还必须将副本送交给首席法官、投诉人以及司法行为和司法失能监督委员会。除此之外,当事法官不得与个别司法委员会成员就此案进行沟通。必须将投诉人提交给司法委员会的所有信息之副本提供给当事法官。

(b)司法委员会的行为。司法委员会在审议复审申请书及收到的材料后,可以:

(1)驳回复审申请,确认首席法官的处理决定;

(2)将案件退回首席法官,指示后者根据规则11(b)进行补充调查或根据规则5认定该投诉;

(3)将案件退回首席法官,指示后者根据规则11(f)任命特别委员会;

(4)在特殊情况下,采取其他适当措施。

(c)告知司法委员会的决定。司法委员会命令的副本及其中引用的备忘录、独立意见书或反对意见书都必须提供给投诉人、当事法官和司法行为和司法失能监督委员会。

(d)司法委员会决定的备忘录。如果司法委员会的命令确认了首席法官的处理结果,则只有在司法委员会认为有必要补充首席法官的解释时,才必须撰写佐证处理理由的备忘录。佐证处理理由的备忘录里不得包含投诉人或当事法官的姓名。

(e)审查司法委员会的决定。如果司法委员会的决定对复审申请人不利,而且没有司法委员会成员提出异议,则必须告知原投诉人其无权再要求对该决定进行复审。如果司法委员会中有成员提出异议,则必须告知复审申请人其可以根据规则21(b)提出复审请求。

（f）司法委员会决定的公开。与司法委员会决定有关的材料必须依据规则24所规定的范围、时间和方式公开。

20.任命特别委员会后，司法委员会的行为

（a）当事法官的权利。在特别委员会的报告被提交后21天内，当事法官可以向司法委员会成员作出书面回应。同时必须给当事法官进行申辩的机会，由司法委员会决定当事法官自行或通过律师作出申辩，以及经书面抑或口头进行申辩。除此之外，当事法官不得与司法委员会成员就此案进行沟通。

（b）司法委员会的行为。

（1）自由裁量行为。在不违反（a）项所述的当事法官权利的情况下，司法委员会可以：

（A）驳回投诉，因为：

（ⅰ）即使投诉的主张属实，被投诉的行为也不损害司法事务的有效开展和高效运作，也不表明当事法官因精神或身体障碍导致无法履行职责；

（ⅱ）投诉与判决、程序事项裁定的实质判断直接相关；

（ⅲ）投诉所基于的事实未经核实；

（ⅳ）该投诉在其他方面不适合根据《美国法典》第28章§351－364进行评价。

（B）因采取了适当的纠正措施或情势变更，使程序没有必要继续进行而终止程序。

（C）将投诉及司法委员会的行为建议提交给司法会议。

（D）采取补救措施，确保司法事务的有效开展和高效运作，包括：

（ⅰ）以私下或者公告的方式对当事法官进行谴责或者训斥；

（ⅱ）命令在一定的固定期间内，不得再将任何案件分配给当事法官；

（ⅲ）如当事法官为联邦司法官，命令地区法院的首席法官采取司法委员会所指示的行为，包括根据《美国法典》第28章§631（ⅰ）或《美国法典》第42章§300aa－12(c)(2)款提起免职程序；

（ⅳ）如当事法官为破产法官，根据《美国法典》第28章§152(e)将该法官免职；

（ⅴ）如当事法官为巡回法院法官或地区法院法官，要求法官根据规定自愿退休，但（如有必要）需克减一定的工龄；

（vi）在当事法官为符合退休资格但未退休的巡回法院法官或地区法院法官的情况下，证明该法官存在《美国法典》第28章§372(b)规定的司法失能后，可以再任命一名其他法官；和

（vii）当事法官为首席巡回法院法官或者首席地区法院法官的情况下，当事法官暂时不能履行首席法官职责的，根据《美国法典》第28章§45(d)或者§136(e)的规定，这些职责会被移交给次高级别有资格的法官履行。

（E）同时采取本条规则(b)(1)(A)至(D)项所述的职权范围内的任何多项措施。

（2）强制行为。如果司法委员会认定巡回法院法官或地区法院法官可能从事了下列行为，必须将投诉提交给司法会议：

（A）可构成进行弹劾的理由；或

（B）为了司法利益，不服司法委员会作出的处理结果。

（c）决定依据不充分。如果司法委员会认为特别委员会的报告、建议和记录不能成为决定的充分依据，可以将该案退回特别委员会进行补充调查并重新作出报告，或可以自行进行补充调查。如果司法委员会决定自行补充调查，必须以书面形式事先充分通知有关当事法官该项决定以及补充调查的一般范围和目的。司法委员会进行补充调查原则上必须符合规则13至规则16关于特别委员会的调查行为之规定。

（d）司法委员会投票。司法委员会的行为必须经具有资格的成员过半数通过。破产法官的免职决定需要经司法委员会全体成员过半数通过。

（e）费用报销建议。如果投诉根据本条规则(b)(1)(A)或(B)最终被驳回或终止，经当事法官请求，考虑到这些费用系因《司法行为和司法失能法》或本规则的要求而产生的，司法委员会可建议法院行政管理部主任在司法基金中拨款补偿当事法官调查程序中支出的合理费用。合理费用包括律师费和根据规则21(a)或(b)成功地进行抗辩或诉请而产生的费用。

（f）司法委员会命令。司法委员会的行为必须以书面命令形式作出。除非司法委员会认为有特别理由造成违反司法利益，否则该命令必须附有备忘录，说明所依据的事实和采取措施的理由。此类备忘录可以包括任何作为基础的特别委员会报告的全部或部分。如果投诉根据规则5被认定，备忘录必须予以说明。必须向投诉人、当事法官以及司法行为和司法失能监督委员会提供命令及其中引用的备忘录。必须告知投诉人和当事法官其有权依据规则21(b)针对司法委员会决定申请复审。如果投诉根据规则5

被认定或由当事法官提交,司法委员会必须将该命令及其中引用的备忘录移交司法行为和司法失能监督委员会,以符合规则 21 之规定。在此情况下,当事法官可以向司法行为和司法失能监督委员会提交书面意见,但没有进一步请求复审的权利。

七、司法行为和司法失能监督委员会的审查

21.司法行为和司法失能监督委员会

(a)委员会审查。司法行为和司法失能监督委员会由七名成员组成,依据委员会的管辖权声明,审议和处理根据本条规则(b)提出的所有复审申请。司法行为和司法失能监督委员会对司法委员会命令的审查范围包括法律适用错误、明显的事实错误或滥用自由裁量权。司法行为和司法失能监督委员会对复审申请的处理通常是终局性的。司法会议可自行决定审查司法行为和司法失能监督委员会的任何决定,但投诉人或当事法官无权请求进行此类审查。

(b)可复审的情形:

(1)依申请。投诉人或当事法官可向司法行为和司法失能监督委员会提出申请,请求对符合以下情形的司法委员会命令作出复审:

(A)根据规则 20(b)(1)(A)、(B)、(D)或(E)作出;

(B)根据规则 19(b)(1)或(4)作出,但有一名或多名司法委员会成员对该命令持反对意见。

(2)依职权。司法行为和司法失能监督委员会可自行决定依职权审查司法委员会根据规则 19(b)(1)或(4)作出的所有命令,但只能针对是否应任命特别委员会作出决定。在进行审查之前,司法行为和司法失能监督委员会必须要求该司法委员会解释没有必要任命特别委员会的理由,但司法委员会在拒绝复审请求之命令中明确说明了理由的除外。如果司法行为和司法失能监督委员会认为由当事法官提出复审申请是有利的,可以对其提出适当要求。如果司法行为和司法失能监督委员会查明应当任命特别委员会,必须作出说明理由的书面决定。

(c)委员会投票。与当事法官来自同一巡回区的委员会成员,不得审议抑或就与当事法官有关的复审申请进行表决。委员会根据本条规则(b)作出的决定必须由有资格的委员会成员多数通过。无论委员会成员的任期是

否结束,审查复审申请的成员必须审理该案直至作出终局性处理为止。如只有六名具有资格的成员审议复审申请,首席大法官须另选任一名有资格的法官以审议该申请。如只有四名或少于四名具有资格的成员审议复审申请,首席大法官必须选出五名法官组成合议庭,其中包括前述具有资格的委员会成员。

(d)补充调查。除特殊情况外,司法行为和司法失能监督委员会不进行补充调查。委员会可将该案件退回司法委员会,并指示后者进行补充调查。如果由司法行为和司法失能监督委员会进行补充调查,其将根据《美国法典》第28章§331行使司法会议的权力。

(e)口头申辩,个人出庭。委员会复审中通常没有口头申辩或个人出庭程序。委员会可酌情准许提交书面意见。

(f)委员会的决定。必须及时将委员会根据本条规则作出的决定提交给司法会议。经委员会主席的指示,由法院行政管理部送交其他机构。

(g)终局性。司法会议或司法行为和司法失能监督委员会(当司法会议不行使复审权力时)的所有命令均为最后命令。

22.复审程序

(a)提交复审申请。根据规则21(b)(1)的规定,如要申请针对司法委员会关于复审案件作出的决定进行复审,可以向司法行为和司法失能监督委员会提交简要书面陈述,发送至 JCD_PetitionforReview@ao.uscourts.gov,或者

司法行为和司法失能监督委员会

收件人:总法律顾问办公室

联邦法院行政管理部

哥伦布环岛一号,东北部

华盛顿哥伦比亚特区20544

法院行政管理部根据具体情况,将申请书副本送达投诉人或者当事法官。

(b)申请书的形式和内容。申请不需要特定的表格。复审申请书中必须包括投诉所依据的事实之简要陈述、有关司法委员会审议的历史记录、司法委员会的决定副本,以及复审申请人要求进行复审的理由。复审申请书必须载明作为复审对象之司法委员会命令的作出日期和档案号码。复审申请人可以附随提交在司法委员会或特别委员会处理投诉的程序中产生的任

何文件或通信记录。申请复审的申请书及必需的附件一般不应超过20页。复审申请书必须由申请人或其律师签名。

（c）提交时间。复审申请书必须在作为复审对象的命令作出之日起42天内提出。

（d）收到申请书后的行为。当针对司法委员会关于复审案件作出的决定进行复审的请求按照规则21(b)(1)被提交后，法院行政管理部应当开具接收回执，通知司法行为与司法失能监督委员会主席，同时将申请书送交委员会的成员以供审议。

八、其他规则

23.保密规则

（a）保密原则。本保密规则旨在保护根据本规则提出或发起、调查（在特定情况下）并最终解决的投诉程序公平性和彻底性。

（b）投诉程序的保密

（1）原则。首席法官、特别委员会、司法委员会或司法行为和司法失能监督委员会对投诉的审议应当保密。除本规则允许的情况外，任何法官、司法雇员，或任何记录或抄录证词的人员，均不得公开披露有关审议过程的信息。首席法官、司法委员会或司法行为及司法失能监督委员会，在有需要或适当的时候，可披露根据本规则进行的程序事项，以维持社会公众对司法机构纠正司法不当或司法失能之能力的信心。

（2）文件。所有与投诉有关的文件必须单独保存并采取适当的安全措施，以保证其保密性。

（3）处理结果的披露。除规则24另有规定外，首席法官、司法委员会或司法行为和司法失能监督委员会的书面决定中以及持有反对意见、独立意见的司法委员会成员或司法行为和司法失能监督委员会成员的意见书中，可能包含其作者认为可以合理推导出结论的信息及证据时，此类信息和证据应当向公众公开。

（4）向司法会议披露。根据司法会议或其司法行为和司法失能监督委员会的要求，巡回法院书记员必须向前者提供其要求的与投诉有关的任何记录。为了便于监察，巡回法院书记员必须允许司法行为和司法失能监督委员会在储存记录的网页中查阅根据《司法行为和司法失能法》实施的程序记录。

(5)向地区法院披露。如果司法委员会根据规则20(b)(1)(D)(ⅲ)指示发起联邦司法官的免职程序,巡回法院书记员必须在司法委员会作出决定前将特别委员会报告的副本和所有其他文件和记录提供给该地区法院的首席法官。根据地区法院首席法官的要求,司法委员会可授权该首席法官公布与调查有关的任何其他记录。

(6)弹劾程序。如果司法会议决定进行弹劾,其必须将所有相关程序的记录转交给众议院议长。

(7)经当事法官同意。当事法官及首席法官书面表示同意的,可以将案卷中的材料披露给任何人。在所有此类披露中,首席法官可以要求不披露根据本规则实施的调查中投诉人或证人的身份。

(8)特殊情况下的披露。当在特殊情况下有正当理由进行信息披露,而且不为《司法行为和司法失能法》所禁止时,司法会议及司法行为和司法失能监督委员会、司法委员会或首席法官可以授权披露关于审议投诉的相关信息,包括纸质、电子文件和有关调查笔录。例如,可以向根据《司法行为和司法失能法》和有关司法纪律方法从事研究及经验评估人员披露相关信息,但必须得到司法会议或司法行为和司法失能监督委员会的具体许可。必须采取适当措施保护当事法官、投诉人和证人的身份不被公开披露。还可以实施其他适当的保障措施,以防保密信息泄露。

(9)当事法官进行身份披露。本规则不禁止当事法官自行承认其是根据规则24公开的文件中涉及的法官。

(10)协助和咨询。本规则不禁止首席法官、特别委员会、司法委员会或司法行为和司法失能监督委员会,在履行《司法行为和司法失能法》或本规则授权的职权时,寻求具有资格的工作人员或专家的帮助,或向其他可能有帮助的法官就履行授权职权有关的问题进行咨询。

(c)披露司法不当和司法失能。本规则、关于投诉程序保密性的解释或《司法雇员行为准则》(Code of Conduct for Judicial Employees)中关于司法雇员使用或披露履行公职过程中获得的信息的规定,均不能禁止司法雇员报告或披露司法不当行为或司法失能。

24.决定的公开

(a)原则,特殊情况。在对投诉作出终局性处理并且投诉不会再依申请进行复审后,则所有作出命令的首席法官、司法委员会作出的命令,包括命

令中引用的决定及司法委员会成员作出的所有反对意见书或独立意见书均必须公开,但有以下例外:

(1)如果根据规则11(c)投诉在没有任命特别委员会的情况下最终被驳回,或者根据规则11(d)因法官主动采取纠正措施被终止,公开的材料一般不应在未经当事法官同意的情况下透露其姓名。

(2)投诉因情势变更终止,或者在任命特别委员会后被驳回的,由司法委员会决定是否公开当事法官的姓名。

(3)如果最终通过私下的谴责或训斥处理投诉,公开的材料不得透露当事法官的姓名或谴责的内容。

(4)如果根据规则20(b)(1)(D),采取除私下谴责或训斥以外的任何纠正措施最终处理投诉,则必须公开决定的命令,并且必须公布当事法官的姓名。

(5)除非首席法官或司法委员会下令披露,否则不得在根据本规则公开的材料中披露投诉人的姓名。

(b)公开的方式。(a)项所述的命令必须通过法院公开网站发布,并且将作为公开文件放置于巡回法院书记员办公室,以便公众查阅。如果命令有判例价值,首席法官可以将其出版。此外,司法行为和司法失能监督委员会将经过适当编写后在司法网站www.uscourts.gov上公开(a)项所述的说明性命令,以向公众说明关于如何根据《司法行为和司法失能法》处理投诉的其他信息。

(c)司法行为和司法失能监督委员会的命令。司法行为及司法失能监督委员会的命令是具体巡回区内发起的投诉程序的终局性处理结果,将在有关上诉法院的巡回法院书记员办公室中向公众公布。司法行为和司法失能监督委员会也将在司法网站www.uscourts.gov上公布此类命令。当司法行为和司法失能监督委员会进行授权时,与投诉程序有关的其他命令也将公开。

(d)提交司法会议的投诉。如投诉根据规则20(b)(1)(C)或规则20(b)(2)被提交至司法会议,则仅有经司法会议命令,才公布有关投诉的材料。

25.取消资格

(a)原则。根据本规则,如果任何法官认定根据情况需要取消自身资格,则该法官被取消参与根据本规则实施的所有程序的资格。如果投诉系由法官提起的,则该法官被取消参与任何对该投诉进行审议的资格,除非本规则规定了投诉人应当参加。根据规则5,认定投诉的首席法官不会当然被取消审议该投诉的资格。

(b)当事法官。除本规则规定应由当事法官参加外,当事法官,即使是首席法官,均不得审议投诉。

(c)首席法官无权参与审议不服其作为首席法官发布之命令的复议申请。如根据规则18向司法委员会提出针对根据规则11(c)、(d)或(e)作出的首席法官命令进行复审的请求,则该作出命令的首席法官无权参与司法委员会对该申请进行的审议。

(d)不取消特别委员会成员之资格的情形。在特别委员会任职的司法委员会成员,包括首席法官,均不被取消参加司法委员会审议特别委员会报告的资格。

(e)任命特别委员会后取消当事法官资格。在任命特别委员会后,根据《司法行为和司法失能法》或本规则,当事法官被取消参与认定或审议任何投诉的资格,不论投诉是否与未决案件有关。法官资格被取消的状态将持续到对该法官的投诉的所有程序终局结束且投诉不会再依申请进行复审为止。

(f)代替丧失资格的首席法官。如果首席法官被剥夺行使《司法行为和司法失能法》和本规则授予首席法官职责的资格(包括投诉针对首席法官提出时),则必须将这些职责分配给未被剥夺资格的最高级别当值巡回法院法官行使。如果所有正常当值的巡回法院法官均被取消资格,司法委员会可以决定是否根据规则26要求调任;或者,为了保障司法行政工作的良性运转,允许首席法官实质上处理投诉。如有必要达到司法委员会的法定人数,投诉中所指的司法委员会成员可参与认定程序。

(g)多名法官被取消资格时,司法委员会的行为。尽管上述规则另有相反规定:

(1)有下列情形之一的,作为当事法官的司法委员会成员可以参与处理:

(A)为达到司法委员会的法定人数,必须有一名或多名当事法官参加;

(B)司法委员会认为,不足法定人数的原因系针对一名或多名法官提出的投诉即意在取消前述法官的资格;或投诉一名或多名法官的依据是其参与了规则4(b)所界定的司法不当行为之外的判决;

(C)司法委员会投票认为,一名或多名当事法官有资格参与程序是必要的、适当的,并符合司法行政工作良性运转之利益。

(2)除此之外,被取消资格的成员可参加根据(g)(1)(B)和(g)(1)(C)进行的投票。

(h)取消司法行为和司法失能监督委员会成员的资格。司法行为和司法失能监督委员会的成员不会被取消参与根据《司法行为和司法失能法》或本规则实施的任何程序的资格,因为其应与首席法官、特别委员会的成员或司法委员会的成员磋商关于《司法行为和司法失能法》及本规则的解释或适用,除非前述成员认为磋商将有碍公正的参与。

26.移送至其他司法委员会

在特殊情况下,首席法官或司法委员会可要求首席大法官将根据规则5认定的或根据规则6提出的投诉移送另一巡回区的司法委员会。在根据规则20(b)(1)(C)或规则20(b)(2)提交司法会议或根据规则22提出复审申请之前,可以在程序的任何阶段提出移送请求。首席大法官在收到该项要求后,可以拒绝该项要求或选择移送的司法委员会,移送的司法委员会可根据本规则行使司法委员会的权力。

27.撤回投诉或复审申请

(a)待首席法官处理的投诉。经首席法官同意,投诉人可以撤回在首席法官根据规则11作出处理结果前的投诉。撤回投诉并不妨碍首席法官依据规则5认定或者必须认定投诉。

(b)待特别委员会或司法委员会处理的投诉。在投诉送交特别委员会进行调查后至特别委员会作出报告之前,投诉人只有在获得当事法官以及特别委员会或司法委员会两方同意的情况下,方可撤回投诉。

(c)请求复审的申请。根据规则18向司法委员会或根据规则22向司法行为和司法失能监督委员会提出的复审申请,在未对复审申请采取措施之前,可以撤回。

28.规则和表格的公开

本规则以及规则6(a)所述的投诉表格的副本必须在各上诉法院、地区法院、破产法院或法官在《司法行为和司法失能法》调整范围内的其他联邦法院之巡回法院书记员办公室中免费提供。各法院还必须在其网站上公开本规则、有关投诉表格和填写投诉说明,或在有关上诉法院网站或www.uscourts.gov上提供前述事项的网络链接。

29.生效日期

本规则自美国司法会议公布之日起生效。

欧盟企业重整及再生机会促进指令(上)

张媛媛* 译

翻译说明： 本再生指令于2019年6月20日由欧洲议会和理事会制订发布，试图为欧盟的企业预重整机制引入一些最低标准，如早期预警机制，以提高程序效率，尽可能挽救具有经济可行性的企业，使债务人更多地从"重生"中受益。本指令可为我国企业破产制度以及司法实践提供借鉴意义。因原文本内容多，分为上下两部分编译。

(1)本指令旨在促进国内市场的正常运作，消除因不同国家的法律和程序在预重整机制、破产重整、债务豁免和破产失格方面的差异对基本自由的阻碍，如阻碍资本流动和创业自由。在不影响职工的基本权利和自由的前提下，本指令旨在消除障碍，以确保：陷入财务困境但具有挽救可能的企业和企业家能够借助强有力的预重整机制继续经营；诚实而资不抵债或负债过重的企业能够在经过合理期限后获得债务豁免，进而重生；提高再生、破产重整和债务豁免的效率，特别是缩短程序时间。

(2)预重整应能够使陷入财务困境的债务人通过改变其资产、负债或其他资本结构的组成、条件或结构以维持部分或全部的经营，包括出售资产、部分业务、(在国内法允许下的)营业的整体出售，也包括实施经营调整。除非国内法另有明确规定变化、经营变化——如合同的终止或修改、资产的出售或其他处置，应符合国内法对此类措施的一般要求，特别是民法和劳动法。任何债转股也应遵守国内法规定的保障措施。预重整机制的首要目的是促使债务人能够在早期阶段有效重整和避免破产，从而限制经济可行性企业进行不必要的破产清算。预重整机制有助于防止失业，阻止秘诀、专门

---

* 张媛媛，上海师范大学硕士研究生。

技能的流失,并使全体债权人的利益最大化——相较于企业财产进行破产清算或无法达成重整而不得不寻求"退而求其次",对于股东和整个经济同样如此。

(3)预重整机制还应防止不良贷款的积累。有效预重整机制的可用性将确保其在企业拖欠贷款之前实施,由此降低周期性衰退中贷款变成不良贷款的风险,减轻对金融部门的不利影响。若企业设立地、资产或债权人所在地的成员国均已建立预重整机制,可挽救相当比例企业,保留大量就业机会。在预重整机制中,所有相关方(包括职工)的权利均应得到均衡保护。同时,对不具有生存前景且没有生存能力的企业应尽快进行破产清算。陷入财务困境的债务人若不再具有经济上的可能性或不能立即恢复经济上的可行性,对其进行拯救可能会加剧并加速企业资产流失,损害债权人、职工和其他利害关系人的利益,最终损害整体经济利益。

(4)成员国之间,陷入财务困境的债务人适用的企业拯救程序存在不同。一些成员国提供的拯救程序相当有限,仅允许在相当晚期才借助破产重整程序进行重整。在其他成员国,业务重组可在破产重整程序的早期阶段适用,但没有达到预期效果;或者要求过于正式,尤其是限制采用庭外重整。预重整是破产法日益增长的一个趋势。不同于传统上对陷入财务困境企业的破产清算,预重整旨在使企业恢复健康状态,或者至少挽救仍具有经济可行性的实体。其对经济具有诸多益处,尤其有助于保持就业或减少失业。此外,司法行政机关或由其任命人员的参与度各不相同,有些成员国不参与或极少参与,有些成员国则充分参与。类似地,各成员国关于企业家再生的规定,特别是豁免企业家经营过程中所负债务,在豁免期限和豁免条件方面各不相同。

(5)在许多成员国,诚实但资不抵债的企业家需要三年以上的时间才能豁免债务,进而再生。无效率的债务豁免和破产失格制度导致企业不得不搬迁到其他司法辖区,以便在合理的时间内获得新的开始,这给债权人和企业本身带来了巨大的额外成本。伴随债务豁免程序的长期破产失格禁令,对就业、从事个体经营与创业的自由造成了阻碍。

(6)部分成员国内,再生、破产重整和债务豁免的程序过于冗长,这是导致资产回收率低的重要原因,并且这也是阻碍投资者在程序过长和费用过高的法域开展业务的重要原因。

(7)成员国在再生、破产重整和债务豁免程序方面的差异,在投资者评估债务人在一个或多个成员国内陷入财务困境的风险,或投资仍具有经济价值的困境企业的风险时,将转化为额外成本,这也是在其他成员国拥有机构、债权人或财产的企业的额外成本。跨国公司重整是典型。投资者提到,其他成员国破产重整规则的不确定性、程序冗长或复杂的风险,是不对自己所在成员国以外的对手方投资或与其建立业务关系的主要原因之一。此种不确定性作为一种抑制因素,妨碍了创业自由和企业家精神的倡导,并损害了内部市场的正常运作。特别是微型和中小型企业("中小型企业")在大多数情况下不具备评估与跨境活动有关的风险所需的资源。

(8)成员国之间在再生、破产重整和债务豁免程序上的差异,导致不同成员国获得信贷的条件和回收率不一致。因此,在再生、破产重整、债务豁免和破产失格领域实现更高程度的协调,对一个总体上运作良好的内部市场,特别是运作中的资本市场联盟,以及欧洲经济的复苏(包括保护和创造就业机会),均是必不可少的。

(9)应减少过度负债的企业家的债权人进行风险评估和跨国执行债权的额外费用,这些企业家为了在更短的时间内偿还债务而搬到另一个成员国。还应减少企业家因需要搬迁到另一个成员国以便从偿还债务中获益而产生的额外费用。此外,与企业家资不抵债或过度负债有关的长时间破产失格令所造成的障碍也抑制了企业家精神。

(10)任何再生活动,特别是产生重要影响的大规模活动,均应基于与利益相关者的对话。对话应包括与重整业务目标相关的预期措施以及其他备选办法的选择,并依照欧盟法律和国内法的规定,应当有职工代表的适当参与。

(11)行使基本自由的障碍不仅限于纯粹的跨国界情况。内部市场的相互关系日益密切,商品、服务、资本和人员在其中自由流动,数字维度也越来越强,这意味着如果考虑所有相关因素,如客户基础、供应链、活动范围、投资者和资本基础,很少有企业是纯粹的国内企业。即使是纯粹的国内破产重整也可能通过所谓的重整多米诺效应对内部市场的运作产生影响,债务人的破产重整可能在供应链中引发进一步的破产重整。

(12)欧洲议会和理事会第2015/848号(欧盟)条例处理跨国破产重整程序中管辖权、承认和执行,法律适用和合作以及重整登记簿的互联。该条例所涵盖的预重整程序涉及促进拯救经济上可行的债务人,也包括企业家和其他自然人的债务豁免。然而,上述条例并没有解决这些程序在国内法之间的差异。此外,一项仅限于跨国破产重整的文书并不会消除自由流动的所有障碍,投资者也不可能事先确定债务人未来的财务困境的性质是跨国界的还是一国之内的。因此,有必要超越司法合作的范畴,为预重整机制以及为企业债务豁免的程序制定实质性的最低标准。

(13)本指令不损害(欧盟)2015/848条例的适用范围。本指令目标是完全遵守上述条例且进行补充——通过要求成员国制定符合某些最低有效性原则的预重整程序。补充措施并不改变条例所采取的办法,即允许成员国维持或实行不符合该条例附件a规定的公开通知条件条款的程序。虽然本指令并不要求其范围内的程序满足该附件规定的所有通知条件,但其目的是促进这些程序的跨境承认以及跨国判决的承认和执行。

(14)(欧盟)第2015/848号条例的优点在于,规定了在跨境重整程序中为防止债务人主要利益中心被滥用的保障措施。某些限制也应适用该条例未包括的程序。

(15)有必要降低债务人和债权人的重整成本。因此,应当减少成员国之间的差异。这些差异阻碍了陷入财务困境但具有重整可能性的企业进行早期重整,也妨碍了诚实企业家的债务豁免。减少这些差异会给整个欧盟范围带来更高的透明度、法律确定性和可预测性。这应使各类债权人和投资者的回报最大化,鼓励跨境投资。预重整机制和破产重整程序的更加协调也有助于公司集团的再生,不论集团成员在欧盟中的地位如何。

(16)消除陷入财务困境但具有(经济)可行性债务人进行有效预重整的障碍,有助于最小化供应链中工作岗位的丧失和债权人的财产损失,保留秘诀、专门技能,并且因此惠及更广泛的经济。促进企业家债务豁免将有助于避免他们被排除在劳动力市场之外,并使他们能够借鉴过去的经验,重新开始创业。此外,缩短预重整程序的时间将使债权人获得更高的清偿率,通常时间的推移只会导致债务人或债务人企业价值的进一步折损。最后,有效的预重整机制、破产重整和债务豁免程序,将能够更好地评估贷款和借款所涉及的风险,并方便对资不抵债或负债过重的债务人进行调整,最小化去杠杆化过程所涉及的经济和社会成本。本指令应使成员国能够灵活地适用共同原则,同时尊重各国的法律制度。成员国能够在本国法律体系中维持或采用本指令规定以外的预重整机制。

(17)企业,特别是占欧盟所有企业数量99%的中小企业,应该受益于联盟一级更加一致的办法。中小企业更有可能被破产清算,而不是重整,因为它们不可避免地承担比更大型企业更高的成本。中小企业,特别是在面临财务困境时,往往没有必要的资源来应付高昂的重整费用和利用只有一些成员国内才存在的更有效率的重整程序。为帮助这些债务人以低成本再生,应在国家一级编制符合中小企业需求和特点的再生计划综合清单,并在网上公布。此外,考虑到中小型企业聘用专家的资源有限,应制定预警工具警告债务人采取行动的紧迫性。

(18)在界定中小企业时,成员国可适当考虑欧洲议会和欧洲理事会2013/34/EU 指令或委员会 2003 年 5 月 6 日关于微型、小型和中型企业定义的建议。

(19)本指令中债务人排除以下适用范围是正当的:欧洲议会及理事会第 2009/138/EC 号指令第 13 条第(1)项及第(4)项所界定的保险及再保险业务,欧洲议会及欧洲理事会第 575/2013 号条例第 4(1)条第(1)款所界定的信贷机构,(欧盟)第 575/2013 号条例第 4 条第(2)款和第(7)款所界定的投资公司和集体投资企业,欧洲议会和理事会(欧盟)第 648/2012 号条例第 2 条第(1)款所界定的中央对手方,欧洲议会和欧洲理事会(欧盟)第 909/2014 号条例第 2 条第 1 款第 1 项所界定的中央证券托管机构,以及欧洲议会和欧洲理事会第 2014/59/EU 号指令第 1 条第 1 款所列的其他金融机构和实体。这些债务人受到特别安排的约束,国家的监督和解决机构对此拥有广泛的干预权力。成员国应能够排除其他提供金融服务的金融实体,(因为他们)适用其他受制于类似安排和权力干预。

(20)出于类似的考虑,国内法排除本指令所涵盖的公共机构也是适当的。成员国还应当也能够限制法人适用预重整机制,因为企业的财务困境不仅可以通过预重整机制,还可以通过导致债务豁免或基于合同协议的非正式再生程序来有效解决。具有不同法律制度的成员国,如果同一类型的(经济)实体在这些法律制度中具有不同的法律地位,则应当能够对这些实体适用统一的制度。根据本指令制定的预重整机制不影响对因职业养恤金制度而产生的债务人的索赔和应享权利,如果这些索赔和应享权利在预重整程序之前的一段期间内累积。

(21)消费者过度负债是一个重大的经济和社会问题,并且与减少债务负担密切相关。通常,不可能明确区分企业家在其贸易、商业、手工业或独立自营职业过程中所负担的债务和在这些活动之外所负担的债务。如果企业家不得不通过不同的程序、准入条件和豁免期限来豁免企业债务和企业

之外的其他债务,那么他们将不能有效地受益于重生。由于这些原因,虽然本指令不包括对消费者过度负债具有约束力的规则,但成员国也应明智地尽早将本指令关于债务豁免的规定适用于消费者。

(22)债务人越早发现财务困境并采取适当行动,就越有可能避免即将发生的破产重整,或者在企业生存能力受到永久性损害的情况下,破产清算过程就越有秩序和效率。因此应提供关于现有预重整机制和一个或多个预警工具的明确、最新、简明和用户友好的信息,以鼓励开始陷入财务困境的债务人及早采取行动。预警工具采取警报机制的形式,表明债务人何时没有支付一定的款项可能被触发,如不缴纳税款或社会保障费。这些工具可以由成员国或私营企业开发,只要能够达成目标。成员国应在网上提供关于预警工具的信息,如在专门网站或网页上提供。成员国应当能够根据企业的规模调整预警工具,并根据大型企业和集团的特点对其预警工具制定具体规定。本指令不应该将这类预警工具触发重整程序可能造成的责任强加于成员国。

(23)为了尽可能多地得到职工及职工代表的支持,成员国应确保职工代表能够获得相关和最新的关于预警工具可利用性的信息,并应尽可能在评估债务人的经济状况时为职工代表提供支持。

(24)债务人可利用预重整机制,包括法人实体(如果国内法有此规定)、自然人和公司集团,使他们能够在早期阶段解决经济困境,当经济困境似乎是可以预防的并且业务生存能力能被确保时。在债务人依据国内法被宣告破产重整之前,即在债务人根据国内法进入集体破产程序之前,应存在预重整机制。集体破产程序通常包括债务人的全部撤资和指定一名破产清算人。为了避免预重整机制被滥用,债务人的财务困境应表明有破产重整的可能性,再生计划应防止债务人破产重整并确保企业的生存能力。

(25)成员国应能够确定,在提出启动预重整机制的申请之后或程序启动之后,到期或已经存在的债权是否包括在预重整机制或个别执行暂停之中。成员国应当能够决定个别执行暂停是否对债权的到期利息产生影响。

(26)成员国应可以将可行性测试作为获得本指令规定的预重整机制的前置条件。在不损害债务人资产的前提下,其形式(除其他外)可采用准予临时中止或非故意延迟测试。但是,"不损害债务人资产"不妨碍成员国要求债务人自费证明其生存能力。

(27)成员国可以限制因严重违反会计或簿记义务而被处以刑罚的债务

人利用预重整机制,但成员国不得因此也限制因会计账簿和会计记录的不完整或缺陷而导致业务和财务状况无法确定的债务人,利用预重整机制。

(28)成员国应可以将本指令规定的预重整机制的范围扩大到债务人面临非财务困境的情况,规定这种困境将在债务到期时切实严重地威胁债务人的实际或未来偿还债务的能力。确定此种威胁的相关时限可延长至数月,甚至更长时间,以便考虑到债务人面临的非财务困境威胁到其作为经营中企业的地位以及中期的流动性的情况。例如,债务人失去了一个对其至关重要的合同。

(29)为了提高效率和减少延误和节省费用,国内预重整机制应包括简易程序。在预重整机制内,如果在预重整机制中本指令是通过一个以上程序实施,债务人应享有本指令以实现有效重整提供的所有权利和保障。除本指令规定的司法或行政的强制干预外,成员国应将此类干预限制在必要和适当的情况下,以保障债务人和利害关系人的权利和利益,减轻拖延和减少程序费用。如果国内法允许债权人或职工代表启动再生程序,当债务人是中小企业时,成员国应将债务人同意作为启动程序的先决条件,并且还可以将这一要求扩大到大型企业债务人。

(30)为避免不必要的成本、体现预重整机制的早期性质,并鼓励债务人在陷入财务困境的早期阶段申请预重整,原则上应让债务人自行控制其资产及其业务的日常运作。再生程序中从业人员的指定——监督债务人活动或接管债务人的部分日常业务,不应在每种情况下均是强制性的,而应根据案情或债务人的具体需要逐案决定。尽管如此,成员国应能够确定,在某些情况下,总有必要任命一名专业人员,如债务人从个别执行暂停中受益,再生计划需要通过强行批准的方式确认,再生计划包括影响职工权利的措施,债务人或其管理层在业务关系中存在犯罪、欺诈或有害行为。

(31)为了协助各方谈判和起草再生计划,成员国应规定在下列情况下强制任命一名破产从业人员:司法或行政部门准许债务人个别执行暂停,但在这种情况下需要一名从业人员来保障当事各方利益;再生计划需要由司法或行政机关通过强行批准的方式予以确认;债务人请求;大多数债权人请求,规定债权人支付从业人员的成本和费用。

(32)债务人应能够从个别执行暂停中获益,无论是由司法或行政机关批准的,还是依据法律实施的。个别执行暂停是为了支持再生计划的谈判,以便企业能够继续运作,至少在谈判期间保持其财产的价值。因此国内法

规定,提供担保的第三方利益相关人也能够申请中止,包括担保人和附属担保人。但是,成员国也应能够规定,在非必要情况或中止不能实现支持谈判目标的情况下,司法或行政机关能够拒绝暂停个别执行的申请。拒绝的理由可能包括缺乏债权人必要多数的支持,或者国内法规定的情况下,债务人实际上无力偿还到期债务。

(33)为了便利和加快预重整程序的进程,成员国应在可提出异议的基础上,允许拒绝自动终止。例如,债务人表现出典型的无力偿还到期债务的行为:与职工或税务或社会保障机构存在严重违约;债务人或企业当前管理层涉嫌金融犯罪,使人有理由相信大多数债权人将不会支持开始谈判。

(34)个别执行暂停可以是普遍性的,对全体债权人有效,也可以只适用于个别债权人或某类债权人。在明确界定的情况下,成员国应当能够将某些债权或某些类别的债权排除在暂停范围之外,如以资产担保的债权,而资产的移除不会危及企业的再生或债权人的债权,而暂停会造成不公平的损害,如抵押品损失无赔偿或抵押品折旧。

(35)为了平衡债务人和债权人的权利,个别执行暂停的期限最长不超过4个月。但是,复杂的预重整程序可能需要更多的时间。成员国应当规定,在前项情况下,司法或行政机关能够准许延长最初的暂停期限。如果司法或行政机关未在暂停期限届满前就延长作出决定,暂停应在期限届满时停止生效。为确保法律的明确性,暂停期限最长不得超过12个月。成员国应规定,依据国内法债务人资不抵债时无限期暂停(个别执行)。成员国应能决定司法或行政当局作出进入预重整决定前的临时性暂停的期限是否受本指令的限制。

(36)为确保债权人不遭受不必要的损害,成员国应规定,如果暂停个别执行不再能够支持谈判目标,如必要多数的债权人不支持继续谈判,司法或行政机关可撤销暂停个别执行。如果成员国相关规定致使债权人受到暂停个别执行的歧视,该暂停也应被撤销。若暂停执行生效或被延长前债权人没有机会发表意见,成员国可限制暂停执行的适用。成员国可以规定不得解除暂停的最短期限。在确定是否存在对债权人的不公平损害时,司法或行政机关应考虑暂停执行是否维护破产重整财产的总体价值,债务人的行为是否恶意或意图造成损害,是否违背全体债权人的合法期待。

(37)本指令不包括对抵押品在个别执行暂停可能贬值的债权人的赔偿或担保的规定。单一债权人或一类债权人因暂停而受到不公平的损害,如暂停使其债权实质性恶化或者比处于类似地位的其他债权人处于更不利的地位。成员国应当规定,不论是对一个或多个债权人还是一类或多类别债权人造成了不公平的损害,就应解除所有债权人和所有种类债权人的执行中止。成员国可决定谁有权申请解除暂停。

(38)个别执行暂停还应导致暂停债务人申请破产程序的义务,或应债权人的请求开始破产程序——可能以债务人的破产清算结束。这种破产重整程序除了受法律限制,以清算债务人作为唯一可能的结果之外,还应包括可导致债务人再生的程序。应债权人的请求暂停启动破产重整程序,不仅应适用于成员国规定涵盖所有债权人的个别执行暂停,还应适用于成员国规定可选择仅暂停涉及数目有限的债权人的个别执行暂停的情况。尽管如此,成员国应当能够规定,破产重整程序可以依据公共机构的请求启动,而公共机构(如检察官)并非以债权人身份行事而是为了公共利益。

(39)该指示不应暂停债务人在正常营业过程中偿还未受影响的债权人的债权,以及受影响的债权人在个别执行暂停期间产生的债权。为了确保在启动再生程序或个别执行暂停之前就已存在债权的债权人不会对债务人偿付债权产生压力,否则这些债权将因为执行再生计划而减少,成员国应当规定债务人偿付这些债权的义务。

(40)当债务人进入破产重整程序时,一些供应商应拥有依据破产约定享有的合同权利,即使债务人已适当履行其义务,这些供应商也有权仅因为破产重整而终止供应合同。当债务人申请采取预重整机制时,也可触发事实条款。如果债务人仅仅是在再生计划谈判时或请求暂停个别执行时援用这些条款,或者在与个别执行暂停有关的任何事件中援用这些条款,则提前终止可能对债务人业务和成功拯救企业产生负面影响。因此,在这种情况下,有必要规定,不允许债权人援引事实条款——涉及再生计划或中止或与中止有关的任何类似事件。

(41)提前终止合同可能危及企业在再生谈判期间继续经营的能力,尤其是涉及煤气、电力、水、电信和信用卡支付等基本服务。成员国应当规定,适用个别执行暂停的债权人,其债权在暂停之前已经存在但债务人尚未支付的,不得在暂停期间拒绝履行、终止、加速履行或以任何其他方式修改合同执行方式,前提是债务人履行暂停期间到期的合同约定的相应义务。可执行的合同包括租赁和特许协议、长期供应合同和特许经营协议。

(42)本指令规定了再生计划内容的最低标准。但成员国应该能够在再生计划中要求更多的解释,如关于债权人分组所依据的标准——这在债务只得到部分担保的情况下可能是相关的。成员国没义务就再生计划中提及的资产价值要求提供专家意见。

(43)受再生计划影响的债权人(包括职工)以及(如果国内法允许)股东,应有权投票通过再生计划。成员国应能够规定这一规则的有限例外。未受再生计划影响的缔约方对计划没有表决权,他们的支持也不应成为批准任何计划的前提。"利害关系人"有且只包括作为债权人的职工。因此,如果成员国决定将职工的权利排除在预重整机制之外,则不应将职工视为受影响的当事方。通过再生计划的表决可采取正式表决,或与利害关系人的必要多数协商、达成协议。但是,如果表决采取具有必要多数的协议,未参与协议的利害关系人仍然能够被提供加入再生计划的机会。

(44)为确保实质上相似的权利得到公平对待,并确保在不损害受影响各方权利的情况下公平通过再生计划,利害关系人应依据国内法分组分别对待。"债权人分组"是指为了通过一项计划而将利害关系人集合,以反映他们的权利以及他们的要求和利益的高低进行分组。作为最低要求,有担保债权人和无担保债权人应始终分开处理。但是,成员国应该能够形成两种以上的债权人分组,包括不同类别的无担保债权人或有担保债权人、次级债权的债权人。成员国还应将缺乏足够共同利益的债权人分类处理,如税务或社会保障机关。成员国应将担保债权根据抵押品估值分为有担保债权和无担保债权。成员国也应尽可能制定进行债权人分组的具体规则,使非多样化和其他特别脆弱的债权人,如职工或小供应商,能够从这种债权分组中受益。

(45)成员国应规定,中小企业债务人由于其资本结构相对简单,可以免除将利害关系人分组的义务。如果中小企业选择只设立一个投票组,而该投票组反对再生计划,债务人可根据本指令的一般原则提交另一个再生计划。

(46)在任何情况下,成员国都应确保其国内法对债权分组目的之达成至关重要的因素给予充分关注,如关联方的债权,并确保其国内法存在处理或有债权和争议债权的规则。为了分配表决权,成员国有权规定如何处理有争议的主张。再生计划提交确认时,司法或行政机关应审查债权人分组,包括受再生计划影响的债权人的选择。但是,成员国能够规定,如果再生计划的提出者事先寻求验证或指导,权力机构也应在早期阶段审查债权分组。

(47)国内法应规定必要多数标准,以确保每一类别的少数受影响方不得阻挠通过一项不会减少其权利和利益的再生计划。如果没有多数决规则来约束持异议担保债权人,在多数情况下早期再生不具有可行性,如仅需财务重组而业务可行时。为确保各方对再生计划的采纳拥有与份额相合适的发言权,必要多数规则应以每个债权人分组中债权人的债权数额或股东权益为基础。此外,成员国应要求在每组利害关系人分组中占多数。成员国应该能够制定规则保障没有以正确方式行使表决权或没有被代表的利害关系人,如规定允许在参与表决或计算多数时考虑这些利害关系人。此外,成员国还应该能够为参与表决设定准入标准。

(48)再生计划必须由司法或行政机关确认,以确保债权人权利或股东利益的减少与再生制度的优势匹配,并确保前者能获得有效补偿。"确认"在以下情况中特别重要:存在异议利害关系人,再生计划包括新融资计划,再生计划造成25%的职工失业。但是,在其他情况下,成员国仍可以规定司法或行政机关的确认也是必要的。只有在国内法允许预重整机制可规定措施直接对雇佣合同产生影响时,一项造成25%以上职工失业的再生计划的确认才是必要的。

(49)成员国应确保司法或行政机关能够在以下情况下拒绝通过再生计划:该计划将异议债权人或股东的权利减少到低于企业破产清算时可合理预期获得的水平——拆分清算或整体出售取决于债务人的特别情况,或者低于无法确认再生计划而不得不退而求其次时的水平。但是,如果该再生计划被强行批准确认,则应参考在这种情况下使用的保护机制。如果成员国选择将债务人作为持续经营企业进行估值,则应考虑债务人的长期业务,而不是破产清算价值。经营中企业的价值通常高于破产清算价值,基于如下假设:企业继续营业,中断程度最低,金融债权人、股东和客户有信心,继续创造收入,并减少对职工的影响。

(50)为了避免对每个案子进行估价,只有在再生计划受到质疑时,司法或行政机关才应遵守债权人利益最大化原则进行审查。但成员国可规定依职权审查确认的其他条件。成员国能够增加其他需要遵守的条件,以确认再生计划,如股东是否得到充分保护。司法或行政机关应拒绝确认无合理预期可防止债务人破产重整或确保企业生存的再生计划。但是,不应要求成员国确保这种评估是依职权进行的。

(51)通知所有利害关系人是确认再生计划的条件之一。成员国应确定通知的形式、发出通知的时间,并就没有进行通知如何申请进行规定,还能够规定非利害关系人也不得不被通知再生计划。

(52)债权人利益最大化原则意味着,对再生计划持有异议的债权人的境况不会比破产清算情况更糟,无论是拆分清算还是企业整体出售,或者在再生计划被否认后的退而求其次。成员国应在国内法中规定选择适用债权人利益最大化原则的门槛。任何为了限制异议债权人或者异议债权分组而确认再生计划的案件均应适用这一检验标准。当国内法规定公共机构债权人享有特别地位,按照债权人利益最大化检验标准,成员国应规定再生计划不得强行全部或部分取消这些债权人的债权。

(53)尽管大多数再生计划的通过需要每个利害债权人分组的必要多数支持;但尽管每个利害债权分组的必要多数不支持再生计划,仍有可能根据债务人的提议或经债务人同意,由司法或行政机关确认。就法人而言,成员国应规定,为了通过或确认再生计划,债务人应被理解为法人的董事会或某些多数股东或权益持有人。如果再生计划的确认需通过强行批准,它应该得到利害关系人投票组的支持。这些类别中至少应有一类应包括有担保债权人,或优先于普通无担保债权人的债权人。

(54)在大多数投票组不支持再生计划的情况下,如果至少有一类受影响或受损的债权人支持再生计划,而这些债权人在将债务人作为经营中企业估价后,依据国内法下的破产清算顺序,获得或者根据国内法被推定为可获得清偿或保留任何权益。在这种情况下,成员国应能够增加批准该计划所需的债权人分组数,而没有必要要求所有分组可根据国内法获得清偿或保留任何权益——将债务人作为经营中企业进行估值。但是,成员国不应要求所有分组债权人的同意。因此,在只有两组债权人的情况下,如果满足强行批准的其他条件,至少一组债权人的同意应被视为足够。债权人损害应理解为债权价值的减少。

(55)在强制裁决时,成员国应确保持异议的利害债权人在拟议的计划中不受非公正对待,成员国应为异议债权人提供充分的保护。成员国应保护持异议的利害债权人,确保它们至少得到与同等级别的任何其他债权人同等的待遇,并且比任何较低的债权人更为充分受偿。或者,成员国应保护持异议的利害债权人,确保如果较低级别的债权人获得任何分配或根据再生计划("绝对优先权原则")保留任何权益,则此类异议债权人应得到全额偿付。成员国对"全额付款"的实施具有裁量权,包括付款时间的选择,只要债权本金以及有担保债权人担保物的价值得到保护。成员国还可自行决定选择何种同等手段来全部满足原先的支付请求。

(56)成员国有权减损绝对优先权,如在被认为公平的情况下,股东有权根据计划保留某些权益,尽管较高级别的债权人有义务减少受偿,或者个别执行暂停规定所涵盖的重要供应商在较高级别的债权人之前得到偿付。成员国可自行选择上述保护机制。

(57)尽管股东或其他权益持有人的合法利益应受到保护,成员国应确保他们不可不合理地阻碍再生计划的通过。成员国可通过不同手段实现,如不给予股东对再生计划的表决权,不以股东同意作为通过再生计划的前提条件;在股东同意对企业进行估值时,如果适用正常的破产清算顺序,不会得到任何清偿或其他考虑。然而,如果股东有权对再生计划进行表决,在一个或多个组别的权益持有人异议时,司法或行政机关可适用强行批准来确认该计划。不允许股东参加表决的成员国,债权人与股东之间的关系中不要求适用绝对优先规则。可通过确保直接影响股东权利的再生措施,以及需要根据公司法得到股东大会批准的再生措施,不受过半数表决要求的限制,并确保股东无权影响不直接影响其权利的再生措施。

(58)在存在权利内容不同的多类股权的情况下,可能需要不同类型的股权持有者。中小企业的股东不仅仅是投资者,而且是企业的所有者,并以管理等其他方式对企业作出贡献,在这种情况下,他们可能没有再生的动力。因此,可以对中小企业实施强行批准。

(59)再生计划执行时,应允许中小企业的股东利用他们的经验、声誉或商业联系等,提供非货币性的再生援助。

(60)在预重整机制中,劳动者应享有充分的劳动法保护。特别是,本指令不应损害欧洲议会和欧洲理事会第98/59/EC、第2001/23/EC、第2002/14/EC、第2008/94/EC和第2009/38/EC所保障的职工权利。国内法遵守前述指令的国家,应完全遵守前述制定有关职工的信息和咨询的义务。这包括根据第2002/14/EC号指令,有义务向职工代表通报和征求关于是否采用预重整机制的决定。

(61)应向职工及其代表提供关于欧盟法律所规定的拟议再生计划的信息,以便他们能够对各种情况进行深入评估。此外,职工及其代表依据欧盟法律,完成必要的咨询任务。鉴于需要确保对职工提供适当程度的保护,应要求成员国豁免职工的未清偿的债权不受个别执行暂停的影响,不论这些请求权要求是在准予中止之前还是之后产生的。只有国内法规定的其他手段以类似水平有效地保证支付此类请求权的数额和期限下,才允许中止执行职工的未偿债权。当国内法上存在限制担保机构的赔偿责任规定时,无论是担保期限还是向职工支付的数额,职工可强制执行其向雇主提出的请求权中的任何短缺,即使中止期间也是如此。或者,成员国能够将职工的请求权要求排除在预重整机制制度的范围之外,并在国内法下提供保护。

(62)如果再生计划涉及企业或业务的部分转让,应根据第2001/23/EC号指令第3条和第4条保障职工因雇佣合同或雇佣关系而产生的权利,特别是工资求偿权,但不妨碍在本指令第5条规定的破产重整程序中适用的具体规则,特别是本指令第5条第2款规定的可能性。本指令不应影响第2002/14/EC号指令所保障的知情权和咨询权,包括可能导致工作组织或合同关系发生实质性变化的决定,以期就此类决定达成协议。此外,本指令下,请求权受到再生计划的影响的职工,有权投票表决再生计划。对再生计划进行表决时,成员国可以将职工与其他类别的债权人分开。

(63)司法或行政机关只有在以下情况下才应该决定业务的估值——无论是在破产清算中还是退而求其次时:如果再生计划没被确认,如果异议利害关系人对再生计划提出质疑。但这并不妨碍成员国依据国内法在其他背景下对企业进行估值。这种决定有可能包括由专家核准估价或由债务人或另一关系人在程序的早期阶段提交估价。在决定估价时,成员国应在一般民事诉讼法之外制定特别规则,以确保对重整案件快速进行估价。本指令的任何内容均不影响国内法对估价案件举证责任的规定。

(64)再生计划的约束力应限于参与通过该计划的利害关系人。成员国应确定债权人参与意味着什么,包括未知债权人或拥有未来请求权的债权人。例如,成员国应决定如何处理已正确通知但没有参与程序的债权人。

(65)利害关系人有权就某一行政机关颁布的确定再生计划的决定提出上诉。成员国还应提供对司法机关确认再生计划提出上诉的选择。但是,为了确保再生计划的有效性,减少不确定性和避免无合理的拖延,通常,上诉不应具有暂停效力,因此上诉不暂停再生计划的实施。成员国应确定允许上诉和限制上诉的理由。如果对确认再生计划的决定提出上诉,成员国应当能够允许司法机关发布初步或简要的决定,保护再生计划的执行和实施,使之免受待决上诉的影响。在上诉得到支持的情况下,司法或行政机关可以考虑在成员国提供这种可能性的情况下对计划进行修正——作为搁置计划的替代办法,也可以在不作修正的情况下对计划进行确认。任何再生计划的修正案都可以被各利害关系人提出或表决,或是主动或应司法机关的请求。成员国还应为上诉得到支持的关系人提供经济损失赔偿。如果司法机关裁定上诉具有暂停效力,国内法能够决定可能的新的暂停或延长暂停。

(66)再生计划的成功往往取决于是否向债务人提供财务援助,以支持:第一,再生计划谈判期间企业的运作;第二,再生计划得到确认后的执行。财务援助应从广义上理解,包括提供资金或第三方担保,以及提供库存、存货、原材料和制度便利,如延长债务人的还款期。因此,临时融资和新的融资应免于被宣告无效、可撤销或不可执行的撤销诉讼,因为这种行为在随后的破产重整程序中不利于一般债权人。

(67)国内破产重整法应保护临时和新融资,或免除新出借人因向陷入财务困境的债务人提供信贷而招致可能的民事、行政或刑事制裁——这可能会阻碍谈判会和为执行再生计划所必需提供的融资设置障碍。本指令不损害其他宣告新的或临时性融资无效、可撤销或不可执行的理由,也不应影响国内法规定的为此类融资提供者引发民事、刑事或行政责任的理由。此类其他理由包括欺诈、恶意、当事人之间可能存在利益冲突有关的某种关系,如关联方之间或股东与公司之间的交易,以及当事人在交易时或以实施的方式获得价值或抵押品但无权获得价值或抵押品的交易。

(68)当中期融资延长时,各方不知道再生计划最终是否会得到确认。因此,不应要求成员国将临时融资的保护局限于债权人通过计划或经司法或行政机关确认的情况。为了避免潜在的滥用,只有合理和直接必要的融资才应受到保护,如为了债务人企业的继续经营或生存,或在该计划得到确认之前保持或增加该企业的价值。此外,本指令不应妨碍成员国对临时筹资实行事前控制机制。成员国应当能够将对新融资的保护限于计划得到司法或行政机关确认的情况,并将临时融资限于需事先控制的情况。临时融资或其他交易的事先控制机制可由从业人员、债权人委员会或司法行政机关行使。对于临时融资和新融资而言,避免诉讼的保护和个人责任的保护是最低限度的保障。然而,鼓励新的出借人承担更大的风险,投资于陷入财务困境但具有可行的债务人,可能需要进一步的鼓励措施。例如,在随后的破产重整程序中,至少给予这种融资优先于无担保债权的权利。

(69)为了促进鼓励早期预重整机制的文化,对于谈判或执行再生计划

而言,最好也在随后的破产重整程序中保护合理和直接必要的交易免遭撤销。例如,司法或行政机关在确定费用和收费是否合理和立即必要时,应当能够考虑提交给利害关系人、债权人委员会、重整领域的从业人员或司法或行政机关本身的预测和估计数。为此目的,成员国还应能够要求债务国提供和更新有关估计数。这种保护应当提高与已知有陷入财务困境的企业进行交易的确定性,并消除债权人和投资者的担心,即如果重整失败,所有此类交易均可能被宣布无效。成员国应当能够在启动预重整程序和准许中止个别执行之前规定一个时间点,从而使再生计划的谈判、通过、确认或寻求专业咨询的费用和成本开始受益于防止撤销的保护。在其他付款和支付以及保护职工工资支付方面,这样一个起点也应是准予中止或启动预重整机制。

(70)为进一步推动预重整机制,必须确保董事没有被劝阻放弃合理的商业判断或承担合理的商业风险,特别是在这样做会提高潜在可行性业务的再生机会。在公司陷入财务困境时,董事应采取措施尽量减少损失和避免破产重整。例如,寻求关于重整和破产重整的专业意见,如在合适情形下充分利用预警工具;保护公司的资产,以便最大限度地提高价值和避免关键资产的损失;考虑业务的结构和功能,以审查可行性和减少开支;除非有适当的商业理由,避免公司从事可能被宣告无效的交易类型;在适当的情况下继续进行交易,以使持续经营的价值最大化;与债权人进行谈判并进入预重整机制。

(71)在债务人即将破产重整的情况下,保护债权人的合法利益不受可能影响债务人财产构成的管理性决定的影响也很重要,特别是在这些决定可能进一步削弱可用于再生努力或分配给债权人的财产价值。因此,有必要确保在这种情况下,董事避免任何蓄意或严重疏忽的行为,以牺牲利害关系人的利益为代价谋取个人利益,并避免同意以低于市场价值的交易,或导致给予一个或多个利害关系人不公平倾向的行为。成员国应执行本指令的相应规定,确保司法或行政机关在评估董事是否因违反注意义务而被追究责任时,考虑到本指令规定的董事职责规则。本指令的目的不是在应适当考虑其利益的不同当事方之间建立任何等级。但是,成员国应该能够决定建立这种等级制度。本指令不应侵害成员国内关于公司决策过程的规则。

(72)从事贸易、商业、手工业或独立自营职业的企业家可能面临破产重整的风险。成员国之间在重生方面存在的差异可能会促使过度负债或资不抵债的企业家迁移到其所在成员国以外的成员国，以便受益于较短的豁免期或更具吸引力的豁免条件，从而在债权回收时给债权人带来额外的法律不确定性和成本。此外，即使有证据表明，已破产重整的企业家下次成功的机会更大。破产重整的影响，特别是社会耻辱、法律后果，如取消企业家从事和寻求创业活动的资格，以及持续无力偿清债务，构成了企业家寻求创业或重生的重大障碍。

（73）因此，应当采取措施减少过度负债或破产重整对企业家的负面影响，特别是允许在一段时间后全部债务豁免，并限制因债务人过度负债或破产重整而发出的破产失格令的期限。"破产重整"的概念应由国内法加以界定，并且能够采取过度负债的形式。本指令所指的"企业家"概念与公司经理或董事无关，他们应依据国内法对待。成员国应当能够决定如何获得债务豁免的机会，包括要求债务人请求债务豁免的可能性。

（74）成员国应当能够提供，在企业家财务状况发生重大变化时，调整资不抵债企业家偿债义务的可能性，无论这种情况是有所改善还是恶化。本指令不应要求偿还计划得到大多数债权人的支持。成员国能够规定，在实施偿还计划期间，不得阻止企业家在同一或不同领域开展新的活动。

（75）债务豁免的程序应包括偿还计划、变卖资产或两者兼而有之。在执行这些规则时，成员国能够在这些方案中自由选择。如果国内法规定有一个以上的清偿程序，成员国应确保至少其中一个程序使资不抵债的企业家有机会在不超过三年的期限内获得全部债务豁免。对于将变现资产和偿还计划结合起来的程序，免除期限最迟应从法院确认偿还计划或开始执行偿还计划之日开始，如从偿还计划规定的第一笔分期付款开始；但也能够提前开始，如决定启动偿还程序时。

（76）在不包括偿还计划的程序中，豁免期最迟应从司法或行政机关作出启动程序的决定之日或设立破产重整财产之日开始。为了计算本指令规定的豁免期限，成员国能够规定，"开启程序"的概念不包括初步措施，如保全措施或指定初步破产重整从业人员，除非这类措施允许变现资产，包括处置资产和向债权人分配资产。如果国内法无要求，设立破产重整财产不一定需要司法或行政机关作出正式决定或确认，但应包括提交资产和负债清单。

（77）如果通向债务豁免的程序性途径涉及变现企业家的资产，则不应阻止成员国规定将豁免请求与变现资产分开处理，条件是这种要求构成本指令下债务豁免程序途径的一个组成部分。成员国应当能够就举证责任规则作出决定,以便履行义务,这意味着法律应当要求企业家证明他们履行了义务。

(78)并不是在所有情况下,完全债务豁免或在不超过三年的期限后终止破产失格都是合适的,因此,可能需要国内法规定正当的理由而减损这条规则。例如,在债务人不诚实或有恶意行为的情况下,应实行这种减损。依据国内法,企业家不能受益于诚实和善意的推定,那么关于他们诚实和善意的举证责任不应使他们进入程序变得不必要的困难或繁重。

(79)在确定企业家是否不诚实时,司法或行政机关可能考虑以下情况:债务的性质和程度;债务产生的时间;企业家为偿还债务和履行法律义务所作的努力,包括公共许可要求和适当记账的必要;企业家阻挠债权人追偿的行为;在可能发生破产重整时,履行企业家作为公司董事应尽的义务;遵守欧盟和国家竞争法和劳工法。如果企业家没有履行某些法律义务,(包括债权人利益最大化)也应当实行减损,这些义务可能表现为产生收入或资产的一般义务的形式。此外,在有必要保证债务人的权利与一个或多个债权人的权利之间的平衡时,如果债权人是比债务人更需要保护的自然人,则应有可能实行具体的限制。

(80)当债务免除程序的费用(包括司法和行政机关以及从业人员的费用)无力支付时,减损也可能是合理的。成员国应当能够规定,如果债务人的财务状况因诸如中彩票或拥有遗产或捐赠等意外情况而显著改善,则可撤销债务豁免。不应阻止成员国在明确界定的情况下和有正当理由的情况下提供额外的减损。

(81)如果在国内法下有正当理由,限制某些类别债务的豁免可能是正当的。成员国可以将担保债务排除在债务豁免之外,但这些债务的价值不得超过依据国内法确定的抵押品的价值,其余债务则应作为无担保债务。成员国应当能够在有正当理由的情况下排除其他类别的债务。

(82)成员国应规定,司法或行政机关能够依职权或应具有合法权益的个人的请求,核查企业家是否已满足获得全面债务豁免的条件。

(83)如果企业家从事贸易、商业、手工业或独立自营职业的许可证或执照因破产失格令而被拒绝或吊销,本指令不应阻止成员国要求企业家在破产失格后提交新的许可证或执照申请。如果成员国机关通过了关于具体监督活动的决定,即使在破产失格期限期满后,也应当考虑到资不抵债的企业家已根据本指令获得债务豁免的事实。

(84)不能合理分离的个人债务和职业债务应采取单一程序处理,如在企业家的职业活动过程中以及在该活动之外使用的资产。如果成员国规定该债务须遵守不同的破产重整程序,须对程序进行协调。本指令不应妨碍成员国能够选择在单一程序中处理企业家的所有债务。不应侵害成员国内法允许企业家在破产重整程序期间自行继续经营业务的规定,当此种继续经营资不抵债时,企业家能够受到新的破产重整程序的约束。

(85)必须保持和提高程序的透明度和可预测性,以产生有利于业务存续和允许企业家重生或允许无(经济)可行性企业有效清算的结果。许多会员国的破产程序过长,导致债权人和投资者在法律上的不确定性和回收率低,因此也有必要缩短这一程序。最后,鉴于根据欧盟 2015/848 号规则建立的加强法院和跨境案件从业者之间的合作机制,所有有关从业人员的专业水平需要在整个欧盟达到类似的高度。为了实现这些目标,成员国应确保处理预重整机制、破产重整和债务豁免程序的司法和行政机关成员得到适当培训,并具备履行其职责所需的专门知识。此类培训和专门知识也可在作为司法或行政机关成员行使职务时获得,或在被任命担任此类职责之前,在行使其他相关职务期间获得。

(86)这种培训和专门知识应能使决策能够以有效的方式对经济和社会产生潜在的重大影响,并且不应理解为意味着司法机关的成员必须专门处理与重组、破产和债务清算有关的事项。成员国应能够确保有关再生、破产重整和债务豁免的程序能够有效迅速地执行。设立专门法院或分庭,或依据国内法任命专门法官,以及将管辖权集中在数目有限的司法或行政机关,将是实现程序法律确定性和有效性目标的有效途径。不应强迫成员国要求再生、破产重整和债务豁免的程序优先于其他程序。

(87)成员国还应确保司法或行政机关("从业人员")任命的再生、破产重整和债务豁免领域的从业人员:得到适当培训;以透明的方式任命,适当考虑到确保有效程序的必要性;监督其执行任务;廉正地执行任务。从业人员必须遵守此类任务的标准,如获得职业责任保险。从业人员在执业期间,也能够获得适当的培训、资格和专业知识。成员国自身不负提供必要培训的义务,但可以由诸如专业协会或其他机构提供。第 2015/848 号规则所界定的破产重整从业人员应纳入本指示的范围。

(88)本指令不应阻止成员国规定由债务人、债权人或债权人委员会从

司法或行政机关事先批准的名单或人才库中选择管理人。在选择管理人时，债务人、债权人或债权人委员会应就从业人员的一般专业知识和经验以及具体案件的要求获得裁量余地。作为自然人的债务人能完全免除这种义务。在涉及跨国界因素的情况下，管理人的任命除其他外应考虑到管理人是否有能力履行第 2015/848 号规则规定的义务，与其他成员国的破产重整管理人以及司法和行政机关进行沟通和合作，并考虑到他们可能处理复杂案件的人力和行政资源。不应阻止成员国通过其他方法，如通过软件程序随机选择管理人，只要确保在使用这些方法时适当考虑到从业人员的经验和专门知识。成员国应当能够决定以何种方式反对选择或任命一名管理人，或要求更换管理人，如通过债权人委员会。

(89)管理人应接受监督和监管机制，其中应包括关于未能履行职责的管理人的问责的有效措施，如降低管理人的收费，在破产重整案件中任命的管理人名单或人才库中除名，以及酌情采取纪律、行政或刑事制裁措施。这种监督和管理机制不妨碍国内法关于违反合同或非合同义务造成损害的民事赔偿责任的规定，不应要求成员国设立具体的权力机构或机关。成员国应确保公开提供关于对管理人行使监督的机关或机构的信息。例如，仅仅提及司法或行政机关就足以成为信息。原则上，不需要在国内法允许下创造新的职业或资格就应达到这些标准。成员国应当能够将关于管理人培训和监督的规定扩大到本指令未涵盖的其他从业人员。不应强迫成员国规定，对管理人薪酬的争议应优先于其他程序。

(90)为了进一步缩短程序时间，便于债权人更好地参与有关再生、破产重整和清偿的程序，并确保债权人之间不论其在欧盟中的位置如何，均享有类似的条件，成员国应制定条款，使债务人、债权人、从业人员以及司法和行政机关能够使用电子手段通信。因此，可以通过电子通信手段执行程序性步骤，如由债权人提出债权、通知债权人或提出异议和上诉。成员国应当能够规定，债权人的通知只有在有关债权人事先同意电子通信的情况下才能以电子方式发出。

(91)关于再生、破产重整和债务豁免的程序的当事方如果使用电子通信手段在国内法中不是强制性的，则不应有义务使用这种手段，但不妨碍成员国能够在关于再生、破产重整和债务豁免的程序中建立以电子方式提交和送达文件的强制性制度。成员国应当能够选择电子通信手段。这类手段的例子应包括一个专门建立的系统，用于电子传输这类文件或使用电子邮件,而不妨碍成员国根据欧洲议会和理事会(欧盟)910/2014规则,设置确保电子传输安全的功能,如电子签名或委托服务、电子挂号快递服务。

(92)必须收集关于再生、破产重整和债务豁免执行情况的可靠和可比数据,以监测本指令的执行和适用情况。因此,成员国应收集和汇总足够细致的数据,以便能够准确评估指令在实践中的运作情况,并应将这些数据通报委员会。向欧盟委员会传输此类数据的通信形式应由欧盟委员会制定,并由欧洲议会第182/2011号规则意义下的一个委员会协助。该表格应列出所有成员国共有的程序主要成果的短名单。例如,在再生程序的情况下,这些主要结果应是:计划得到法院的确认,计划未得到法院的确认,重整程序在计划得到法院的确认之前由于启动了破产清算程序而转变为破产清算程序或结束。不应要求成员国就在采取任何有关措施之前终止的程序提供按结果类型分列的细目,而是应为在开启之前被宣布为不可受理、被拒绝或被撤回的所有程序提供一个共同的编号。

(93)通报表格应提供一份备选方案清单,供成员国参照所有成员国共有的中小企业和大型企业定义的一个或多个要素,确定债务人的规模时加以考虑。清单应包括仅根据职工人数确定债务人规模的选择。该表格应当:界定成员国应当能够自愿收集数据的平均费用和平均回收率的要素;就成员国在使用抽样技术时应考虑的要素提供指导,如抽样规模,以确保在地域分配、债务人和工业方面的代表性;并包括成员国提供任何补充资料的机会,如关于债务人资产和负债总额的资料。

(94)金融市场的稳定在很大程度上取决于金融担保,尤其是为专门交易系统内交易或央行业务时提供的担保,以及向中央对手方提供保证金时。由于作为担保品的金融工具的价值可能非常不稳定,因此在担保品价值下跌之前迅速兑现这些工具的价值至关重要。因此,欧洲议会和欧洲联盟理事会98/26/EC指令和2002/47/EC指令,以及(欧盟)648/2012规则的条文仍应适用,尽管本指令有所规定。即使在98/26/EC指令、2002/47/EC指令和(欧盟)648/2012规则未涵盖的情况下,也应允许成员国豁免净额结算安排,包括终止净额结算,使其免受个别执行暂停的中止的影响,条件是这类安排即使在启动破产重整程序的情况下也可根据相关成员国的法律强制执行。

以上安排包括非金融和金融对手方在金融、能源和商品市场上广泛使用的大量总协定。此类安排降低了系统性风险,尤其是在衍生品市场。因此,该安排可能不受破产法对待履行合同的限制。因此,还应当允许成员国免于个别执行暂停的行动中止的影响,法定净额结算安排,包括在开启破产重整程序时运作的关闭净额结算安排。然而,净额结算安排(包括终止净额结算安排)的运作所产生的金额应受个别执行中止的限制。

(95)2001年11月16日在开普敦签署的《移动设备国际利益公约》及其议定书的缔约国应继续履行其现有的国际义务。本指令关于预重整机制的规定应适用于必要的减损,以确保这些规定的适用不妨碍该公约及其议定书的适用。

(96)公司法不得损害再生计划通过和实施过程的有效性。因此,成员国应该能够减损欧洲议会和欧洲理事会(欧盟)2017/1132规则中规定的要求,即在必要的范围内并在必要的期限内,有义务召开一次大会并向现有股东提供优先购买要约,以确保股东不会通过滥用本指令规定的权利来阻挠再生努力。例如,就管理层为保障公司资产而须采取紧急行动的个案而言——通过请求个别执行暂停,以及当认购的资本突然严重损失并有可能破产重整时,成员国可能需要减损召开股东大会的义务或正常时期的义务。如果再生计划规定新股的发放——可能作为债转股优先提供给债权人,或者在转让部分企业的情况下减少认购资本的数额,也可能需要减损公司法。这种减损应在时间上加以限制,以使会员国认为这种减损是预重整机制所必需的。如果成员国确保其公司法规定不损害再生进程的效力,或者如果成员国拥有其他同样有效的工具,确保股东不会不合理地阻止通过或执行恢复企业生存能力的再生计划,则成员国不应有义务无限期或有限时间内完全或部分地违反公司法。在这方面,成员国应特别重视有关个别执行暂停和确认再生计划的规定的效力,这些规定不应因股东大会的要求或股东大会的结果而受到不适当的损害。因此,(欧盟)2017/1132规则应实行相应修订。成员国在评估国家公司法背景下需要减损哪些内容方面应享有一定裁量余地,以便有效执行本指令,并且还应当能够在本指令未涵盖但允许采取再生措施的破产重整程序的情况下规定对(欧盟)2017/1132规则的类似豁免。

(97)为确保在统一条件下施行本条例,委员会应被授予执行权。这些权力应根据(欧盟)第182/2011号规例行使。

(98)委员会应进行一项研究,以评估是否有必要提交立法建议,处理不从事某一贸易、商业、手工业或独立自营职业的人的破产重整问题。这些人作为诚实消费者,在债务到期时暂时或永久无力清偿。该项研究还应调查是否需要保障这些人获得基本物品和服务,以确保他们享有体面的生活。

(99)根据成员国和委员会2011年9月28日发布的解释性文件《联合政治宣言》,成员国承诺在有正当理由的情况下,在通知国内法转换措施时附上一份或多份文件,解释指令的组成部分与国内法转换文件的相应部分之间的关系。关于本指令,立法者认为传送这些文件是合理的。

(100)如果本条例的目标不能充分被成员国实现,国家间再生和破产重整制度间的差异将继续对资本的自由流动和创业自由构成障碍,为了在联盟层面得到更好的实现,欧盟可以根据《欧洲联盟条约》第5条所载的辅助原则采取措施。按照比例原则,本指令不会超出必要范围实现上述目标。

(101)2017年6月7日,欧洲央行发表了意见。

跨境破产事项法院之间的沟通与合作程序指南

刘柯宏* 译

绪　　论

翻译说明：该指南由新加坡高院与美国纽约南区法院共同出台，通过对跨境破产事项各国法院间协调与合作机制程序进行规范，有效促进了平行破产程序高效的管理，尊重并确保了各股东的利益，加强了债务人资产价值的保护，降低了诉讼成本，极大地提高了跨境破产程序的效率和效力。在跨境破产之于中国越发重要的今天，尤其在最高人民法院欲考虑建立内地与香港间破产程序合作的背景下，该指南的译文无疑对我国跨境破产相关立法具有深远的借鉴意义和价值。这些指南大部分是从 ALI/ABA/III 指南中提炼出来的。

A.本指南的总体目标是通过加强协调与合作，保障所有利益相关方的利益；提高与破产或债务调整有关的在多个管辖区（"平行破产程序"）法院进行的跨境程序的效率和效力。该指南代表处理平行破产程序的最佳实践。

B.在所有平行破产程序中，应尽早考虑适用该指南。

C.尤其，该指南旨在促进：

（1）平行诉讼高效、及时的协调和管理；

（2）以确保尊重各股东的利益为视角，进行平行破产程序的管理；

（3）识别、保全和最大化债务人资产的价值，包括债务人的业务资产；

---

* 刘柯宏，上海师范大学硕士研究生。

(4)以与所涉及的金额、案件的性质、问题的复杂性、债权人的数量以及涉及平行破产程序的司法管辖区的数量成比例的方式管理债务人的财产；

(5)信息共享,以降低成本；

(6)避免或减少诉讼,费用以及在平行诉讼中给当事人[1]带来的不便。

D.本指南应在每个司法管辖区以其认为适当的方式予以执行。[2]

E.本指南并非详尽无遗,根据每个案件的特殊情况均应考虑特殊需求。

F.法院应在所有涉及平行诉讼的情况下考虑是否以及如何实施本指南。法院应鼓励并在必要时直接指示(以法院拥有相应职权为前提)当事人各方向法院提出必要的申请,以根据本指南得出的议定书或决定促进平行破产程序的执行,并鼓励他们采取行动以促进本指南目的的实现。

适用与解释

第一条　为了促进实现上文F段的规定,法院应鼓励平行破产程序中的管理人在案件的各个方面进行合作,包括有必要在切实可行的时机尽早告知法院现实的或潜在的(a)可能影响破产程序的问题；或(b)需要通过法院之间的及时沟通与协调所能获得的程序利益。就本指南而言,"管理人"包括清算人、受托人、司法管理人、行政接管程序的管理人、重组或调整方案中的DIP,或法院指定的资产或法人的监护人。

第二条　若法院决定在尤其是平行破产程序中适用本指南(无论是全部还是部分适用,以及是否进行了修改),根据当事人的申请或法院的指示(以法院有相应职权为前提),法院需要通过协议或指令[3]的形式予以适用。

第三条　该类协议或指令应促进平行破产程序高效、及时的管理。应在需要时协调有关法院批准相关决定和行为的请求,并与债权人和其他各方进行沟通。还应尽可能规定节省时间的程序,以避免不必要的、成本巨大的法院听证会和其他程序。

---

[1] 本指南中使用的"当事人"一词应作广义解释。
[2] 本指南适用的可行方式包括实践指导和商业指导。
[3] 通常情况下,当事各方将就本指南达成协议,并获得适用该协议的所有法院的批准认可。在等待批准认可之前,或在没有协议的平行破产程序中,管理人和当事各方应遵守本指南。

第四条 本指南在适用时无意于：

(1)在任何破产程序中干扰或削弱法院的管辖权或行使管辖权,包括法院在这些程序中对管理人的授权或监督；

(2)干扰或削弱管理人适用法律和专业规则(applicable law and professionalrules)时所受约束的规范或道德原则；

(3)阻止法院拒绝采取明显违反司法管辖区公共政策或不能充分保护债权人和其他利益主体(包括债务人)利益的行动；

(4)授予或更改管辖权,更改实体权利,干扰任何适用法律(applicable law)自身的作用或职责,或侵犯适用的法律。

第五条 为避免疑问,本指南中的协议或指令实质上是程序性的。它不应构成法院对任何有争议的事项的权力,责任和授权的限制或放弃,也不应构成法院对该法院或其他法院有争议事项的实质性裁定,也不应构成任何当事方对任何实质性事项权利和主张的放弃,但适用法律允许的协议或指令中明确规定范围的除外。

第六条 在解释本指南或根据本指南批准、认可的协议或命令时,应适当考虑其国际渊源和在其适用中促进诚信和统一的需要。

法院之间的通信沟通[1]

第七条 法院可能会收到外国法院的文书,并可以直接对其作出回应。此类通信可能是为了法院有条理地交换意见和作出决定,并在适用附件A的情况下协调和解决与联合审理有关的程序、行政或初步事项。通信可以通过以下方式进行,或者两个法院在特定案件中约定的其他方式进行：

(1)直接向其他法院发送或传递正式命令、判决、意见、判决理由、签名、诉讼记录或其他文件的副本,并且以法院认为适当的形式提前通知相关当事人的律师。

(2)指示律师以适当的方式向其他法院或其他适格主体传递或交付已归档或即将归档的文件、诉状、誓章、摘要或其他文件的副本,以适当的方式,或者法院认为适当的方式提前通知相关当事人的律师。

(3)通过电话、视频电话会议或其他电子方式与其他法院进行双向通

---

[1] 管理人之间的交流也应根据这些指南并与之保持一致。

信,这种情况下,应考虑适用第8条。

第八条 法院之间进行沟通协调时,除程序问题以外,除非参与的任一法院以单方面或其他方式另行指示,或者协议或命令的另行规定,以下规定适用:

(1)一般情况下,当事人可以出席。

(2)若当事人有权出席,收到的文书应事先根据文书相关的各法院适用的议事规则通知所有当事方,同时法院之间的通信应予以记录并可以转录。另外,可以从文书记录中准备书面笔录,经文书涉及的各法院予以批准,可以将其视为文书的正式笔录。

(3)来文的记录,根据来文所涉及的各法院的指示准备的来文的抄本,以及根据该记录准备的正式笔录的副本,均可作为诉讼记录中的一部分存档,移交给当事各方,并且需要遵守各法院认为适当的保密指示。

(4)法院之间进行通信的时间和地点应按照法院的指示。各法院除法官以外的人员可以相互沟通,以建立适当的交流安排,而无须当事人各方在场。

第九条 法院可指示将其诉讼通知书送达另一司法管辖区的当事方。在法庭上为进行诉讼而送达的所有通知书、申请书、提案和其他材料,可以通过在公众可访问的系统中以电子方式提供这些材料或通过传真,经认证或挂号的邮件或以快递方式送达,或按照法院适用的程序以法院指示的其他方式送达。

出 庭

第十条 法院可以授权一方当事人或适当的人出庭,并在外国法院进行聆讯,但须经外国法院的同意。

第十一条 如果其法律允许或有其他适当的规定,法院可以授权外国破产程序的当事方或当事人在特定事项上出庭并进行听证。除此之外,它不会因一方所出现的特定事项以外的任何目的而受到管辖。

重要条款

第十二条 除基于有效理由的异议(且仅在异议的范围内)外,法院需

承认并接受适用于其他司法管辖区的法律法规、成文法或行政法规以及一般适用于法院的无须进一步证明的规定。为避免疑问,这种承认和接受并不意味着承认或接受其法律效力或含义。

第十三条 除非有基于合理理由的异议(且仅在异议的范围内),否则法院应接受在其他司法管辖区的法律程序中作出的命令是在其各自日期作出的,并在就其提起的破产程序中接受该命令而不需要进一步证明。在不违反其法律和法院认为适当保留的前提下,对于就任何此类命令正在或等待进行的上诉或复审的诉讼而言,该命令是恰当的。对于此类命令的任何修改、修正、扩展或上诉决定,应在切实可行的范围内,尽快将其通知涉及平行破产程序的其他法院。

第十四条 法院根据本指南制定的协议或命令应接受与本指南相关联的法院认为适当的修改、修正和扩展,以体现平行破产程序中不时发生的变化和发展。此类修改、修正或扩展的通知应在可行的情况下尽快通知其他涉及平行破产程序的法院。

附件 A(联合审理)

附件 A 涉及联合审理的指南。对于表示同意附件 A 的法院,附件 A 适用于本指南,并构成本指南的一部分。各缔约方应按照协议或命令解决附件 A 所列事项。

附件 A(联合审理)

法院可以与其他法院进行联合审理。涉及此类联合审理时,应适用以下内容,或在相关情况下考虑将其纳入协议或命令中:

(1)本附件的适用不得剥夺或削弱任何法院对诉讼标的的独立管辖权。通过适用本附件,不得将法院或任何当事方视为已批准或参与任何侵犯另一司法管辖区主权的行为。

(2)各法院对本院进行的法律程序以及审理和确定其法律程序中所产生的事项均具有唯一的专属管辖权和审判权。

(3)各法院应能够同时参与审理其他法院的程序。应考虑如何提供最佳的视听访问。

(4)应协调在各法院归档或将要归档的意见书和证据的程序和格式。

(5)法院可以作出命令,允许外国律师或其他司法管辖区的任何当事方出庭并进行聆讯。如果作出该种命令,则需要考虑外国律师或任何一方当事方是否将服从相关法院的管辖权和/或其专业法规(professionalregulations)。

(6)法院有权在进行联合审理之前与其他法院进行沟通,律师可以出席/不出席,建立程序,以便于法院阐述意见和作出判决,并协调和解决联合审理中有关的程序性、行政性和预备性事项。

(7)在联合审理之后,法院有权与其他法院进行沟通,律师可以在场/不在场,以确定未决问题。应考虑这些问题是否包括程序和/或实质性问题。还应考虑是否将此类通信中的部分或全部内容予以记录和保存。

日本家事法院制度要览

曹洁莹[*] 译

一、家事法院制度

日本家事法院专门处理诸如离婚、继承等类型的家事纠纷,以及未成年人犯罪案件。家事法院在建制上独立于地区基层法院、高等法院、地区法院和即决法院。

家事法院审理具有特殊情感特质的民事和刑事案件,其审理程序也考虑到案件性质的独特性而加以特别设计。家事纠纷案件往往涉及当事人之间的情感冲突,为彻底解决这类案件,法院不仅需要依法判决,而且需要充分处理这些情感冲突。因此,在家事纠纷案件中,除涉及身份关系诉讼外,均不公开审理。法院既要妥善处理案件,也要本着人道主义精神,尝试用调解的方式解决家事纠纷,代替从一开始就诉诸诉讼或裁决等法律程序。同时,对于与成年人相比还不成熟的未成年人,存在教育改造的可能性。因此,对未成年人的处分应当由家事法院在采取防止其再次犯罪的教育措施后斟酌决定,而不是直接通过公开的刑事司法程序对其施以刑事惩罚。

如此,家事法院不仅承担着依法判决的责任,同时也需探求家事纠纷和未成年人犯罪发生的原因,优先解决家庭内部和亲属之间的各种问题,防止未成年人再次犯罪。以此为基础,采取适当、合理的措施,着眼未来,解决具体案件。

---

[*] 曹洁莹,上海师范大学硕士研究生。陈洪杰老师为译稿词句推敲耗费诸多心力,特此感谢!

二、家事法院的历史背景

1923年1月,日本《少年法》(the Juvenile Act)在东京和其他四个县生效,在东京和大阪设立了少年保护办公室(法务省直接控制的准行政机构)。1942年1月,《少年法》在日本全国范围内生效,并设立了更多的少年保护办公室。为了回应新宪法的原则和"二战"后未成年人犯罪迅速增加的社会情况,在1946年开始的有关修订《少年法》的征求意见过程中,针对建立与地区基层法院同级的未成年人法庭的可行性进行了深入的讨论。

家事关系案件最初被视为民事案件,但鉴于家事关系案件的特殊性,在1948年《家事关系审判法》(the Domestic Relations Trial Act)生效时,家事法院被确定为是专门审理此类案件的地区法院的分支机构。

鉴于《家事关系审判法》已生效,并设立了专门的家事法院,在随后设立未成年人法庭的过程中,为维护日本国内和平,保障未成年人的健康成长,将家事法院从地区法院中独立出来,与少年保护办公室合二为一。家事法院于1949年1月1日正式成立。

到2018年为止,家事法院存在于日本全国50个地方:47个县首府以及函馆、旭川和钏路三地。家事法院在全国也有203个分支机构和77个地方办事处。

自2004年4月1日起,随着《身份关系诉讼法》(the Personal Status Litigation Act)的实施,家事法院也开始受理夫妻关系诉讼、父母子女关系诉讼。通过处理家事纠纷的诉讼,以促进程序之间的协调,使案件管辖权更为明晰,具体制度可以更好地服务居民。同时,家事法院也能够利用其成立以来积累的经验解决家事纠纷,培养家事法院调查员。

此外,《家事关系案件程序法》(the Domestic Relations Case Procedure Act)于2013年1月1日生效,全面修订了原《家事关系审判法》。为使家事关系案件程序更好地服务居民,法律内容更符合现代社会的要求,新法案增加了为当事人提供程序保障的条款,并引入了新的制度,使原有程序更为完善。

此外,2014年4月1日,《国际诱拐儿童民事问题公约实施法(海牙公约实施法)》[the Act for Implementation of the Convention on the Civil Aspects of International Child Abduction (the Implementation Act of the

Hague Convention)]生效,有关儿童遣返而产生的争议,如 16 岁以下未成年人被错误地从其经常居住地国遣送至日本的情况下,由东京家事法院和大阪家事法院管辖。

三、家事法院的特点

(一)家事法院调查员制度

1.家事纠纷和未成年人犯罪方面的专家

近年来,由于社会经济形势的变化对传统的家庭模式和未成年人的成长环境产生了重大影响,使得家事法院处理的案件越来越复杂。家事法院培训专业的家事法院调查员,以妥善处理这些案件。

家事法院调查员是供职于家事法院和高等法院的法院人员(国家公务人员),是家事纠纷和未成年人犯罪方面的专家。他们运用心理学、社会学、教育学等社会科学的知识,调查案件情况,并与家事纠纷当事人及其子女、涉案未成年人及其监护人沟通,考虑如何解决纠纷,使涉案未成年人改邪归正。

2.家事法院调查员的培训制度

通过日本最高法院的入职考试,并被聘为家事法院助理调查员,还需进入法院人员培训研究所进行进一步的学习。完成大约两年的相关培训课程后,才会被任命为家事法院调查员。

该培训课程以社会科学、法律、其他学科和社会实践为核心,内容丰富。

3.角色

(1)家事关系案件

家事关系案件包括各种类型,如离婚、亲权或子女监护权纠纷、收养许可和防止虐待儿童等。家事法院要作出适当的判决,使双方当事人对调解结果都满意,就必须查明基础客观事实,准确理解双方各自立场。家事法院调查官员需要利用专业知识收集信息,然后根据这些信息,对纠纷状况和背后的原因进行分析,并将结果和自己的处理意见一并提交法官。家事法院调查员鼓励当事人积极参与调解并达成和解,他们也会协助调解委员会,促使达成令双方当事人都满意的解决办法。

随着涉及儿童的纠纷逐年增加,需要与儿童会见的案件也在增加。因此,家事法院调查员的作用便越来越重要。最重要的是,在有关儿童监护问题的争端中,必须优先考虑以儿童的最大利益为出发点的解决办法,包括保障探访权或与儿童进行其他亲子接触的相关措施。在有关儿童监护问题的纠纷中,如探视及父母与儿童的其他接触,应该把儿童的利益放在解决问题的优先地位。家事法院调查员通过与当事人及儿童会见、家访等方式,找到对儿童而言最为有益的解决方式,并向法官提交自己的意见。

在涉及儿童的家事纠纷中,家事法院会试图了解儿童的想法。在作出判决时,家事法院必须根据儿童的年龄和发育情况考虑儿童的想法。特别是在判决涉及儿童监护权的家事纠纷中,如果儿童年龄在15岁或15岁以上,家事法院必须听取儿童的意见,但是关于儿童抚养权的决定不在此限。

实际上,在大多数情况下,家事法院调查员在会见处于父母家事纠纷案件中的儿童时,会考虑其感受。必要时,家事法院调查员会参与到父母和儿童之间的日常交流中,以便详细了解他们的互动关系。

家事法院调查员还会向家事纠纷的双方当事人解释调查结果,并鼓励他们从儿童的角度解决问题。

如果当事人情绪激动,无法冷静地进行调解时,家事法院调查员会帮助当事人冷静下来。

(2)未成年人案件

为了对涉案未成年人进行合适且有效的处理,有必要广泛调查涉案未成年人的性格特点、成长环境、实施犯罪行为的原因,促使其停止犯罪。家事法院调查员会与涉案未成年人及其监护人进行会见,使用心理测试或家访等方式进行调查,并将调查结果及调查意见提交给法官。

调查结果是法官进行判决时所依据的重要材料。

在调查过程中,家事法院调查员采取教育方法,如向涉案未成年人及其监护人进行指导,给出建议,防止其再次犯罪。在一些案件中,会采取"缓期察看"措施,家事法院调查员在法院作出判决之前的一段时间内多次与未成年人及其监护人进行会见,继续提供指导,同时观察未成年人的行为和生活方式。

"缓期察看"是在难以立即对涉案未成年人作出最终处分时使用的一种中间措施。在此期间,法院暂不作出最终处分,由家事法院调查员在一段时间内对涉案未成年人的行为和生活方式进行观察,以查明事实,从而帮助法院决定最适合涉案未成年人的处理方式。

缓期察看的方式和具体时间,法律虽没有具体规定,由法院在适用时根据个案情况具体处理。在许多案件的缓期察看期间,家事法院调查员通过观察涉案未成年人的日常生活,以直接确认情况,也会多次与涉案未成年人及其监护人进行会见,并间接从涉案未成年人的雇主或学校教师处获得信息,同时给予涉案未成年人及其监护人必要的指导。

在缓期察看中,"矫正指导委员会"也发挥着重要的作用。法院会将涉案未成年人交由民间志愿者照顾一段时间,并委托志愿者提供矫正指导,观察涉案未成年人的日常生活。矫正指导委员会的民间志愿者是来自各行各业的民众,如建筑企业负责人、农场主和餐馆经理等。根据家事法院调查员的调查结果,家事法院根据涉案未成年人面临的问题或应克服的困难,选择合适的志愿者。家事法院调查员也会利用其掌握的专业知识委托志愿者进行矫正指导,如根据需要向涉案未成年人和志愿者提出建议。

缓期察看的目的是进一步提高家事法院调查员社会调查的准确性,并使法院可以给予涉案未成年人更为适合的处罚措施。但是,应当引起注意的是,特定情况下或把涉案未成年人安置在特定的地方,观察其行为变化,同时采取各种教育方式,才是恰当的处理方式,而不应该简单地静态地观察涉案未成年人。在一些案件中,这一过程不仅有利于法院收集合适的审判材料,而且有助于涉案未成年人改邪归正。

(二)调解制度

家事法院的另一个特点是可以对一些身份关系案件和其他家事关系案件进行调解。与仲裁不同,该调解是一种具有司法功能的强有力的纠纷解决手段。调解在法院进行,由调解委员会(由一名法官和两名或两名以上家事纠纷调解专员组成)或一名法官负责。此外,调解结果与具有约束力的终局判决同等效力。

原则上,家事关系调解程序由调解委员会进行。

家事关系调解的显著特点是对离婚等涉及身份关系诉讼的事项,采取调解优先的原则,并可随时依职权将与《家事关系案件程序法》附表二所列事项有关的审判案件移送调解。

调解优先原则是指在离婚等涉及身份关系诉讼的案件中,提起诉讼前,原则上必须经过家事关系调解程序。从维护家庭安定和亲属和谐共处的角度来看,如非必要,不宜立即诉诸诉讼程序向法院公开提起家事关系诉讼。

这项原则的目的是双方相互让步,友好自愿地解决纠纷。

四、家事法院工作人员

家事法院与其他法院一样,有法官、书记员和法庭秘书等工作人员,但也有其特有的工作人员,包括上述家事法院调查员以及具有医生或护士身份的法院技术人员。同时,为了利用广大民众办案中的知识和经验,有时调解专员会参与家事关系调解程序,陪审员会参与家事关系审判案件和身份关系案件的处理,他们在相应程序中都发挥着极其重要的作用。

(一)法官

法官由内阁从最高法院指定的候选人名单中任命。任期为十年,可以连任,65岁退休。

家事法院的法官处理家事关系调解案件、家事关系审判案件、身份关系案件和未成年人案件,以及法律特别规定的由家事法院管辖的案件。

家事法院中有家事关系调解专员,处理家事关系调解案件。家事关系调解专员在处理此类案件时可行使与法官同等的权力。他们是从具有五年或五年以上从业经验的律师中遴选兼任的。任期为两年,可以连任。

(二)书记员

书记员具有法律领域的高等教育背景,他们负责明确诉讼日期、庭前准备、诉讼记录、准备及保存其他记录和文件、协助法官研究法律法规和司法判例,以确保诉讼正常进行,促进实现司法公正的及时、适当。

书记员需要在法院工作一段时间,然后通过法院人员培训研究所的入学考试,在该所接受1~2年的培训。

(三)家事法院调查员

家事法院调查员运用心理学、社会学、社会福利学、教育学、法学等知识,从事家事法院具有科学功能的专门工作,如调查事实、心理健康教育等,妥善处理家事关系案件、身份关系案件和未成年人案件。

(四)法庭秘书

法院秘书处理与司法行政有关的事务,协助处理向法院提交的案件。

(五)法院技术人员

具有医生(精神科医生、内科医生)身份的法院技术人员根据需要诊断家事关系案件当事人及涉案未成年人的身心状况,具有护士身份的法院技术人员从旁协助。

(六)家事关系调解专员

家事关系调解专员是从具有丰富的社会生活经验,或者具有解决家事关系纠纷经验的有见解、品行良好的公民中选拔出来的。作为调解委员会的成员,他们有责任鼓励双方相互让步或妥协,通过协调,使双方根据调解委员会提出的建议,依法达成协议,自愿解决家事关系案件。

(七)陪审员

家事法院从具有丰富知识和经验的公民中挑选陪审员。

陪审员与法官一起,出席家事关系审判案件(监护的启动和监督、改名、改姓、赡养义务、遗产分割等)和身份关系案件(离婚等)的诉讼,反映公民的普遍认识,陈述自己的意见。

五、家事法院的案件受理

家事法院分为家事关系庭和未成年庭。家事关系庭处理有关家庭和亲属问题的家事关系案件和身份关系案件。东京和大阪两地的家事法院家事关系庭也根据《国际诱拐儿童民事问题公约实施法(海牙公约实施法)》管辖有关遣返儿童的案件。未成年庭处理未成年人案件。

(一)家事关系案件

家事关系案件是指根据《家事关系案件程序法》等法律规定的家事关系案件,可分为家事关系审判案件和家事关系调解案件。

家事关系审判案件又分为与该法附表一所列事项有关的案件(以下简

称"附表一案件")和与该法附表二所列事项有关的案件(以下简称"附表二案件")。附表一案件包括改姓、放弃继承、改名、监护、收养。由于这些案件具有很强的社会公益性,家事法院应从监护人的角度介入此类案件。一般来说,这些案件当事人之间虽然不存在对抗,但是不能通过当事人之间的协议来解决案件,因此,只能通过审判程序来处理。

附表二案件包括指定父母行使亲权及变更、财产分割、与子女监护权有关的措施(如子女抚养)和分担婚姻费用。在这些案件中,当事人虽处于典型的敌对关系中,但是案件主要希望通过当事人之间的相互妥协,在自愿的基础上得到解决,因此可以通过审判程序或调解程序来处理。

家事关系调解案件,除附表二案件之外的其他家事关系案件,一般为离婚案件。如上所述,涉及身份关系诉讼(如离婚诉讼)在提起诉讼之前必须经过家事关系调解程序(调解优先原则)。

为使家事法院相关程序更好地发挥作用,家事法院会对民众的问题提供解释和指导。具体是针对民众所面临的问题是否适合通过家事法院的审判或调解程序来处理,以及民众通过相关程序处理应提交何种材料而展开的。

1.家事关系案件诉讼程序(见图1)

(1)申请

家事关系审判程序和家事关系调解程序原则上由一方当事人或利害关系方启动。对调解案件有管辖权的法院是对方住所地的家事法院或者当事人约定的家事法院。对审判案件有管辖权的法院由法律专门规定,当事人约定的家事法院对附表二案件也有管辖权。申请人向家事法院接待处提交的书面申请中包括其希望家事法院解决的问题和其他情况等具体事项。书面申请的格式可在家事法院接待处查阅,也可在法院网站(http://www.courts.go.jp/)上下载。

提交申请时,申请人需要支付规定的费用(每个案件800日元或1200日元),并承担邮资,用于向当事人和利害关系方发送通知,进行通信交流。此外,根据程序的类型,申请人必须在书面申请中附上经核证的家庭登记册副本。

(2)诉讼方法

A.家事关系审判案件

在家事关系审判案件中,法官根据书面申请、家事法院调查员给出的调查结果和举行听证会的听证结果,作出判决。在这个过程中,法官可以让一名陪审员出席审判程序,听取陪审员的意见。

同时,家事法院可依职权将附表二案件移送调解。

在一些情况下,家事关系审判案件和家事关系调解案件的诉讼程序可以通过电视会议或电话会议进行,当事人便可不必出庭。

对于附表二案件,家事法院必须在给出合理宽限期的同时,决定诉讼结束和判决的具体日期,除非申请是不合法的或明显没有根据的。

B.家事关系调解案件

在家事关系调解案件中,调解委员会组织调解,充分听取双方当事人和利害关系方的意见。然后,从中立立场出发,在考虑到双方利益和公平的情况下作出安排,尽量得到一个使各方都满意的适当合理的解决办法。调解程序也可以由法官在没有调解委员会的情况下单独进行。审判案件移送调解程序的,负责的审判法官处理调解程序是不被禁止的。

在对子女的亲权或监护权有争议的情况下,法院会要求家事法院调查员调查事实。当一方当事人无法保持冷静时,法院有时会要求家事法院调查员协助进行心理辅导。必要时,法官或家事关系调解专员可要求具有医生身份的法院技术人员,对其身体、精神状况进行诊断。如果在程序中达成协议,并在记录中记录了相关陈述,则视为已达成调解。调解记录的内容与终审判决具有同等效力。

如果不能达成协议,调解失败,程序终止。如果案件是附表二案件,则可继续进入审判程序(调解失败,如果家事法院认为合理,则可进行判决,依职权解决案件,同时确保双方之间的公平,充分考虑到所有情况;如果双方在收到判决通知后两周内未提出上诉,或者上诉被驳回,则该判决为终局判决,其效力与附表二案件的一般判决、其他案件的终审判决具有同等效力),其他调解案件都将结案。如果当事人起诉(如离婚或解除收养关系),有些案件可以通过审判程序解决。

(3)家事关系案件的结果

在审判案件中,如果一方当事人不服法官判决,可以在两周内向高等法院提起上诉,但这也取决于案件的类型。

两周过后没有提出上诉或者上诉没有被高等法院接受的,判决将成为具有约束力的终局判决。

当判决成为具有约束力的终局判决或达成调解时,当事人可以根据判

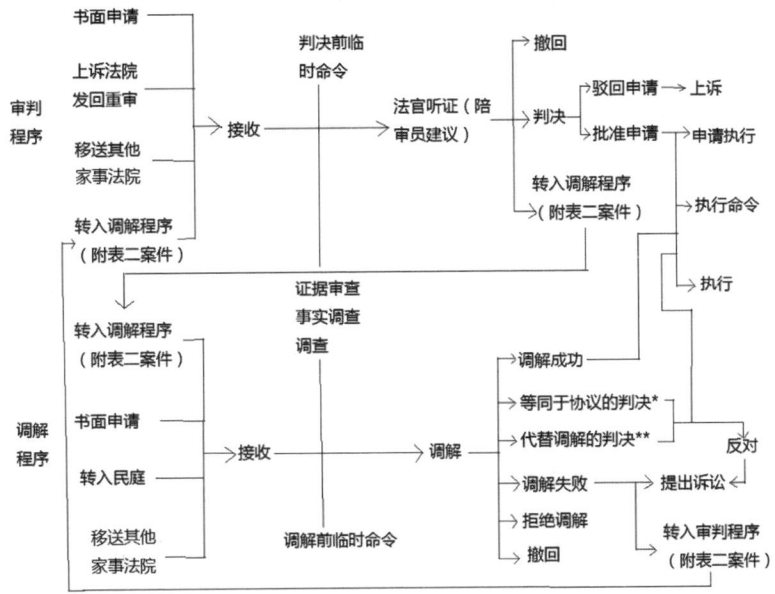

图 1 家事关系案件程序 * **

*等同于协议的判决：在家事关系调解案件中，涉及可对其提起身份关系诉讼的事项（不包括离婚诉讼和解除收养关系的诉讼），如果满足下列两项要求，并且家事法院审查了必要的事实，认为第（ⅰ）项所述条款合法，可作出与所述协议相当的判决（"等同于协议的判决"）。如果调解是由调解委员会组织的，则需听取家事关系调解专员的意见，方可作出判决（《家事关系案件程序法》第 277 条）。

第（ⅰ）项：双方当事人已达成协议，根据该协议，他们将授予申请标的具有同等效力之裁决约束。

第（ⅱ）项：双方当事人对任何与申请书有关之家事关系的撤销或废止与否，抑或是存在或成立与否，均无异议。

**代替调解的判决：调解未能达成一致，家事法院认为必要时，它可以根据双方的利益并考虑到相关情况，作出必要的判决，依职权解决案件（"代替调解的判决"）。如果调解是由调解委员会组织的，则需听取家事关系调解专员的意见，方可作出判决。（《家事关系案件程序法》第 284 条；但是，在涉及第 277 条第 1 款规定的家事关系调解程序中，这一点不适用。）

决和调解协议的内容，发出家庭登记通知或获得金钱补偿。如果通过判决或调解明确的义务，如金钱支付，没有得到履行，权利人可以申请家事法院在调查情况后命令义务人履行该义务，或申请强制执行。

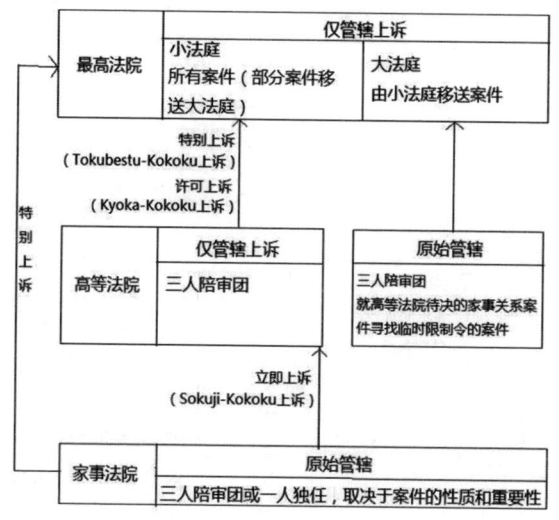

图 2 家事关系审理流程[*]

[*] 只有在最高法院允许的情况下,对判决的立即上诉才能在判决作出后两周内提出。

如上诉人声称高等法院或家事法院的判决违反宪法,可向最高法院提出特别上诉。

对涉及法律、法规解释重大问题的案件,经高等法院许可,可以对高等法院的判决向最高法院提起上诉。

2.案件趋势(统计)

2016 年家事关系案件数约 1022766 件(比上年增长约 5.4%),呈持续上升趋势。在过去十年中,这个数字增加了大约 36%。

审判案件占家事关系案件总数的 4/5,自 1996 年以来有所增加。

2011 年以来,调解案件数量有升有降。

由于社会经济条件的实质性变化,疑难案件不断增多。因此,应进一步完善案件管理体系和调解程序。

(1)家事关系审判案件

附表一案件约占国内关系审判案件的 98%,近十年来案件数量增长了约 1.4 倍。

虽然附表二案件数量相对有限(2016 年为 19500 起),但涉及儿童监护措施的案件数量(包括指定法定监护人、儿童抚养、探视或其他与儿童接触、放弃儿童监护权)呈持续上升趋势(是过去十年的 1.9 倍),冲突严重的纠纷也在增加。

(2)家事关系调解案件

2012 年家事关系调解案件数量创历史新高,2016 年略有下降(下降约 0.8%),但仍然居高不下。婚姻费用分担(过去十年增加约 2.0 倍)和儿童监护措施(过去十年增加约 1.5 倍)等案件不断增多。

(二)身份关系诉讼案件

身份关系诉讼案件是指离婚诉讼、养父母与养子女之间收养关系的解除、子女抚养、确认亲子关系、确认家事关系。

大多数身份关系诉讼案件为离婚诉讼。离婚诉讼中,涉及的财产分配、子女抚养等事项,可以根据请求同时审理。此外,对离婚案件有管辖权的家事法院,可综合审查与构成离婚原因的有关事实。

在家事关系调解程序中,由调解委员会安排双方进行调解,促使双方自愿达成协议,但在身份关系诉讼中,法官在听取双方当事人陈述并审查过相关证据后,作出判决。家事关系调解程序是不公开的,身份关系诉讼则是公开审理,特殊情况下,由法院中止公开审理,如涉及当事人的隐私等。

关于日本在跨国案件中的国际管辖权,虽没有明文规定,但可在合理的基础上确定管辖权,既要保证当事人之间的公平,又要保证适当、及时的公正。

根据《法律适用通行规则法》(the Act on General Rules for Application of Laws)第 27 条,离婚案件的准据法以夫妻共同国籍法为主,如果他们的国籍不同,则适用共同经常居住地法;如果他们的经常居住地不同,则适用最密切联系地的法律。但是,如果其中一人是在日本有经常居住地的日本国民,则他们的离婚受日本法律的管辖。根据该法第 32 条,指定父母对未成年人行使亲权,如果父母的国籍法相同,则适用该国籍法;在其他情况下,适用儿童经常居住地法(如果儿童具有双重国籍,则适用日本国内法,该儿童具有日本国籍)。儿童抚养的准据法是儿童的经常居住地法。

1.身份关系诉讼程序

(1)从原告提起诉讼到被告提交书面答复

向家事法院提交诉状后即开始诉讼。在诉讼中,提起诉讼的人称原告,被提起诉讼的人称被告。

A.提起诉讼

原则上,拥有管辖权的家事法院是一方住所地所在的家事法院(离婚案件中,是丈夫或妻子一方住所地所在的家事法院)。但是,这样的家事法院,不同于身份关系诉讼提起前处理家事关系调解案件的家事法院。如果家事法院认为有必要,处理家事关系调解案件的家事法院也可以依请求或依职权处理身份关系诉讼。

原告需提交诉状,负担费用,承担邮资,准备家庭登记册副本和其他必要的材料。诉状必须具体说明诉讼标的(需要由判决予以确定之事项)和诉求,以及有关的重要事实和证据。

B.提交书面答复

法院可以决定被告提交书面答复的期限。被告应在书面答复中说明是否认可原告起诉内容,如果否认起诉内容,应说明理由,提交相关证据。除离婚诉讼外,被告不能承认诉讼请求。由于推定承认不适用于身份关系诉讼案件,如果被告没有提交书面答复,法院需要依据证据,查明事实。

家事法院有离婚案件的标准申请表和书面答复表及其解释文件,这些表格也可以在法院网站(http://www.courts.go.jp/)上下载。(这些表格只有日文版)

(2)主要诉讼程序

主要的诉讼程序是口头辩论、准备诉讼中需要的问题和证据、审查证据。

口头辩论是当事人根据事先提交的材料陈述自己的观点,并给出相应证据支持的程序。对观点和证据进行分析,明确争议,并对就这些观点提出的证据进行整理。在审查证据时,法院向当事人或其他人询问法庭上的情况(对当事人或其他人的询问),以便对这些问题作出裁定。

在这些诉讼中,如果家事法院认为有必要,可以让一名或多名陪审员出席诉讼并听取他们的意见。其目的是在身份关系诉讼程序中体现公民意志。家事法院在离婚案件中,指定法定监护人或者采取其他与子女监护有关的措施,或者指定父母行使亲权的,可以调查事实,也可以要求家事法院调查员调查事实。法律规定,家事法院调查员可以使用书面或口头的方式向法院报告调查结果,但在实践中,这种调查报告大多是书面的。

(3)判决或和解

家事法院根据口头辩论、证据审查等程序作出判决。当事人对判决内容不服的,可以在收到判决书之日起两周内,向高等法院提起上诉。在离婚案件中,当事人能够达成合意的,可以进行和解。为了促使双方达成和解,双方当事人必须亲自到庭。

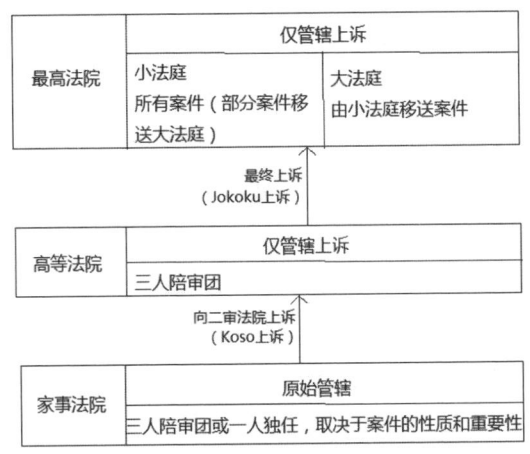

图 3　身份关系案件审理流程*

*当上诉人认为家事法院在事实认定或法律适用方面存在不合理之处时,可向第二审法院提出上诉。

如上诉人认为高等法院(第二审法院)的终审判决违反宪法或存在其他违法行为时,则可对其提出最终上诉。

如果在判决成为具有约束力的终局判决或达成和解后,未能履行应尽义务的,如支付分配财产或子女抚养的款项,权利人可向家事法院提出申请,要求其进行调查后命令义务人履行义务,这一点与家事关系案件(包括审判和调解)是相同的。权利人同样可以申请强制执行,这点也与家事关系案件相同。

2.案件趋势(统计)

2016年身份关系案件数比2015年下降约3.2%,未决案件数比2015年增长约0.5%。

十年来,立案数量下降了12%左右,而未决案件增加了13%左右。

(三)根据《国际诱拐儿童民事问题公约实施法》要求送回儿童的案件

1.要求送回儿童的案件

日本接受《国际诱拐儿童民事问题公约(海牙公约)》后,对16周岁以下的儿童,若认为其被错误地从其经常居住地遣送到日本,则可以要求将该儿童送回其经常居住地国。要求送回儿童的案件由东京家事法院和大阪家事法院管辖。

2.要求送回儿童案件的程序

(1)书面请求

一方当事人向东京家事法院或大阪家事法院(视儿童住所而定)提出请求,要求送回儿童案件即告开始。

申请人需准备一份书面申请提交家事法院,说明具体事项,包括请求的对象、构成送回儿童法定要件的事实以及相关证据。立案后,申请人需要支付1200日元的诉讼费用,并承担用于向当事人和有关人员发送通知和通信的邮资。

为确保儿童的送回,一方当事人可以申请有关机关发布命令,指令另一方当事人不得让儿童离开日本(禁止离境令)。

家事法院决定被申请人提交书面答复的期限。被申请人应当在书面答复中说明是否认可书面请求的内容,并说明构成拒绝送回的法定事实理由和有关证据。

(2)诉讼

在要求送回儿童案件中,负责该案件的法官根据双方提交的文件、家事法院调查员的调查结果以及法官本人的听证结果等,迅速决定是否应将儿童送回其经常居住地国。

除申请不合法或明显无根据外,家事法院应决定诉讼结束的日期,给予合理的宽限期,并确定作出决定的日期。

(3)最后命令、和解、调解

当事人对家事法院的判决不服的,可以在两周内向高等法院提出上诉。

在两周的上诉期限经过后,未提出上诉或高等法院驳回上诉的,该判决成为具有约束力的终局判决。作出终局判决决定送回该名儿童的法院,如认为因情况的改变而不再适宜维持该判决时,可应呈请修改该判决。当事各方达成协议时,要求送回儿童案件可以进行和解或调解。

如果送回儿童的判决成为具有约束力的终局判决,或者双方已经达成和解或调解,但该儿童未返回其经常居住地国,要求送回子女的一方可诉诸家事法院。家事法院需审查义务履行情况,命令另一方履行义务,或强制执行,将儿童送回。

3.案件趋势(统计)

申请送回儿童的案件,2014 年 4 月(《海牙公约实施法》实施后)有 9 起,2015 年有 26 起,2016 年有 25 起。已结案的,2014 年 2 起,2015 年 28 起,2016 年 25 起。未审理完毕的,2014 年 7 起,2015 年 5 起,2016 年 5 起。

(四)未成年人案件

未成年人案件是指处理已经犯罪或者可能犯罪的未成年人的案件。案件处理方式不同于成年人犯罪案件,被称为"未成年人保护案件"。

在日本未成年人诉讼中,"未成年人"是指 20 周岁以下的未成年人。

1.未成年人案件的审理

(1)案件的受理

家事法院将下列未成年人作为未成年人案件处理的对象:

犯罪的未成年人(少年犯);

违反刑事法律法规,但因实施不法行为时不满 14 周岁,而无法按犯罪处理(不满 14 周岁的未成年人);

无正当理由,不听从监护人的管教,离家出走,经常出入可疑场所,根据其个性或者所处环境,将来可能犯罪或者违反刑事法律法规(虞犯少年)。

家事法院受理未成年人案件的方式包括警察、检察官、地方知事或儿童相谈所所长的移送以及一般民众和家事法院调查员的报告。

(2)调查程序

家事法院受理未成年人案件时,法官会要求家事法院调查员进行调查。

家事法院调查员利用其所掌握的心理学、社会学和教育学等社会科学方面的专业知识,调查涉案未成年人的性格特点、日常行为、成长经历和成长环境。

家事法院调查员通过会见涉案未成年人、其监护人和其他相关方,并对他们进行谈话和心理测试,必要时也会到涉案未成年人的家庭或学校进行调查以确认情况。在一些案例中,家事法院调查员会鼓励涉案未成年人反思自己的行为,让其参与社区服务活动,如养老院的护理或社区清理,或者通过上课的方式,让其直接听到其他案件受害者的想法。家事法院调查员也会视情况会见受害人,以便详细了解损害的实际情况。

进行调查时,要考虑涉案未成年人的情绪,使其情绪保持稳定,并充分注意保护利害关系人的隐私。

家事法院认为有必要时,也会将涉案未成年人移送少年鉴别所,对涉案未成年人的身心状况进行更详细的调查,以便对其作出适当的处理。

将涉案未成年人移送少年鉴别所的时间通常最多是四周,要进行证据检查时(不包括轻微案件),最长不超过八周。

家事法院调查员会将调查结果汇编为报告,连同其他相关文件,如对相关组织的调查结果,一起提交给法官。

(3)听证程序

法官根据调查结果可以作出是否开庭审理的决定,认为有必要开庭审理的案件,决定开庭审理,传唤涉案未成年人及其监护人到庭参加审判。如果法院认为家事法院调查员在调查时所采取的教育方法是适当的,与此同时,案件事实上没有争议,整体危险性不大,未成年人再犯的可能性也不大,因此没有开庭审理的必要时,法院可以作出不开庭审理的决定,并终止程序。

出席庭审的人是被传唤的未成年人及其监护人,有时候是未成年人的诉讼辅助人(在多数情况下是律师)、学校教师、雇主和志愿的缓期察看执行官。在判决犯罪事实是否存在的案件中,家事法院可以酌情决定检察官是否到庭。但是,未成年人审判与刑事诉讼不同,未成年人审判采取不公开审理,不允许一般公众进行旁听。

庭审过程是亲切而温和的,与此同时也不乏严厉,以鼓励涉案未成年人对自己的行为进行反省。

在调查和听证中,鼓励未成年人自我反思,预防其再次犯罪,有时也对其监护人给予必要的指导,如鼓励监护人意识到其对未成年人成长的责任。

(4)裁决措施

法官根据调查和审理的结果,决定对涉案未成年人采取相应的措施。保护措施包括缓期察看执行官或志愿的缓期察看执行官对未成年人进行指导和监督,为其提供管教指导和帮助;将涉案未成年人移送少年技能培训学校或儿童自立能力培育机构,使该未成年人在相应机构获得必要指导,帮助其养成良好的思维方式和有序的生活方式。

在不需要采取保护措施的情况下,法官可以在庭审后予以撤销,并对涉案未成年人进行训诫,使其自我反省,避免再次犯罪。

此外,对实施了特定犯罪行为的已年满14周岁的未成年人,法官根据其犯罪经历、身心成熟程度、人格特征和案件内容,认为处以刑事处罚是合适的,法院可以将其移送检察官。而已经年满16周岁的未成年人,因故意犯罪,致被害人死亡的,原则上必须移送检察官。在这些案件中,检察官必须向地方法院或即决法院提起公诉,但某些特殊情况除外。

除最终决定外,还可以采取缓期察看措施作为中间措施,于缓期察看期满后再采取上述措施。

在最终决定中,涉案未成年人、其监护人以及诉讼辅助人可在两周内,以处罚措施严重不当等理由向高等法院提出上诉。

(5)受害人制度

在家事法院审理未成年人案件时,必须考虑到受害者。为尊重被害人的感受,在未成年人审判中引入了查阅复制案卷、听取意见、通报听证结果、说明听证情况等制度。此外,对于某些社会影响严重的案件,受害人可以旁听庭审。

这些程序需要受害人主动申请,申请表可在家事法院接待处领取。

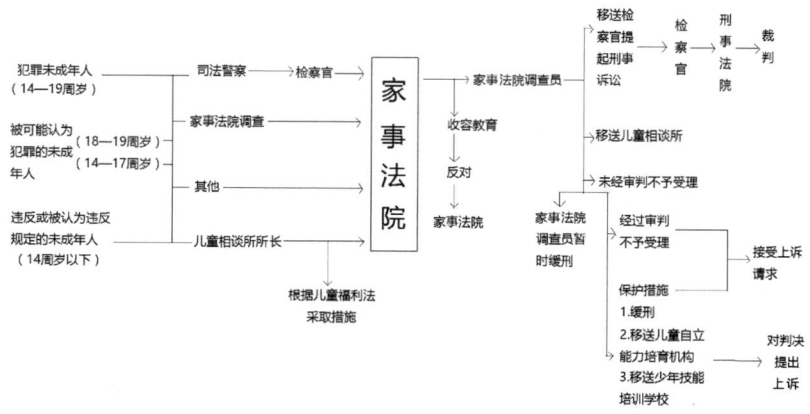

图4 未成年人案件诉讼程序

同时,为了反映受害人在调查和审理中的意思,受害人可以采用书面形式说明实际情况及其感受或在接受家事法院调查员的会见时进行说明。

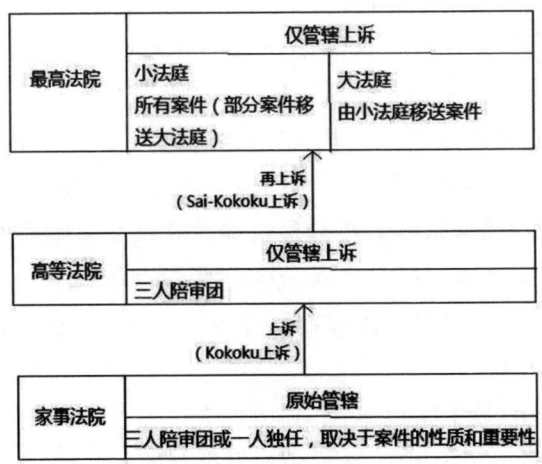

图 5　未成年人案件审理流程

注:如认为判决存在违反宪法的规定、对宪法的解释有误或者与最高法院或高等法院提供的司法判例处理不同时,可在对高等法院的判决提出上诉后两周内,向最高法院提出重新上诉。

2.案例趋势(统计)

自 2002 年以来,未成年人案件的数量一直在减少,2016 年为 82000 人(比上一年减少约 12.2%)。

在过去十年中,犯下恶性罪行(杀人、放火、抢劫和强奸)的未成年人人数也呈下降趋势,2016 年为 510 人(比上一年下降约 14.2%)。

由于未成年人人数的减少,使得犯罪未成年人的人数也在减少。同时,也出现了许多引起社会关注的重大案件和对未成年人的性格、家庭或其他环境有根深蒂固影响的案件。因此,必须妥善处理复杂多样的案件。

当事人不履行诉讼和解协议之后果分析

李 磊*

一、案件基本情况及问题

劳动者庄思龙因在工作时间内给客户送气遭遇交通事故受伤,与用人单位深圳深岩燃气有限公司(以下简称"深岩公司")发生纠纷,遂向深圳市宝安区劳动人事争议仲裁委员会提起劳动仲裁,请求深岩公司支付停工留薪期工资、停工工资、年休假工资、解除劳动关系经济补偿金、工伤期间护理费、住院伙食补助费、一次性伤残补助金差额、一次性伤残就业补助金、一次性工伤医疗补助金差额等,仲裁裁决深岩公司向庄思龙支付停工留薪期工资 28800 元、未休年休假工资 882.76 元、一次性就业补助金 19200 元,驳回庄思龙的其他仲裁请求。仲裁裁决作出后,庄思龙不服仲裁裁决,向一审法院对深岩公司提出本案诉讼。在一审诉讼期间,双方签订《和解协议》,约定庄思龙放弃仲裁裁决书下所有权利,深岩公司放弃向庄思龙索取代垫的医疗费的权利;深岩公司应于 2016 年 3 月 25 日前协助庄思龙办妥工伤保险待遇所需材料及手续,庄思龙应于 2016 年 3 月 23 日前办理一审撤诉;若深岩公司未在约定日期前完成上述义务,应按照劳动仲裁裁决金额的 20% 支付庄思龙违约金,庄思龙可视情况依法申请执行生效法律文书确定的债权。

---

* 李磊,广东省高级人民法院三级高级法官,法学博士。

协议签订后,庄思龙未按照约定日期撤诉,深岩公司也未按照约定日期为庄思龙办理工伤保险待遇所需材料及手续。

深圳市宝安区人民法院经审理认为,庄思龙未按照约定日期办理撤诉,深岩公司未按照约定日期为庄思龙办理工伤保险待遇所需的材料及手续,应视为双方以实际行为表示解除该协议,且双方于庭审中亦表示不同意履行该和解协议,故深圳市宝安区人民法院认定该和解协议于后违约方的违约日期,即2016年3月26日解除,深岩公司仍应依法向庄思龙支付工伤保险待遇,遂判决深岩公司向庄思龙支付停工留薪工资28800元、未休带薪年休假工资差额1765.52元、一次性伤残补助金差额11683元、一次性医疗补助金差额人民币1669元、一次性伤残就业补助金人民币19200元等,驳回庄思龙的其他诉讼请求。

一审宣判后,深岩公司不服一审判决,上诉至深圳市中级人民法院。深圳市中级人民法院经审理后认为,庄思龙和深岩公司在仲裁裁决作出之后,以签订和解协议的形式,对双方的权利义务重新作了约定,该约定变更了双方之前的权利义务关系,故庄思龙和深岩公司应当按照和解协议的约定履行各自的权利义务。因该和解协议合法有效,庄思龙和深岩公司均没有作出解除该和解协议的意思表示,因此,即使双方均没有按照该和解协议履行各自的权利义务,也只是产生违约责任的问题,不能因此认定该和解协议已经解除。一审在双方都确认该和解协议法律效力的情况下,认定该和解协议已经解除,并按照双方之前的权利义务关系对庄思龙的诉讼请求作出判决,属于适用法律错误。庄思龙及深岩公司认为对方违约的,可依据该和解协议的约定,另循法律途径解决。综上,判决撤销一审判决,驳回庄思龙的诉讼请求。

二审宣判后,庄思龙不服二审判决,向广东省高级人民法院申请再审。广东省高级人民法院提审本案经审理后认为,和解协议是在当事人合意的基础上形成的,是当事人对自己权利义务处分的结果,其效力虽然与当事人的意思表示密切相关,但由于案件进入诉讼程序中,当事人的纠纷已处于法院的诉讼系属之下,和解协议又是当事人在诉讼过程中为解决本案纠纷的目的而达成的,故该和解协议不同于一般民事协议,其效力亦应受法院诉讼程序的影响。二审判决认定和解协议是当事人的真实意思表示正确,但该和解协议达成后,本案当事人既未申请撤回起诉,亦未申请以调解书的形式确认当事人的和解协议,本案的纠纷仍在法院的诉讼程序中,且纠纷尚未得到法院的裁决处理，即上述事实说明和解协议没有脱离本案诉讼程序，亦未得到法院审查确认；另外，当事人均未履行和解协议的行为事实上说明当事人达成和解协议后又反悔；因此，根据本案的上述情况应当认定和解协议未发生效力。二审判决有关和解协议依法生效，并变更了当事人之间的法律关系的认定错误。由于和解协议未发生效力，本案还在法院审理程序中，故本案的审理应当继续进行，法院应针对当事人的诉讼请求进行审理并依法作出裁决。综上，判决撤销二审判决，维持一审判决。[1]

本案的争议焦点是如何正确认定当事人不履行和解协议时和解协议的效力。法院形成了两种观点：一种观点认为，和解协议不同于调解协议，和解协议没有法律效力，既不具有强制执行的效力，也没有合同法上的合同约束力，当事人可任意反悔。[2] 和解协议约定庄思龙向一审法院提出撤诉申请，深岩公司为庄思龙办理工伤保险待遇所需材料及手续，但双方均未履行自己的义务，等于双方以实际行为表示解除该调解协议，故法院应继续审理本案，一审法院和再审法院持此种观点。另一种观点认为，和解协议实质上为民事合同，等同于双方当事人以合同形式，对双方权利义务重新作了约定，该约定变更了双方之前的权利义务关系。在本案中，和解协议是双方真实意思表示，且未违反法律强制性规定，双方签名或盖章后即具有法律效力，当事人不能反悔。即使双方均没有按照和解协议的约定履行各自的权利义务，也只是产生违约责任的问题，不能认定和解协议已经解除，双方均认为对方违约，可依据和解协议的约定另循法律途径解决，二审法院持此种观点。

二、诉讼和解协议的性质及效力

和解，系指纠纷双方以平等协商、相互妥协的方式和平解决纠纷的一种纠纷解决方式。根据和解是否发生在诉讼过程中，可将和解分为诉讼和解和诉讼外和解。诉讼和解，又称"诉讼上的和解"，系指民事诉讼当事人在诉讼过程中主动协商、达成协议、解决纠纷、终结诉讼的行为。诉讼外和解，系

---

[1]（2016）粤0306民初3826号民事判决、（2016）粤03民终19347号民事判决、（2018）粤民再95号民事判决。

[2]《最高人民法院关于人民法院民事调解工作若干问题的规定》第13条的规定。

指纠纷当事人在诉讼外,自行协商解决纠纷的活动。[1] 由此可见,诉讼和解和诉讼外和解的主要区别在于和解是否产生于诉讼中。产生于诉讼中,则属于前者;产生于诉讼外,则属于后者。[2] 与之对应,和解协议也分为诉讼和解协议和诉讼外和解协议,本文仅研究诉讼和解协议,不涉及诉讼外和解协议。

如何理解诉讼和解协议的性质,目前大致存在三种观点:一为私法契约说或民事合同说。该观点将诉讼和解协议当作当事人之间达成的私法契约或民事合同(和解合同)。二为诉讼契约说。该观点将诉讼和解协议当作当事人之间达成的诉讼契约。三为综合说。该观点认为,诉讼和解协议兼具私法契约和诉讼契约二种性质。笔者赞同第三种观点,笔者认为,诉讼和解协议具有私法契约和诉讼契约的双重性质,一方面,诉讼和解协议处分了自己的民事权益。和解协议首先处分了当事人的实体权利,和解协议内容是否合法应当以民事实体法作为审查依据,其实质首先是民事法律行为。和解协议一旦成立,其所确定的新的民事法律关系就取代了原争议的民事法律关系,并对当事人具有民法上的约束力。另一方面,诉讼和解协议处分了自己的诉讼权利。诉讼和解发生在诉讼过程中,其行为本身即具有诉讼行为的性质。和解协议不仅是为了解决当事人之间的实体争议,而且是为了终结当事人之间的诉讼程序,必然同时涉及处分当事人的诉讼权利。诉讼和解协议实际上是当事人通过处分诉讼权利来处分实体权利,来达到确认当事人之间实体权利义务关系和终结诉讼的目的,从而既产生了实体法上的效果,又产生了诉讼法上的效果,所以,诉讼和解协议既具有实体法上私法契约的性质,又具有诉讼法上诉讼契约的性质。上述第一种观点和第二种观点均只认识到了诉讼和解协议某一方面的性质,有失偏颇,不足采信。

关于理解诉讼和解协议的效力,目前大致也存在三种观点:一为认定效力说。该说认为,和解协议仅确认当事人之间以前的法律关系仍然存在,而不创设新的法律关系。根据该说,如果当事人有新证据,足以证明和解确认的法律关系与以前的法律关系不一致,和解协议应为无效。二为创设效力说。该说认为,和解协议在当事人之间创设了新的法律关系,其消灭了原来

---

[1] 杨润时:《最高人民法院民事调解工作司法解释的理解与适用》,人民法院出版社2004年版,第56页。

[2] 王利明:《论和解协议》,《政治与法律》2014年第1期。

的权利而取得了新的权利,至于以前的法律关系如何,则在所不问。根据该说,当事人之间达成和解协议后,即使有新证据足以证明和解协议确认的法律关系与以前的法律关系,和解协议的效力也不受影响。三为兼有说。该说认为,和解协议既可以发生认定效力,也可以发生创设效力,究竟是发生认定效力抑或创设效力,还是两种效力均发生,应视和解协议的内容而定。[1]笔者赞同第三种观点,前两种观点未能准确概括出和解协议的全部效力,仅反映出和解协议的部分效力,事实上,和解协议既有可能是对原有法律关系的确认,也有可能在原有法律关系的基础上重新形成新的法律关系。和解协议的效力主要体现在以下两个方面:

其一,对原有法律关系确认的效力。诉讼和解协议是双方当事人在诉讼过程中互相让步达成的纠纷解决协议,故首先需要对原有法律关系进行确定。根据和解协议的适用范围,大致体现在以下三个方面:一是对合同之债的确定,如在借款合同纠纷中,原被告对借款时间、借款本金等的确定。二是对侵权之债的确定,如在医疗损害责任纠纷中,原被告对侵权关系、损害事实等的确定。三是对其他法律关系的确定,如在婚姻纠纷中,原被告对婚姻事实、亲子关系事实等的确定。其二,对原有法律关系变更的效力。诉讼和解协议之所以能达成,其主要原因是双方当事人的互相让步,故还要对原有法律关系加以变更。根据变更内容的不同,大致体现在以下三个方面:一是对原给付内容的减少,如减少借款合同约定的利息数额等。二是对原给付内容的增加,如在和解协议中约定违约金或增加损害赔偿金的数额等。三是以新的法律关系取代原有的法律关系,如将拖欠工程款关系变更为借款合同关系。[2]注意和解协议对原合同内容的变更与真正的合同变更之间仍存在差异,对于前者,当事人对合同关系存在争议,且需要当事人一方或双方作出让步;对于后者,当事人对合同关系并无争议,且不需要当事人作出让步。

三、违反诉讼和解协议的责任

诉讼和解协议既然是当事人之间为解决纠纷达成的协议,那么当协议

---

[1] 谭振波:《和解合同的效力》,《河北法学》2014年第10期。
[2] 王利明:《论和解协议》,《政治与法律》2014年第1期。

达成时,如果任何一方当事人不履行协议或不完全履行协议,是认为和解协议自动解除,和解协议自始不存在,法院继续进行诉讼,还是认为对方当事人可依据和解协议主张违约责任或实际损失?第一种观点可称为自动解除说,第二种观点可称为违约责任说,法院对本案的两种不同意见正是对这两种观点的反映。笔者赞同自动解除说,主要理由有以下几点:

其一,不影响当事人的诉讼权利。诉讼和解协议与诉讼外和解协议最大的不同在于,当事人在和解协议中不仅处分了自己的实体权利,而且处分了自己的诉讼权利。当事人的让步不仅包括实体权利,而且包括诉讼权利,如撤诉等。如果采纳违约责任说,当事人只能基于和解协议来主张违约责任或实际损失,但程序利益的损失往往难以通过违约责任来弥补,对守约方而言显然不利;如果采纳自动解除说,则当事人的诉讼权利并不受影响。

其二,有利于保护债权人的实体权利。诉讼和解协议能够达成往往是出于债权人一方的让步,如放弃利息或减少利息数额等,债权人因为和解协议会遭受一定的损失。如果采纳违约责任说,因为债务人不履行和解协议,债权人只能依据和解协议向债务人主张损失,等于将债务人的让步固定化,导致债务人因不履行和解协议反而获益,既违反了诚信原则,也不利于维护债权人的利益。如果采纳自动解除说,债务人不履行和解协议,和解协议自动解除,法院可继续进行诉讼,不会影响任何一方当事人的利益。

其三,《中华人民共和国民事诉讼法》(以下称《民事诉讼法》)第230条采纳了自动解除说。根据《民事诉讼法》第230条的规定,在执行程序中,双方当事人达成和解协议,当事人不履行和解协议的,法院可根据当事人的申请,恢复对原生效法律文书的执行。上述规定说明在执行程序中,民事诉讼法实际上已经采纳了自动解除说,即在执行程序中,任何一方当事人不履行和解协议,和解协议视同自动解除,只有这样法院才能恢复对原生效法律文书的执行。虽然《民事诉讼法》第230条仅适用于当事人违反在执行程序中达成的和解协议的情形,依理类推,在诉讼程序中也应适用自动解除说。

其四,最高人民法院指导案例2号采纳了自动解除说。最高人民法院指导案例2号裁判要旨认为,民事案件二审期间,双方当事人达成和解协议,法院准许撤回上诉的,该和解协议未经法院依法制作调解书,属于诉讼外达成的协议。一方当事人不履行和解协议,另一方当事人申请执行一审判决的,法院应予支持。指导案例2号实际上也采纳了自动解除说,即在二审期间,任何一方当事人不履行和解协议,和解协议视为自动解除,法院才能根据对方当事人的申请执行一审判决。依理类推,在一审程序中当事人不履行和解协议也应适用自动解除说。

其五,适用清偿给付理论的必然结论。根据《德国民法典》第364条第1款的规定,债权人一经受领他种给付以代替履行给付时,债的关系即告消灭,这就是所谓的清偿给付。一般认为,旧债务只能因新债务的履行而消灭,在新债务清偿时,新旧债务并存,如果新债务不能得到履行,债权人也可以要求恢复履行旧债务。如果当事人在一审期间达成和解协议,相当于诉讼与和解协议并存,和解协议不能得到履行,当事人当然可以要求恢复诉讼,相当于和解协议自动解除。

综上所述,根据自动解除说,当事人享有反悔权,当事人可任意解除和解协议;根据违约责任说,当事人不享有反悔权,当事人不能任意解除和解协议。对于前者,虽然最大限度地尊重了当事人的实体权利和诉讼权利,但不利于当事人达成和解协议,且有违诚实信用原则。对于后者,虽然符合诚实信用原则,但限制了当事人的实体权利和诉讼权利。两种观点各有利弊,比较而言,笔者认为自动解除说更符合审判实践。

至于当事人为何享有反悔权,可任意解除和解协议,在理论上又有合同未生效说和实践合同说之争。合同未生效说认为,当事人签订和解协议后,虽然和解协议已经成立但未生效,故当事人可以随时解除未生效的协议。[1] 实践合同说认为,诉讼和解协议是实践合同,当事人虽然签订了协议,但协议并未成立,对未成立的协议,当事人当然可以解除。笔者赞同第一种观点,根据《中华人民共和国合同法》第44条的规定,依法成立的合同,自成立时生效,法律、行政法规规定应当办理批准、登记等手续生效的,依照其规定。这说明在特殊情况下,合同的成立不等同于合同的生效,法律法规可以在特定条件下限制已成立合同的生效,诉讼和解协议本身就是一种特殊的合同,兼具私法契约和诉讼契约的二重性,对当事人权益影响巨大,为了充分保护当事人的实体权益和诉讼权益,区分诉讼和解协议的成立和生效是应有之义。第二种观点将诉讼和解协议视作实践合同,不利于和解协议的履行,且未成立协议,也不存在解除问题,故存在理论漏洞。

回到本案,庄思龙和深岩公司均违反了和解协议的规定,庄思龙未按照

---

[1] 李正军:《论中国民事程序法中的调解协议、和解协议的法律效力》,《兰州学刊》2005年第6期。

约定日期办理撤诉,深岩公司未按照约定日期为庄思龙办理工伤保险待遇所需的材料及手续,当事人均未履行和解协议的行为事实上说明当事人达成和解协议后又反悔,应当认定和解协议未发生效力,双方以实际行为解除了和解协议,故应恢复本案的审理程序,一审法院和再审法院据此判决深岩公司应依法向庄思龙支付工伤保险待遇正确。笔者亦赞同此观点,其裁判要旨更符合立法意旨,即当事人在一审期间不履行诉讼和解协议,应当视为诉讼和解协议事实上已解除,法院应继续审理本案,针对当事人的诉讼请求进行审理并依法作出裁决。

《司法智库》征稿启事

汇通信息　精研学术　服务司法

为研究司法前沿问题,推动理论与实践的互动,促进理论创新与司法改革,提升司法学术、司法政策与实务水平,现依托上海师范大学重点学科——诉讼法学科举办本辑刊。

本刊设立"司法评论""理论探索""制度分析""实务研究""焦点观察""域外文献""司法经验""案例分析"等栏目,每年拟编辑两卷,于同年年中、年底出版。现竭诚欢迎诸位同人惠赐大作!本刊文风追求严谨务实、鲜明简练、尖锐辛辣,投稿时请注意以下事项:

1.所投稿件必须是本人原创,且尚未公开发表。若为与他人合作作品,须征得其他作者同意,并予以注明。因稿件著作权引发的纠纷,由作者自行负责。

2.投稿论文应以司法及相关领域为主题,论文字数一般为10000~15000字,评论、案例分析、调查报告等其他文章字数一般为5000~10000字。本辑刊编辑部有权对来稿进行删修,不同意删修的请在来稿中注明。

3.论文格式及注释体例详见附件。

4.稿件刊登后,赠当期辑刊。

5.来稿一经刊登,即认为作者同意将文章版权(包括各种介质、媒体的版权)转至《司法智库》编辑部,使用时不再征询作者意见。

6.来稿必复,实行三审定稿、快捷审稿方式,初审时间为十日以内,二审和终审稿件根据需要与作者保持沟通,尽可能缩短审稿时间。

7.收稿邮箱:sifazhiku@126.com。

《司法智库》编辑部
2019年8月15日

附件

论文格式

1.标题、署名、作者身份

标题用小二号宋体,居中书写。如果来稿属于基金项目资助范围内的研究成果,应在标题右上角用 ＊ 号引出说明论文资助背景的页下脚注,脚注应含有以下信息:基金项目的类别、名称、批准号。

署名位于标题的下一行,居中书写,小四号宋体,在右上角用 ＊ 号(若存在前段提及事项,则用 ＊＊ 号)引出作者身份的页下脚注,脚注应注明以下信息:

(1)作者简介:姓名(出生年月)、性别、工作单位、职称、研究方向。

(2)作者的联系方式:所在省市、单位、地址、邮编、联系电话、电子信箱(以便寄送样刊)。

2.摘要与关键词

论文须列出摘要与关键词。在正文之前引出摘要(中文),不超过400字,五号仿宋体,前加"摘要:"。中文摘要后单独一行分别列出3~5个关键词,五号仿宋体,前加"关键词:"。

评论、外文文献(编译)、案例分析、调查报告等文章不需要列出摘要与关键词。

3.正文

正文采用五号宋体,单倍行距,每一段文字首行缩进2字符。

各级标题采用以下体例:

第一级:一、二……;

第二级:(一)、(二)……;

第三级:1、2……;

第四级:(1)、(2)……;

4.除评论、外文文献(编译)、案例分析、调查报告等文章外,论文的英文标题、摘要、关键词列于文末。

注释体例

1.一般规定

(1)提倡引用正式出版物,原则上不引用未公开出版物。

(2)文中注释一律采用页下脚注,每页重新编号,注码样式为:[1][2][3]。

(3)非直接引用原文时,注释前加"参见";非引用原始资料时,应注明"转引自"。

(4)引文出自同一资料相邻数页时,注释体例为:第 x～x 页。

(5)引用自己的作品时,直接标明作者姓名,不要使用"拙文"等自谦词。

(6)引用外文的,依从该文种注释习惯。

(7)引用网上资料须注明作者姓名、作品名称、网址及访问时间。

2.范例

(1)著作类

季卫东:《法治秩序的建构》,中国政法大学出版社1999年版,第20页。

崔建远主编:《合同法》,法律出版社2016年版,第22～24页。

(2)论文类

朱芒:《行政立法程序基本问题试析》,《中国法学》2000年第1期。

(3)文集类

[美]Philip J. Loree:《〈海洋法公约〉:对美国航运业更为可取的方式》,傅崐成等编译:《美国维吉尼亚大学海洋法论文三十年精选集》,厦门大学出版社2010年版,第443页。

(4)译作类

[德]海因里希·迈尔:《古今政治哲学中的核心问题》,林国基译,华夏出版社2004年版,第20页。

(5)报纸类

许多奇:《"带头大哥"为何涉嫌非法集资》,《解放日报》2007年10月15日第3版。

(6)古籍类

《史记·秦始皇本纪》。

(7)辞书类

《新英汉法律词典》,法律出版社1998年版,第24页。

(8)港台类

傅崐成:《海洋管理的法律问题》,台湾文笙书局2003年版,第33页。

版权声明

本刊已许可中国知网以数字化方式复制、汇编、发行、信息网络传播本刊全文。著作权转让费、使用费与作品审稿费相抵,本刊不再另行支付费用,所有署名作者向本刊提交文章发表之行为视为同意上述声明。如作者不同意网络传播,请在投稿时声明,本刊将作适当处理。

《司法智库》编辑部

5